结构化视域下 小学数学 复习课教学研究

JIEGOUHUA SHIYU XIA
XIAOXUE SHUXUE
FUXIKE JIAOXUE YANJIU

朱希萍 著

东北师范大学出版社
长 春

图书在版编目（CIP）数据

结构化视域下小学数学复习课教学研究 / 朱希萍著
.—长春：东北师范大学出版社，2022.12
ISBN 978-7-5681-7186-1

Ⅰ.①结… Ⅱ.①朱… Ⅲ.①小学数学课—教学研究
Ⅳ.①G623.502

中国版本图书馆CIP数据核字（2022）第256760号

□责任编辑：石　斌　　　　□封面设计：言之凿
□责任校对：刘彦妮　张小娅　□责任印制：许　冰

东北师范大学出版社出版发行
长春净月经济开发区金宝街 118 号（邮政编码：130117）
电话：0431-84568023
网址：http：//www.nenup.com
北京言之凿文化发展有限公司设计部制版
北京政采印刷服务有限公司印装
北京市中关村科技园区通州园金桥科技产业基地环科中路 17 号（邮编：101102）
2022年12月第1版　2023年5月第1次印刷
幅面尺寸：170mm × 240mm　印张：19　字数：297千

定价：58.00元

序言

结构化让小学数学复习课质量更高

在基层一线，大部分教师怕上复习课，学生不喜欢上复习课。因为复习课所涉及的内容多，而且没有像新授课与练习课那样有可抓手的配套教学教材，又由于学生的学习起点参差不齐，无形中增加了教学难度。从而形成了困难循环，教师不愿或不敢上复习课，因此复习课的教学参考也越来越少，周而复始。然而复习课又至少占整个小学数学课时数的25%，有效的复习课教学是一线教师可望而不可即的。

正是因为上面的这种现象存在，特级教师朱希萍老师带领团队，从2007年至2022年，承担了8个关于复习课研究的省级课题。持续15年带领研究团队进行了系列研究，这15年的研究积累了很多操作性强的经验和优秀的教学案例，其中在省级以上正式刊物发表复习课相关论文与案例38篇。近日结集成册出版。

结构是一个整体、一个系统、一个集合；数学结构化教学是指以构建学生数学认知心理结构为中心，遵循学生认知心理规律和知识发生规律，有组织、有系统地安排数学学习材料、程序的一种教学观念和方法。结构化视域下的小学数学复习课教学研究是以教学理论和教学实践相结合的一部作品。

结构化视域下的小学数学复习课教学即在学生复习数学知识的某一阶段，以结构化的教学理念来设计复习课。设计的复习课要关注各个学科内部完整的结构体系，从整体联系的角度去进行教学。使学生将所学的新知识添加到知识系统中形成完整的知识网络。这样的复习课除了巩固知识、技能外，更促进知识系统化，也提高学生运用所学知识解决实际问题的能力。

本书从八个章节展开系统的阐述，有理论的阐述，也有实践经验的梳理。

第一章简述结构化概念、原则和特征。使教师们明白结构化教学是一种整体性、系统性的教学。在结构化教学中，教师要探寻元素、探寻关联、探寻循环。通过元素、关联和循环的探究，激活学生的知识突触，从而能让数学知识连成线、结成网、筑成块。在这个过程中，引导学生抓住数学知识本质，提升学生数学学力，发展学生的数学核心素养。

第二章交代了结构化视域下的小学数学复习课教学的概述。明白这样的复习课的教学现状、复习课的概念、功能。让教师们清楚结构化视域下复习课教学研究的价值、功能及概念。

第三章从理论与实践相结合的角度介绍结构化视域下小学数学复习课的特征、类型、梳理形式、表征形式和沟通方法。

第四章先介绍“数与代数”中“认识型”复习课教学策略、“计算型”复习教学策略、“应用问题型”复习教学策略。然后分别介绍这三类复习课对应的教学案例。

接下来的第五章到第七章分别从“图形与几何”“统计与概率”“综合与实践”三个领域按上面的思路展开。

为了“实用”“管用”，本书总结各类复习课的复习策略：

“认识型”复习课如何关注概念意象，加强概念系，建固概念域和搭建概念网的一些具体策略。

“计算复习课”的设计首要思考的问题是如何进一步理解算理算法，提高计算技能；培养计算能力；理清计算问题的结构类型，学生只有经历了计算问题结构的形成过程，才能在以后的学习中进行自觉提取。又由于计算教学比较抽象枯燥，提高学生对计算复习课的兴趣也是复习课中重中之重的问题。

“应用问题型”复习以“数量关系”为根“意义”为主线，把解决问题这一领域相互联系的内容，以“联系”的方式进行知识的沟通和模型的再现，力求让学生在复习中找到知识之间的联系自主形成知识体系，解题方法的沟通，从意义中理解建构，感悟方法、掌握策略、提升思想培养学生解决问题能力。

“图形与几何”复习课设计的策略在复习时尤其应精心选择图形与几何复习课的复习方法，为学生提供观察和想象、操作和分析的时间和空间，进行大胆想象，发展学生的空间观念。尤在知识与方法的连接点求联，求变、求动、有综合。

“统计与概率”复习课学习材料要关注综合、真实、整合，知识梳理关注连与理，数据分析关注角度、维度、序度，在全过程与项目化的活动中发展数据分析意识，提升数学素养。

“综合与实践”复习注重创设有效问题情境，让学生亲情境，提升阅读能力和提取信息能力；探究有效的复习策略使学生会明程序；设计结构化题组夯实图式提升问题解决能力。

本书是从实践中来，也希望回到更多的实践中去，希望能对广大一线教师有直接的借鉴意义和参考价值。

唐彩斌

（本文作者为《义务教育数学课程标准》修订组核心成员，浙江省特级教师、正高级教师）

目录

第一章　结构化教学概述

第二章　结构化视域下的小学数学复习课教学概述

第三章　结构化视域下的小学数学复习课教学设计介绍

第四章　结构化视域下“数与代数”复习

第一章

结构化教学概述

第一节　结构化教学概念

“结构是指系统内部各组成要素之间在空间或时间方面的有机联系与相互作用的方式或顺序。”一个系统具有一定的功能，功能是由系统内部的结构决定的。

数学结构化教学是指以构建学生数学认知结构为中心，遵循学生认知规律和知识发生规律，有组织、有系统地安排数学学习材料、程序的一种教学观念和方法。

结构化教学是一种整体性、系统性的教学。在结构化教学中，教师要探寻元素、探寻关联、探寻循环，激活学生的知识突触，从而让数学知识连成线、结成网、筑成块，并引导学生抓住数学知识的本质，提升学生的数学学力，发展学生的数学核心素养。

一、探寻元素

所谓元素，是指事物最根本的构成要素。比如，学生在学习计算时，凑整思想会贯穿始终，表现为一年级是“凑十”，二年级是“凑百”，三年级就需要学习“凑千”，四年级就需要学习小数“凑整数”，五年级学习分数“凑整”，尽管知识的表现形式不一样，但都是凑整思想的体现。

探寻知识元素，有助于学生理解数学知识的本质内涵、内在关系、变化规律等，有助于实现数学知识之间的形态转化，有助于推动学生结构性思维品质的提升。

二、探寻关联

数学教学中，教师要主动寻求知识元素间的关联，对数学知识进行整体性表征。所谓关联，是指牵连、联系。关联知识元素，不仅包括显性的关联，也包括隐性的关联。探寻关联，就是让数学知识进行显性或隐性的重组、整合，有助于学生认清事物的内在关联、结构和性质。数学知识之间的关联，不仅包括内容关联，还包括方法关联、思想关联。

三、探寻循环

结构化教学认为，学生的数学学习是一个螺旋递进、螺旋上升的过程。这种螺旋递进、螺旋上升的过程就是一个循环的过程。显然，循环不是简单机械地重复，而是一种数学思想方法的延展。这种循环包括知识本身的循环、学生认识的循环、价值的循环等。探寻循环是结构化教学的标志。通过循环，学生对知识主动进行归纳、概括，主动进行解释、运用，主动进行提炼、内化。借助循环，学生能不断建立、完善新的知识结构，形成包摄力更大、统摄性更强的知识结构，为数学学习奠定坚实的基础。在练习中，学生需要将数学知识融会贯通，并且是恰如其分的融会贯通。在总结中，学生需要对学习过程、学习内容等进行结构性的回顾与概括，提炼数学知识精髓。在延伸中，教师会渗透一些结构性的思想，让学生进行结构性思考，并在数学问题解决策略方面形成一种结构性意向。通过总结、练习，学生将数学的外在知识结构转化为内在的思维结构、认知结构。从某种意义上说，数学学习就是一种循环，是一种思想方法的循环，是一种观念的循环。

第二节　结构化教学原则

一、整体性原则

结构化教学，首要的是确定整体性目标。如果没有确定整体性目标，教师在实施结构化教学时就容易偏离教学目标，有误入歧途的危险。教师要在精准把握学生具体学情的基础上，体现整体性原则，明确各知识点在教材中的地位，对知识点进行整体把握、整体设计，以全局观念统揽并用核心思想、主流脉络将其贯穿起来。这里，我们以小学阶段一个最为重要的板块——“数的认识”的教学为例来展开说明。“数的认识”几乎贯穿整个小学阶段的数学教材。以苏教版教材为例，从一年级上册的《认识10以内的数》《认识11～20各数》，到一年级下册的《认识100以内的数》，再到二年级下册的《认识万以内的数》都属于“整数的认识”；从三年级上册的《分数的初步认识（一）》，到三年级下册的《分数的初步认识（二）》，再到五年级下册的《分数的意义和性质》都属于“分数的认识”；从三年级下册的《小数的初步认识》，到五年级上册的《小数的意义和性质》都属于“小数的认识”；等等。如果教师能以整体性的角度将“数的认识”结构化的教学目标贯穿在每一课时、每一个教学环节中，就能凸显这一领域知识的价值。那么，“数的认识”的结构化教学的目标是什么呢？是“数的组成”“计数单位”“数位”和“位值”。如果教师在教学中确立了这样的整体性的结构化的教学目标，那么，该领域知识点无论分散在教材的哪一部分，教学都会有一个灵魂，都能让学生获得“高观点”“大概念”。结构化教学需要“求同”，需要“求通”，需要突出本质。对于固化在不同学段的内容，教师不可将其随意拆解、打散，而应去探寻贯穿其中的核心脉络、共同目标。教师应当站在知识整体、知识全局的高度，统领数学教学。因此，遵循整体性原则，确定结构化教学目标，是结构化教学应当遵循的重要原则。

二、阶梯性原则

结构化教学不可能一蹴而就，需要一个进阶的过程，即需要遵循阶段性原则。结构化教学不仅要体现知识之序，更要兼顾学生心理之序，要从简单到复杂、从基础到拓展、从单一到综合。结构化教学要让学生明晰知识序列，掌握每个知识序列中的教学侧重点；在教学知识序列中的每一个知识点时，又要关照知识教学的整体、全局；要用高观点驾驭，用阶梯性落实，用关系性统领，在把握数学知识结构的基础上，引导学生建构认知结构，完善思维结构，构筑数学学习的心理结构。

三、相关性原则

美国著名教育心理学家布鲁纳指出："掌握事物的结构，就是允许用许多别的东西与它有意义地联系起来的方式去理解它。"在结构化教学中，教师要善于选择相关的教学内容，对数学知识进行相关性、结构性分析；要将相关的知识点纳入整体的知识结构去审视，从而在知识点的局部建构中认识整体。教师要分析结构性知识板块中的知识起点、落点，保障结构化教学过程的高质、高效。布鲁纳说："学习就是认知结构的组织和重新组织，学习结构就是学习事物是如何联系的。"结构化教学，不仅要"求同""求通"，更要"求联"。数学知识是普遍联系的，作为教师，就是要善于洞察数学知识间的关联点。只有找到数学知识间的关联点，并将之放大，相互渗透，才能充分发挥数学结构化教学的结构化功能。

第三节　结构化教学特征

一、“高观点”下教知识

“高观点”下教知识就是我们在教学时要把握知识的本质特征，不被一些外部的表象牵引，不过度关注非本质的内容，而忽视本质内涵。例如，对于“方程”，小学教材是以“含有未知数的等式叫作方程”来定义的，致使许多教师教学时抓住“等式”“未知数”等词让学生辨析、判别，以至于学生认为“$a+b=b+a$”也是方程。华东师范大学张奠宙先生认为，这样的教学对于学生认识方程、学习解方程没有任何实质意义。方程是什么？方程是在已知数量和未知数量之间建立一种关系。在小学数学中，类似的概念还有许多，如学生在认识圆的直径、半径时，许多教师往往特别强调同圆、等圆等。教师在“高观点”下教数学，不会钻牛角尖，相反，会引导学生展开深度的数学思维，把握数学知识中蕴含的数学思想。

二、“大视野”下教结构

数学知识不是孤立存在的，而是整体系统有机组成的。在数学教学中，倡导并践行结构化教学，能够让学生“见树木更见森林”。教学中，教师要把握数学知识的结构之形，领悟数学结构之神。结构之形，即显性的数学知识联系；结构之神，即隐性的脉络关联。只有“形神兼备”，才能形成学生的“结构化思维”。例如，对于“百分数的认识”，人教版在六年级上册《百分数（一）》中学习百分数表示一个数占另一个数的百分之几的关系，六年级下册《百分数（二）》中学习折扣、利率、成数等，它们的联系是一个数占另一个数的百分之儿的不同场景运用：用在购物上是打折，用在工业上是成数，用在存款、贷款上是利率。这是显性的联系。再如，在数与代数领域的“商不变的规律”“分数的基本性质”“比的基本性质”等，其间所蕴含的联系就是一种隐性关联。又如，整数加减法、小数加减法、分数加减法所蕴含的计算本质都是“计数单位相同才能相加减”。教学中，教师必须秉持“大视野”，将数学知识串起来、连起来、合起来，形成意义结构。

三、“关系论”下教思维

儿童的思维有两类：一类是实体性思维，即对知识本身的思维；二是关系性思维，即对知识关系的思维。数学知识的结构性、逻辑性特质为形成学生的结构性、关系性、系统性思维提供了有益的支撑。有了关系性思维，学生就能从整体、系统、全局的视野展开思考。例如，教学“加法交换律”和“加法结合律”时，具有关系性思维的学生会进行联动串式思考、主动问学，如“老师，有没有减法交换律、结合律，乘法交换律、结合律”等。再如，具有关系性思维的学生会对数学知识进行块状归类、网状思维，如学习了“圆的面积”后，学生会对推导过程进行反思：“化曲为直”的圆除了可以转化成长方形外，还能转化成已学习的其他图形如三角形、梯形吗？如果能，怎么转化呢？关系性思维让儿童的数学思维更有条理、更加深刻。

第二章

结构化视域下的小学数学复习课教学概述

第一节　小学数学复习课教学概念

“复习”的词语解释是重复学习学过的东西，使其巩固。复习是强化和巩固记忆痕迹、防止遗忘的主要途径，是使人们获得知识、技能必不可少的手段。理解是记忆的必要条件，但只有理解而无复习还不能保证精确而牢固地记忆知识。经常复习是使学习材料长期保持在记忆中的一个基本方法。复习对机械识记和意义识记都是必要的。复习不仅能增强记忆，也能促进理解。复习的效果虽然受复习次数的制约，但它不是机械地取决于复习的次数。复习要取得良好的效果，在很大程度上有赖于复习的正确组织。

复习课是在学生学习了某一阶段的知识后设计的，以巩固、梳理学生已学的知识和技能，使其进一步查漏补缺、发展思维、提高解决问题能力为目的的一种课型。

小学数学复习课教学是根据学生的认知特点和规律，在学生学习数学知识的某一阶段设计的，以巩固、梳理学生已学知识、技能，促进学生知识系统化，提高学生运用所学知识解决实际问题的能力为主要任务的教学。

结构化视域下小学数学复习课是指在学生复习数学知识的某一阶段，以结构化的教学理念来设计复习课。设计的复习课要关注学科内部完整的结构体系，从整体联系的角度进行教学，要将所教的知识系统化、整体化地呈现在学生面前，使学生在头脑中形成知识网络并将所学的新知识添加到知识系统中。

第二节　小学数学复习课的功能

在小学数学的教学中，复习课起到的作用是其他课型无法替代的。复习的主要目的是对已学过的知识进行整理，查漏补缺，夯实基础，提高能力，形成知识结构体系。复习除了以上目的之外，更重要的是让学生对知识有更高层次的理解与把握，对已学知识及其过程进行重构。重构不仅与所学内容的“量”的整理有关，更与学习内容的“质”的变化有关。重构是复习课的核心要义。复习课重构可从知识体系的重构、数学思想的重构、学习方法的重构、数学活动经验的重构等方面展开。它更加突出以下几个方面。

一、查漏补缺

这里包含两点：一是“查”，有时是教师平常所查，即教师在平常的教学、辅导、改作业中发现学生普遍或个别存在的问题；有时是教师在复习前让学生自查，即学生通过自查文本或同伴交流发现自身或同伴的问题。二是“补”，即教师针对学生存在的问题对症下药，即设计怎样的复习方案、补充怎样的复习内容。

二、沟通联系

数学是一门逻辑性、结构性很强的学科，我们在分课时、分学段落实教学目标后，需要在某一阶段对一类知识、一类学习方法、一类思考方式进行整理、归类、沟通，形成结构化的认知。这样的结构化认知便于学生对知识变换形态，便于学生举一反三、触类旁通。

三、提升技能

数学复习课要凸显梳理、沟通，但又不能只停留在这两个方面。我们在复习的过程中还要注意计算、解题等技能的训练，使学生在梳理、沟通的基础上能有一定题量的训练，以进一步熟练技能，提高解决问题的能力。

四、综合发展

复习课的教学与其他课型的教学一样，也是为了学生的发展。复习课需要温故而知新，需要创设综合运用知识解决问题的情境，需要发展学生的思维，需要学生积累解决问题的经验。因此，促进学生综合发展是根本目的。

第三节　小学数学复习课教学现状

复习课是一直困扰教师的课型，很多教师都觉得复习课难上，存在“费时较多，收效较低”的问题，课堂上经常出现“复习味缺乏，有效性缺失”的情况。

每次教研活动上复习课的只有那些敢于“吃螃蟹”的教师。即便敢于“吃螃蟹”，但感觉还是那样“难吃”。复习课教学的现状令人担忧，我把复习课教学出现这些现象的原因归纳为以下几点。

一、复习课与练习课混淆

一些教师总喜欢把复习课教学与练习课教学等同起来，这种教法虽使学生的技能得到了提高，但没有形成知识结构及认知结构，学生掌握的技能也具有单一性，缺乏综合运用知识的能力。练习课是以多层次练习为主要内容的，是一种讲、练、评相结合的课型。而复习课教学除通过一定量的练习加深学生对知识的理解外，更要揭示知识间的内在联系，让学生形成知识网络。复习课与练习课在内容上的区别是：练习课内容较单一，通常在某个知识点或某小节之后；复习课内容较综合，通常是在某个知识板块或某单元之后进行的。复习课与练习课在任务上的区别是：练习课重在形成技能技巧，复习课重在建立认知结构；练习课是以练为主，把各个知识点串联成“线”，复习课通过梳理沟通把各个知识点组装成“面”及“体”。复习课与练习课在结构上的区别是：练习课的结构层次是会—熟—巧—创，复习课的结构层次是忆—理—通—创。复习课与练习课在练习设计上的区别是：练习课的练习设计侧重于层次性、技巧性，复习课的练习设计侧重于典型性、普遍性、综合性。

二、知识整理与知识回忆混淆

很多教师在上复习课时往往很困惑，表现为：复习若面面俱到就会变成罗列知识，若紧抓重难点又会有知识点遗漏；若重复讲知识点就变成了“翻版新授课”，若不讲知识点就会见题做题麻木练习；因学生存在的问题不一样，若一视同仁会缺乏针对性，若因材施教又没有分身术……于是他们在上复习课时只是对基本概念、定律、性质、法则、公式等进行简单的再现，即知识回忆。而知识整理是将提取出来的知识进行归纳、整理、系统化的过程。

三、教师主导与学生主体混淆

上复习课时，有些教师往往表现出很强的主观意识，过度发挥自身的主导作用，以自己的经验来想学生怎么想、怎么说、怎么做，忽略了学生实际会怎么想、怎么说、怎么做，忽略了学生分析问题的思路与解决问题的方法，忽略了学生的思维空间，忽略了学生的交流空间，往往按自己的主观意念把学生拉到自己的教学思路中，阻碍了学生思维的发展。

四、全体学生与部分学生混淆

在复习课教学中，我们常常看到提问题的学生总是一些经常积极举手发言的学生，而这些学生往往绝大多数是优秀学生。有些教师用他们的学习状况来代表全班的学习状况，即他们能正确理解，就当作全班学生都理解了；他们提出的问题，就当作全班学生的问题来解决。这种现象非常普遍，也正是这种小范围的师生互动，促使中下游水平的学生越来越多。如果学困生在每一节课中都得不到关注，长久下去遗漏的知识越积越多，其问题也就越来越难以解决。

五、复习课模式——三段式

长期以来，我们的复习课形成了比较受到认同的三段模式，即“梳理—练习—发展”。具体地，三段式的第一环节是教师带着学生回忆知识点，揭示它们的联系；第二环节是教师围绕知识点提供练习题；第三环节是教师设计略有综合性或有一定难度的练习，发展学生的能力，而后结束本节课。这种复习课虽然层次分明，有梳理、有训练，但学生缺乏复习主动性。

第三章

结构化视域下的小学数学复习课教学设计介绍

第一节　结构化视域下小学数学复习课的特征

数学结构化教学遵循学生认知规律和知识发生规律，是运用系统眼光、结构意识、整体思想，整合优化数学教学的一种观念和方法。我们在设计教学时要从关注学的结构到关注教的结构，从关注认知结构到关注思维结构。教学中，教师要秉持“高观点”，基于“大视野”，运用“关系性思维”，展开结构化教学。具体要抓住如下几个特点进行。

一、抓住知识点的“忆”

“忆”就是让学生回忆所学的主要内容，并让学生进行讨论、口述，是复习课不可缺少的环节，有助于学生将过去学过的旧知识不断提取和再现，有助于教师了解学生学习的起点。美国认知教育心理学家奥苏贝尔曾说：“影响学习的最主要原因是学生已经知道了什么，我们应当根据学生原有的知识状况去进行教学。”了解学生、激活学生已有的知识沉淀，便于形成学习平台，抓准基点展开梳理，从而面向全体查漏补缺。那么，这个点如何抓呢？

（1）设计开放题来了解学生已有的知识结构，串联学生知识的散点。例如，在学习了“比”这一知识后的复习课，我们可以设计一个这样的开放题：学了“比”，你会联想到与它相关的哪些知识？这样有利于教师了解学生已有的知识结构，有的放矢地将分数、除法、比等知识散点串联起来。

（2）提出有价值的问题串来了解学生知识存放的“序”，构建知识网。这可通过交流谈话来进行。例如，在复习分数时，教师可以让学生看到题目后很快地有序地说出该复习哪些知识。学生可能按知识编排的顺序（分数的初步认识—分数的读写—分数大小比较……）来回忆所学的知识，也可能是按记忆的顺序等方式来回忆所学的知识。

二、突出知识链的“理”

“理”就是对知识的整理，即将知识点按纵向、横向进行梳理、总结、联系，使之纵成线，横成面。因此，教师在复习课时要根据知识点和学生的认知起点设计问题情境，提供方法让学生自己主动地在问题情境中思考，在练习中梳理。

例如，在二年级上册《100以内的加减法（二)》的复习中，教师可以做如下设计：

1. 计算下面各题，你们觉得他们有什么相同点与不同点？

$$\begin{array}{r}42\\+25\\\hline\end{array}\qquad\begin{array}{r}47\\+36\\\hline\end{array}\qquad\begin{array}{r}86\\-35\\\hline\end{array}\qquad\begin{array}{r}82\\-47\\\hline\end{array}$$

2. 计算下面各题，它们又有什么区别？

25 + 31 + 24 =　　63 − 21 − 36 =　　27 + 31 − 26 =　　56 − 28 + 34 =

3. 估计下面各题的计算结果。

42 + 39 =　　61 + 38 − 29 =

教师借助这三组题，引导学生在质疑中整理出本单元的知识点和计算时的注意点。以上的复习，教师应充分关注学生在解决问题中整理知识，做到练中有“理”。

三、关注知识网的“建”

“建”就是知识网的建构。数学知识具有一定的结构，表现为数学知识所特有的逻辑性、抽象性、概括性，还表现为层次性——低抽象度的元素是高抽象度元素的具体模型。因此，我们在复习时要善于根据数学的这一特点，将整理的纵成线、横成面的知识链连成网、架成体，在这一过程中让学生自己再一次发现知识的漏洞，进行“二度”补缺。在这样的教学中，学生的自主性得到了充分的发挥，学生在相互合作的过程中自主建构知识网络，这样的建构更牢固，更易“由此及彼”，连贯串通。

四、设计多功能的“练”

“练”，即练习，复习课的练习设计侧重于新颖性、典型性、普遍性、综合性。新颖的练习形式，能大大激发学生的学习兴趣，提高其学习积极性。同时，通过精心设计的练习题，可以使知识的应用更具综合性和灵活性，使学生对知识的掌握更加牢固。学生的数学能力不仅仅体现在其掌握数学知识的多少，还要看他能否运用数学知识、数学思维去解决实际问题，以及形成学习新知识的能力和适应社会发展的需要。我们要让学生体会到数学应从生活中来，回到生活中去。因此，复习课练习题的设计必须联系实际，这样有利于培养学生的实践能力和创新意识。练习题可以是以下几种：

（1）在平时批改作业的时候，我们可以把学生中存在的问题积累起来，对一个单元或一个阶段出现问题最多的知识点进行整理，针对性地对这类知识点进行练习。

（2）对现有的复习材料做拓展性的使用。例如，“组合图形面积计算”的复习，在课本中就有这样一题：

求图形的面积。(单位：cm)

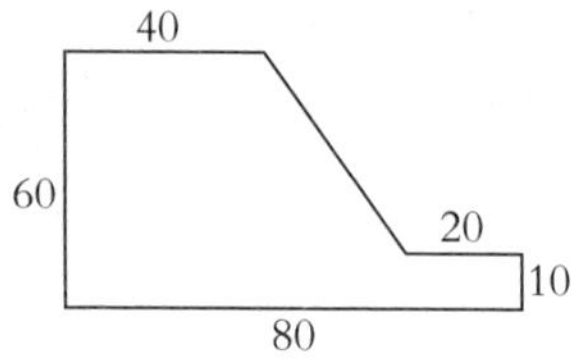

在复习时就要注意发挥此题的功能，引发学生去探究多种求面积方法，使学生完整地认识求组合图形面积的多种方法。

（3）利用好学生的动态资源。例如，我们曾经研究过一节分数（百分数）应用题的复习课，采用的方法是课前与课内相结合的办法。教师在上这节复习课的前一天发给每个学生一张调查表，表格内容大致有：①你觉得分数（百分数）应用题有几种类型？每一种类型请举出一个例子，并列式解答。②在解答中你觉得不理解或经常犯错的地方在哪里，或现在还有困难的问题是什么？请举例。

这样的复习课练习，针对问题而练，针对水平而练，针对发展而练，更具针对性。

五、提倡多模式的“教”

改变传统复习课教学模式，上好复习课，使复习课更好地服务于素质教育，是课堂教学改革十分关键的一步。我综合了自己观摩复习课教学的感想和平时探索的一些经验，觉得有以下几种较好的教学模式可供大家借鉴。

1. “自助餐”式复习课

“自助餐”式复习课，即在课前，我们可以让学生在复习回忆的基础上对知识要点进行归纳整理，并记录与此相关的问题和典型题菜肴；在课中，我们可以让学生对道道“菜肴”进行逐步消化；在课后，我们可以从学生提的这些问题中选取有思考价值的，让一些学有余力或对此类问题有兴趣的学生继续品尝这些“佳肴”。只要给他们三五分钟用来展示自己课后研究的发现，就等于给他们提供了展示自己才华的舞台。

2. “理练结合”式复习课

“理练结合”式复习课主要可以分为三种类型：以理带练，即先理后练；理练结合，即边理边练；练为主，理为辅，即先练后理。一般对于概念、几何的复习多采用以理带练的模式；应用题、法则、定律等复习采用理练结合的模式居多；而对于计算，则采用练为主，理为铺的模式。

3. “实际应用”式复习课

“实际应用”式复习课的主要特点是：全部学习素材来源于学生的生活经验和知识背景，联系生活学数学，把生活经验数学化，数学问题生活化，体现“数学源于生活、寓于生活、用于生活”的思想；围绕一个主题，以问题解决为中心，贯穿全课。它的模式是创设问题情境—探索解决问题方法—再现和整理所学知识—提高、发展、创新。

总之，数学复习课要充分体现“以学生发展为本”的教学理念，它不仅要简单梳理，还要突出练习与整理的结合；不仅要熟练技能，还要突出思维与能力的训练；不仅要查漏补缺，还要使学生学会复习的方法；不仅要关注学生的学习成果，还要关注学生学习的情感。

第二节 结构化视域下小学数学复习课的设计类型介绍

小学数学复习课教学要针对数学知识系统中的某一子系统，在一节课内以回忆、整理、归纳、训练等方式再次组织学生学习。由于所涉及的知识多、内容杂，教师首先要对复习内容有系统、整体的认识，知道这些知识的来龙去脉，把握知识的逻辑结构，对复杂的知识有一个清晰、简洁的归纳，理清每一类知识的结构特征，理清每一块知识的类型。这样就可以有针对性地开展复习课设计了。我们对1 ~6 年级人教版教材中复习课的知识类型进行了简单罗列，大致分成以下几种类型。

一、并列散落型知识

并列散落型知识的特点是：一般知识点与知识点之间相对独立，各部分内容组成了知识整体。

例如，四年级上册“大数的认识复习”，这部分知识包括数位顺序表、多位数的读法、多位数的写法、数大小的比较、十进制计数法、亿以上数的认识、改写成用“万”或“亿”做单位的数及省略“亿”或“万”后面的尾数，这些内容以十进制思想为基础并相对独立。再如，“分数百分数应用题复习”中求一个数的几分之几是多少，已知一个数的几分之几是多少，求这个数，求一个数是另一个数的几分之几，这些知识以基本的数量关系为根本并相对独立。又如，“图形与变换复习”的知识有图形平移、旋转、放大、缩小、轴对称等，这些图形的运动特点是每一种变换都有各自的运动特征，但变换后又能找到相同之处。类似以上的这些知识既有各自的特点，又有相互联系之处。学习这类知识便于学生建立起面状的知识结构。

二、直线递进型知识

直线递进型知识的特点是：后一块知识以前一块知识为基础，并生长递进成了新的知识。

例如，“式与方程”这一复习课所涉及的知识沿什么叫方程→怎样解方程→怎样用方程解决问题这一主线展开学习。再如，“平面图形的面积计算”中的长方形面积计算、平行四边形面积计算、三角形面积计算、梯形面积计算、多边形面积计算等这些知识是不断递进的。类似以上的这些知识，前后知识之间具有递进性或传递性，后续的学习是旧知的发展，新知又是后续学习的基础。学习这类知识便于学生形成线条型的知识结构。

三、交叉缠绕型知识

交叉缠绕型知识的特点是：概念之间有一些联系，但又不能将这些概念以一个标准进行分类，其间有相似之处又有不同之处。

例如，“数的整除”这一复习课的概念较多，如整除、除尽、约数、倍数、公约数、最大公约数、公倍数、最小公倍数、质数、合数、分解质因数、质因数、奇数、偶数。这些概念与概念之间有些联系但又无法用一个标准将其分得很清楚。

再如，“分数的意义和性质”（图 3－2－1）：

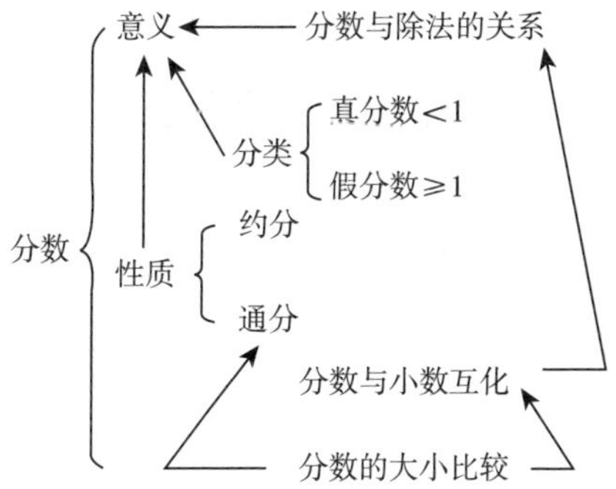

图 3－2－1

这些知识之间有着交叉联系但是不能用一个标准对其进行分类，学习这类知识便于学生建立网状知识结构。

第三节　结构化视域下小学数学复习课的梳理形式

我们知道，适合的才是最好的，因此，在组织复习课教学时，我们应该根据不同的知识类型选取不同的梳理形式，使复习更有针对性、实效性。具体操作如下。

一、并列散落型知识提供表格式和题组式的梳理形式

并列散落型知识在梳理时既要理出它们各自的特点，又要理出它们的共性。表格式和题组式是比较好的形式。

1. 表格式

表格比较利于梳理出个性与共性，只是在制定行标题、列标题时要以一定的维度分类清楚，如利用表格梳理“图形与变换”（表3－3－1）。

表3－3－1　“图形与变换”知识梳理

类型	轴对称	平移	旋转
特征	对称轴完全重合 对应点→对称轴 距离相等	所有点同方向、等距离	所有点绕点、方向、角度相同 对应点→中心点 距离相等
	形状、大小不变		

2. 题组式

所谓题组训练，是指围绕一组并列或递进式的知识点，精选一组有代表性、系统性、涵盖性的问题（习题），将知识、方法、技能融入其中，让学生在解

题的过程中去感知题组内在的知识、方法的关系，提高技能，提升解决问题的能力和发展思维。例如，在复习“百分数应用题”时，可以呈现以下题组。

题组一：

1. 李村种高粱160公顷，种玉米的面积是高粱的62.5%，种玉米多少公顷？

2. 李村种高粱160公顷，种棉花的面积比高粱多10%，种棉花多少公顷？

3. 李村种高粱160公顷，种大麦的面积比高粱少20%，种大麦多少公顷？

学生列式解答并比较。

题组二：

1. 一个水泥厂第一季度生产水泥1800吨，刚好是第二季度生产数量的80%，第二季度生产水泥多少吨？

2. 一个水泥厂第一季度生产水泥1800吨，比第三季度少生产20%，第三季度生产水泥多少吨？

3. 一个水泥厂第一季度生产水泥1800吨，比第四季度多生产20%，第四季度生产水泥多少吨？

学生列式解答并比较。

以上两组题虽然很普通，但是通过这两组练习，学生对百分数的乘除法应用题的结构和解题方法会有一个整体的认识，这两组题起到了较好的梳理作用。

在似以上知识类型的复习课教学中，我力求体现题组的功能，让学生进行独立练习、小组交流、集体评价，让学生自己去观察、发现和说理，以达到自主复习的目的。

二、直线递进型知识采用递进性材料加问题跟进的梳理形式

直线递进型知识适合顺应知识的发展过程来设计连贯的背景素材，在整体的框架下逐步加深推进复习。

例如，关于“式与方程”，教材中用字母表示数、解方程和用方程解决问题这三部分知识是分块进行的，而在复习课中，我们力求将这部分知识构成一个整体，设计连贯的背景素材，使学生在自主梳理、练习中达到更佳的复习效果。具体复习如下。

第一步：复习用字母表示数

教师提出：如果用一个字母“x”表示一个数，你能想象一下这个字母“x”可以表示什么数吗？紧接着教师写下“$4x$”，并提出：$4x$ 与 x 有什么关系呢？$2x+4$，$x\div2-4$ 又与 x 有什么关系呢？

下面一个数用字母 a 来表示，你能根据不同关系的表述分别写出另一个数吗？（教师再次呈现下面的练习）

一个数		另一个数
a	比 a 多 2 的数	$\underline{a+2}$
	比 a 少 2 的数	$\underline{a-2}$
	2 个 a 相加	$\underline{2a}$
	2 个 a 相乘	$\underline{a^2}$
	a 的 2 倍	$\underline{2a}$
	a 的一半	$\underline{a\div2}$

学生在横线上表示后，教师特意提出：$2a$ 与 a^2 有什么区别？

这一组材料让学生深刻地体会实际应用中用含有字母的式子表示具体数的含义。

第二步：复习方程与解方程

教师指着板书中的“$4x$”“$2x+4$”“$x\div2-4$”提出：这三个式子分别表示另一个数，如果另一个数都是60，那么这些式子都等于多少？

于是，就有 $4x=60$，$2x+4=60$，$x\div2-4=60$。以此复习方程，教师随机呈现方程的含义，并组织学生去质疑什么叫方程。

接着，教师针对以上自然形成的三个方程，让学生做解方程的练习，复习解方程的方法并总结注意点。

第三步：复习用方程解决问题

$4x=60$，$2x+4=60$，$x\div2-4=60$ 可能用于解决哪些问题呢？

以上递进性的复习课教学，我们准确地分析了知识的内在联系，抓住了学生的薄弱点，把握了知识的整体性，设计了连贯的训练素材，使学生在不断推进的教学中自主梳理，在练习中达到有效复习的目的。

三、交叉缠绕型知识采用知识树或思维网的梳理形式

1. 在知识的连接点处生成知识树

对于交叉缠绕型的知识，在知识的连接处用联想举例的方式进行复习，能更好地帮助学生纵横联系知识，有利于暴露学生存在的问题，有利于学生掌握复习方法。例如，“数的整除”这一复习课的概念较多，对于每一概念，学生虽然能够举出一些具体的例子，但要具体表述各知识点的意义往往比较困难。我们就采用联想举例的复习形式先指导学生怎样去举例联想，再放手让学生自己去找联系点。梳理如下。

第一步：揭示复习课题，回忆罗列知识

师：今天我们要复习“数的整除”，请大家翻开课本的目录，看一看这部分内容都有哪些知识？

（根据学生的回答，教师适当做一些引导和补充后，板书如下：整除、约数、倍数、质数、合数、分解质因数、质因数、奇数、偶数、公约数、最大公约数、公倍数、最小公倍数、除尽）

第二步：选择某一知识，展开举例联想

师：这些知识点是有联系的，我们可以从一个知识点举一个或一些例子来回忆它的意义，并去联想它与其他的知识点有什么联系。例如，我们随意选一个“倍数”来联想，如12是谁的倍数？

生1：12是1，2，3，4，6，12的倍数。

师：为什么？

生2：因为12分别能被1，2，3，4，6，12整除。

师：你们已经从倍数想到了整除。

师：从整除和倍数还可以想到什么呢？

生3：我想到了约数，如上面的1，2，3，4，6，12又是12的约数。我是从整除想到的。

师：由整除想到了约数和倍数。

板书：

整除 → 约数（如12的约数有1，3，4，6，12）

整除 → 倍数（如12是1，2，3，4，6，12的倍数）

师：从整除、倍数、约数，还可以想到什么呢？

生4：我从约数想到了公约数、最大公约数。

师：你能举例说明吗？（根据学生的回答，在以上板书的基础上继续板书）

第三步：组织反馈交流，形成整体联系

师：我们继续举例联想，就可以把这里的所有知识点都联系起来。

接着，教师让学生分组合作，选择一个知识点举例联想，并模仿教师的板书连一连它们的关系。

在学生合作探究整理后，教师抓住学生几种比较典型的整理方法做如下反馈。

组一：

整除（如6能被1，2，3，6整除）→ 约数（1，3，4，6是6的约数）

整除（如6能被1，2，3，6整除）→ 倍数（6是1，2，3，6的倍数）

倍数 → 公倍数（如6和4的公倍数是12，24，36，…）

公倍数 → 最小公倍数（其中12是6和4的最小公倍数）

组二：

偶数（是否2的倍数）→ 倍数 → 公倍数 → 最小公倍数……

偶数 → 奇数

倍数 → 约数 → 公约数 → 最大公约数……

最大公约数 → 互质数

组三：

质数→约数→公约数

质数↓（如2，3，5，7都是质数，因为它们的约数都只有1和它本身）

合数

合数↓（如4，6，8，9都是合数，因为它们的约数都有2个以上）

分解质因数

（如6=2×3，8=2×2×2，12=2×2×3）

约数↓（如5的约数有1和5；6的约数有1，2，3，6）

公约数↓最大公约数→互质数

（如5和6的公约数只有1，5和6是互质数）

约数↓公倍数

倍数→公倍数→最小公倍数

（如6的倍数有6，12，18，…）

然后，教师有意识地突出其中一组整理的材料，继续引导学生举例联想，让学生尽可能把这些知识点联系起来，并围绕每一知识点举出更多的例子。

以上案例学习中，学生边联想边举例，并借助具体例子对原来心中明白而口说不清的知识点进行了整理。在整理过程中，虽然各组都不是很完整，但学生学会了“联想举例”的复习方法。他们针对自己所提供的复习材料进行观察比较、质疑或拓展，从中感受到自己是复习课的主人，调动了复习的积极性。

2. 在思维的生长处结成思维网

在复习过程中教师可以针对不同对象设计同类题，让学生在变中发现不变的思想，让方法融会贯通。

例如，练习下面四道题：

1. 一个圆柱体的高是6厘米，沿着这个圆柱体的高将其平均切成两半，这时表面积就增加48平方厘米。原来圆柱的体积是多少立方厘米?

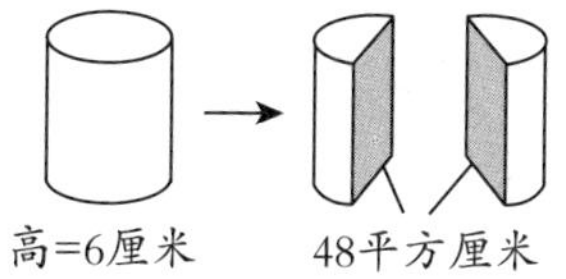

2. 如果是圆锥体呢？

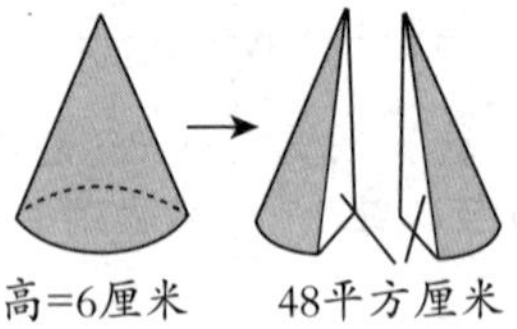

3. 要是长方体呢？（假设底面是正方形）

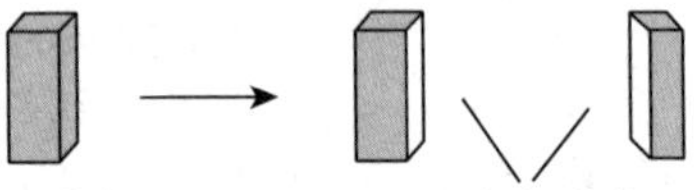

4. 有一个高是6厘米的圆柱形零件，如果这个圆柱的高增加2厘米，那么圆柱的表面积就增加了12.56平方厘米。这个零件的体积是多少？

这四道题都是先求截面积，再求底面积，最后求体积的，尽管条件变了，但解决问题的思路没变。这样在变中抓住不变，触类旁通，有利于拓展学生的空间想象力，提高学生解决问题的能力。

另外，我们也常用一些通用的复习梳理形式，如“目标导学式”“错题研究式”。这些梳理方式可以应用于各个知识类型。

总之，如果我们能根据不同的知识设计不同的梳理形式，就会让复习课的设计更具针对性和有效性，从而提升复习效率。

第四节　结构化视域下小学数学复习课的表征形式

结构化教学表征就是教师在教学时根据内容设计不同的呈现方式，将数学知识在一定的教学框架下，按照一定的顺序分层次、有步骤地依次展开，让学生根据这样的框架，展开自主学习、合作学习与探究学习。在数学复习课中，数学知识有些适合串式呈现，有些可以网式呈现，有些可以正逆互通。

一、串式呈现

串式思考：提出串式问题，进行网状思维，立体反思。比如，复习课时，我们对呈现的内容从联系和适合的角度思考，根据知识点之间的内在联系和前后知识间的内在逻辑关系，整合课时知识，形成更符合学生认知结构的形式，降低知识点之间的跳跃性与重复性，帮助学生理解知识发生的来龙去脉，串珠成线，形成更清晰稳固的知识结构。

例如，在复习“式与方程”时，我们主要复习如下三块内容：①回忆整理用字母表示数和数量关系。②回忆整理方程的相关知识。③回忆整理用方程的知识解决实际问题。首先，利用一张表格让学生提前回忆学过的用字母表示数量、数量关系、运算定律和计算公式等。然后，通过一个题组，复习用字母表示数的简写方法和方程的定义，并及时复习解方程的方法。最后，利用找到的方程，看看它们解决了怎样的数学问题，并通过为给出的方程补条件、根据问题列方程等一系列教学活动，概括出用方程解决问题的一般步骤，明确思路和方法，感受到列方程解决问题的便捷性。

这样将要复习的知识串式连接，逐步展开，思路清晰，效果显著。

二、网式呈现

网式呈现知识使知识呈现清晰的发展脉络，形成多维、立体、交叉的体系。复习时我们应超越课时、超越单元，跨年段结构化地整合呈现内容。

例如，在复习平面图形的面积时，教师可以先让学生说说学过哪些多边形，说说它们的面积计算公式。（长方形、正方形、平行四边形、梯形、三角形）接着，让学生思考这五个图形的面积计算公式之间有怎样的联系。然后，让学生用桌子上的五个多边形学具在白纸上摆一摆、连一连，表示出这种联系，并在小组内说一说想法。最后，交流展示学生的摆法。大多数学生会根据教材学习的顺序摆（图 3 –4 –1）。

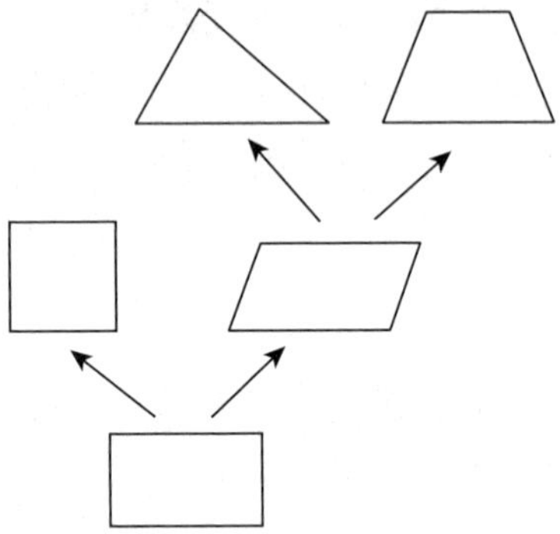

图 3 –4 –1

根据长方形的面积计算公式可以推导出正方形和平行四边形的面积计算公式，由平行四边形的面积计算公式可以推导出三角形和梯形的面积计算公式。

接下来，教师让学生说说各个图形面积公式怎么推导的。（标注方法：数格子、剪拼、扩倍）

学生可能也会这样摆（图 3 –4 –2），如果没有，教师也可以自己出示。

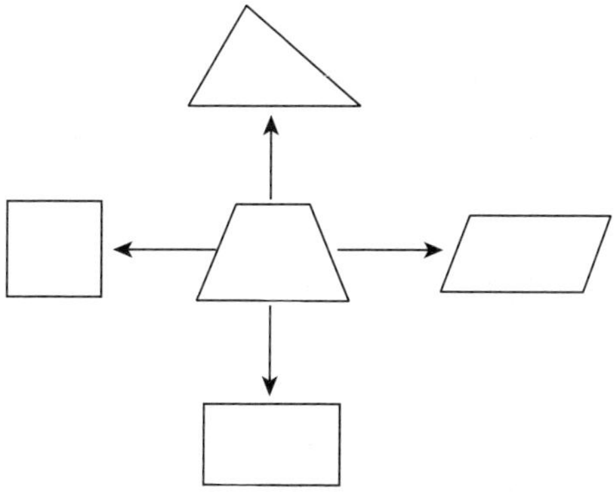

图 3-4-2

长方形、正方形、三角形、平行四边形的面积都可以用梯形面积计算公式进行计算。

让学生思考为什么这样摆，动画演示梯形缩短或延长上底，形成平行四边形、长方形、正方形、三角形。使学生明白长方形的两条长边可以看成梯形的上下底，三角形可以看成上底是 0 的梯形……

最后教师让学生说说摆成这样的图有什么好处，使学生体会到这样摆放，使新、旧知识间的联系一目了然。网式呈现是一种很好的复习方法。如果忘记了其中一个图形的面积计算公式，也可以根据它们之间的关系推导出来。

学生在自主整理、汇报、交流和研讨的过程中，不但复习了相关知识，发展了空间观念，而且整体地、有意义地建构了知识网络，联系了相关知识和方法。他们从中还学到了有序整理知识的一种好方法——网络图。

三、正逆互通式呈现

复习的目的之一是让学生将知识融会贯通，真正理解知识结构。我们除了要正向变式，让学生理解知识的内涵，还要逆向互通，让学生全方位理解知识结构，掌握知识本质。这样，学生对知识的掌握才是整体的、全面的，才能从不同的角度，在不同的情境中举一反三。

例如，我们在复习列方程解应用题时，通过如下几个题组变式正逆互通。

题组一：

1. 樟树有 150 棵，柳树的棵数是樟树的 3 倍。柳树有几棵？

2. 樟树有 150 棵，樟树的棵数是柳树的 3 倍。柳树有几棵？

题组二：

1. 樟树有 170 棵，樟树的棵数是柳树的 3 倍多 20 棵。柳树有几棵？

2. 樟树有 170 棵，柳树的棵数是樟树的 3 倍多 20 棵。柳树有几棵？

3. 樟树有 170 棵，樟树的棵数是柳树的 3 倍少 10 棵。柳树有几棵？

4. 樟树有 170 棵，柳树的棵数是樟树的 3 倍少 10 棵。柳树有几棵？

题组三：根据算式编题。

120×3	$(110+20)\div3$	$110\times3+10$
$120\div3$	$(110-20)\div3$	$110\times3-10$

题组一的第 1 题是正向的一步计算的问题，第 2 题是逆向的一步计算的问题。题组二第 1，3 题是逆向的两步计算的问题，第 2，4 题是正向的两步计算的问题。通过这两组题的训练，学生理解这两组题都是讲述樟树的棵数与柳树棵数的倍数关系的，在解决问题的过程中，学生自主感悟到正向适合算术解，逆向适合方程解，但是他们表示的都是“一份数 × 份数 = 总数”。

如果说题组一到题组二是正向的扩缩变式，那么到题组三就是可逆变式。学生能根据算式自主编拟出一道数、份数、总数的题目。学生在编题的过程中自主感悟到这类题目的结构特征，在正逆双向的练习中达到对知识的融会贯通。

第五节　结构化视域下小学数学复习课的方法结构

整体结构教学就是要通过回顾、提炼和反思逐步将知识结构内化为学生学习的方法结构，使其成为新的学习工具。它包括三个层面的结构：一是展开结构，在前后关联的知识之间有着相似的呈现方式；二是过程结构，同一类知识有着类似的教学过程；三是方法结构，学生在获取数学知识的过程中自主建构方法，为学生的终身发展奠定坚实的基础。

一、凸显知识方法结构

解决数学问题的方法很多，有些方法之间联系紧密。复习课时，我们要引导学生比较沟通，变多为少，形成“少即多”的效能。

例如，在上平面图形面积复习课时，教师带着学生复习了图 3－5－1 中五个图形的面积计算后出示图 3－5－1。

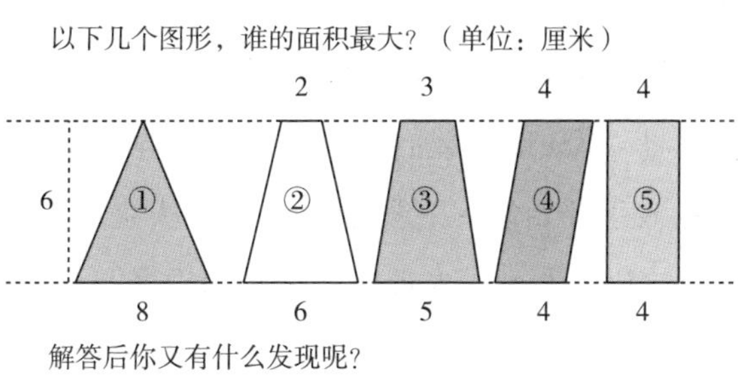

图 3－5－1

学生计算后发现它们的高相等、面积相等，继续探究，又发现梯形的上底加下底的和就是平行四边形、长方形的 2 个底，就是三角形的底。原来，三角形可以看作上底为 0 的梯形，长方形与平行四边形可以看作上底与下底相等的梯形，这样用梯形的公式就可以计算以上四种图形的面积。然后，教师继续出示图 3 –5 –2。

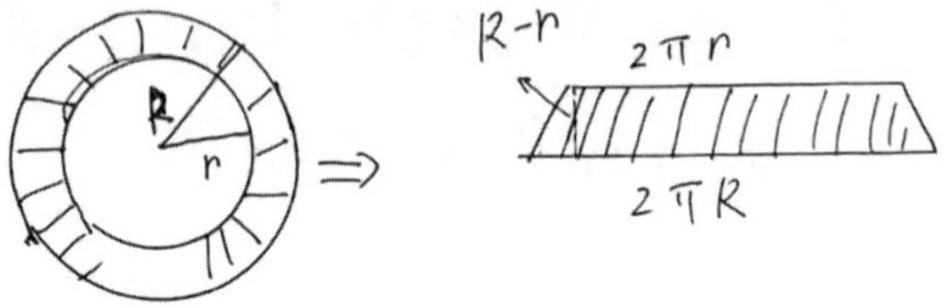

图 3 –5 –2

计算后，学生又会发现环形的面积也可以看作上底是内圆周长，下底是外圆周长，高就是大圆半径与小圆半径的差。这样梯形的公式就可以统领五种图形的面积计算。

对图形教学方法进行比较沟通，有利于找到方法的连接处，让学生在灵动的学习过程中归类纠正，缩减储存的方法。这种整体化、结构化的深度学习，让学生体会到计算方法之间的内在联系是构建知识体系、提高综合能力、提升核心素养的强力助推器。

二、凸显学习方法结构

教师要引导学生感悟结构性知识迁移的形成过程，获得迁移性的数学活动经验，学生只有掌握了迁移的方法、策略，才能激发更多数学运用和数学创造的激情，将思想迁移到新知识学习、新问题的探索之中。

例如，我们在复习“100 以内数的认识”时，引导学生自主得出复习的方法，如从哪些知识点入手开始复习。学生通过讨论从数数，数的读法和写法，数位顺序，数的组成，比较大小，求近似数这些知识展开，然后从错题入手进行分块复习。有了以上的经验，在之后复习“万以内数的认识”“亿以内数的认识”等知识时，学生自然会迁移运用这种复习方法。

数学学习就是一种迁移，是一种解决方法的迁移，是一种思想方法的迁移，是一种观念的迁移。

结构化教学是一种回归数学知识本质的教学，是让学生的知识结构和认知结构和谐共长的教学，是一种促进学生数学素养发展的教学。

数学知识结构是基础，学生结构化思维是关键，核心素养的提升是指向。一体化设计，让知识元素相互映衬；连接式设计，让知识元素深度交融；迁移式思考，让思维具有指向性；结构式感悟，让思维具有逻辑性。

第六节　结构化视域下小学数学复习课的教学流程

能否提高复习课的教学效率，还要看复习流程是否符合学生的认识规律、是否从学生的角度去思考，看学生的复习积极性是否得到真正调动，看学生是否真正实现了自主经历梳理过程。因此，教师应在复习课上巧妙设计形式各异的教学流程，使学生不感到枯燥无味。具体策略如下。

一、点—线—面—体顺应知识流程的复习方式——适合直线型、递进型的知识

该复习方式经历点、线、面、体的联系与变化。因为“点到直线的距离”“角”“射线”“直线”“三角形”“圆柱体”“圆锥体”等多个概念的学习是分散在不同学段中的，点—线—面—体顺应知识逻辑顺序的组合训练，可以让学生主动建构新的知识结构。

具体流程如下：

自主预习，回忆知识；

分块呈现，复习各点；

各点连线，沟通成网；

综合运用，巩固提升。

二、以概念图、思维导图为支架的复习方式——适合纵横交叉的知识

用概念图复习，可以让学生在整体把握本章所学知识的同时，更加系统、

有条理地回顾本章知识。用概念图复习章节结构，可以让学生知道知识的产生和发展的方向，从而更加充分地理解知识间的前后联系，提高学生对知识的综合运用能力。具体流程如下：

研究方法，探索路径；

自主整理，初见概念图；

交流互补，完善概念图；

总结方法，运用提升。

三、归类重组、沟通问题解决路径的复习方式——适合问题解决程序具有递进性的知识

对于一些题型多变的复习内容，学生不能很好地将各种条件进行归纳整理，如果单纯给学生提供大量练习，进行题海战术，往往会事倍功半。例如，圆柱、圆锥体积这部分内容的题型多变，结构比较复杂，如果把圆柱圆锥体积的各种条件进行重组归类，我们不难发现，它们无非是两种类型：一是直接利用公式或间接利用公式；二是根据圆柱、圆锥的体积关系来求体积。因此，在本类内容的复习课中我让学生自己根据问题来补充条件，将补充的条件梳理成线，以沟通知识之间的联系。具体流程如下：

呈现题组，自主练习；

比较观察，归纳规律；

利用规律，建构结构；

运用提升，巩固模型。

四、动态变化、联想拓展的复习方式——适合问题之间具有变换连接点的知识

联想是由某事物想到相关的另一事物的心理活动，其种类有定向联想、对比联想、关系联想、形似联想等。横向联想使思维开阔，纵向联想使思路深化。合理的聚合、充分的发散、精湛的分析、巧妙的直觉、顺逆方向的优选均离不开联想，从某种意义上讲，思维水平是取决于联想的能力的。常规教学中的联想训练大都是对旧知识的联想，总复习中的联想则是纵横交错的多方联想，尤

其应突出“由前挂后”的联想训练。其中，抓住学生思维受阻的节点进行“诱导联想”是提升其联想能力的有效手段。在动态变换的过程中进行联想也是我们在“图形与几何”复习课中常常用到的方法。具体流程如下：

呈现材料，联想想象；

自主编题，专项训练；

变换材料，提升训练；

提纲挈领，沟通联系。

五、以导学引领梳理的复习方式——适合各类知识

所谓以导学引领复习，就是教师通过有效的学习提纲、合适的习题、有效的学习材料、恰当的问题设计，让学生通过先练后评、先试后导的方式进行复习。具体流程如下：

呈现问题，导学引领；

导学提示，自主练习；

导学提示，总结方法；

提升训练，沟通联系。

六、以研究错题为主题的复习方式——适合各类知识

以研究错题为主题的复习的关键在于教师平时要做好典型错题的积累。在每一阶段的学习过后，教师可以通过分析学生的典型错题，研究错因，探究纠错方法，酝酿出复习路径。具体流程如下：

呈现错题，以错研错；

分析错因，纠错改错；

自编错题，巩固正题；

知识回忆，方法总结。

总之，我们应该让学生在观察操作中复习，在不断想象变换中复习，在不断寻找简便策略中复习，在不断联系与建构中复习，这样的复习课才是真正有价值的复习课。

第四章

结构化视域下“数与代数”复习

第一节　“数与代数”复习教学策略

“数与代数”领域的内容包括数的认识、数的运算、常见的量、式和方程、比和比例。这一部分内容占了小学数学的60%。因此，本书将其作为重点内容进行展开。我把“数与代数”领域的复习课分成三类：一是以认识为主的认识型的复习课，二是以运算为主的计算型的复习课，三是以运用为主的应用问题复习课。下面我会对这三类复习课的教学策略做详细阐述，并介绍相应的教学实践案例。

小学数学“认识型”复习课教学策略

认识型复习课教学指根据某一概念体系，将一个初步建造好的知识体系进行完整的重现、建构，进一步理清概念的内涵与外延，理清概念的属与种差，理清上位概念与下位概念的关系，等等，让学生对概念的形成过程再一次进行充分的体验，从而在头脑中形成完整的知识网络。那如何上概念复习课呢？我觉得可以采用以下几方面的复习策略。

一、加深概念意象

所谓概念意象是指与所说的概念有直接联系的整体性的认知结构，包括相应的心智图像。概念意象指出，概念教学的主要目标是帮助学生建立起关于各个概念的恰当的心理表征。概念意象不仅要反映概念的本质，还要反映概念的可能应用（新的活动与问题解决）。在概念复习课中应该加深在新授课时建立的概念意象，使之强化、加深。具体策略如下。

1. 清晰概念表象

概念表象是指从前感知过的概念在头脑中再现的形象。表象属于感性认识，不是简单的再现，而是对直观形象的某种程度的概括，它是由感性知觉到思维，由映象到概念的过渡环节。

例如，复习分数意义时，学生看到$\frac{1}{3}$便会在头脑中建立“把一个物体平均分成3份，$\frac{1}{3}$表示这样的1份”的形象。因为有了这一表象，学生在理解分数的意义时就更容易了。

2. 再现概念的形成与同化过程

我国数学界对“概念获得”的认识受认知理论的影响较大，认为学生获得概念的基本形式是概念形成和概念同化。所谓概念形成，是指人们对同类事物中若干不同例子进行感知、分析、比较和抽象，以归纳的方式概括出这类事物的本质属性而获得概念的方式。在教学中，教师利用学生已有的知识经验，以定义的方式直接提出概念，并揭露其本质属性，由学生主动地与原认知结构中的有关概念相联系去学习和掌握概念的方式，叫作概念同化。因此，在复习课教学中我们可再现概念的形成与同化过程。例如，在复习平面图形的面积时先让学生回忆这些平面图形面积的计算公式是怎么来的，提问学生公式会不会用了，还有什么不理解的，等等，这就是概念的再一次形成与同化过程。

二、加强概念系

概念系是在个体头脑中形成的概念网络，这条网络中的概念之间存在一些关系。

例如，“单位”的概念系：

单位 → 计量单位—长度单位—时间单位—质量单位—人民币单位
单位 → 计数单位—整数的计数单位—分数的计数单位—小数的计数单位

学生学习概念时必须建立概念之间的联系，在一个系统内辨认出其模式并建立起联系。具体策略如下。

1. 提供现实素材，巩固模式

在复习课教学中，教师引导学生将分散的概念在数学模型的支撑下建立联系，来帮助学生理解与沟通知识。

例如，在复习量与计量单位时，教师提供图 4 – 1 – 1，并提出：看到以下三个图形，你能联想到长度单位、面积单位、体积单位的进率吗？有什么好的办法记住这些计量单位的进率？

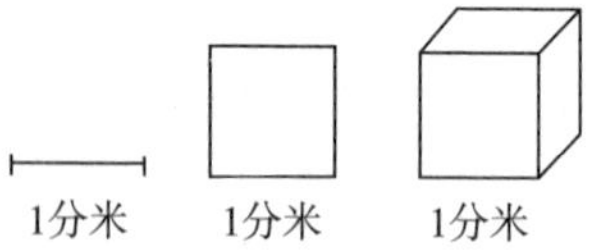

图 4 – 1 – 1

为什么长度单位的进率是 10，面积单位的进率是 100，体积单位的进率是 1000，只要找到了数学模型，学生在记忆时有了上图的支撑，难题就迎刃而解了。除此之外，特别提出：1 千米 = 1000 米，1 公顷 = 10000 平方米，1 平方千米 = 100 公顷，以及体积单位与容积单位之间的联系。

2. 提供探究素材，加强沟通

概念复习的重点应放在支撑学生努力去建立关系上而不是鼓励他们成为方法的熟练执行者。例如，在复习有关分数综合运用时我们可以通过让学生对原题进行联想改编来达到沟通知识的目的。

教师先出示一道简单的分数应用题：

一辆汽车从甲地开往乙地全程有 300 千米，这辆车已行驶了全程的 $\frac{3}{5}$，这辆车已行驶了多少千米？

学生马上回答出 180 千米。接着教师提出：改变第二个条件的说法，但所求的问题不变（还是已行驶了 180 千米），改编的越多越好。

学生先独立联想改编，再经小组交流，反馈摘录改编的几种情况。

生 1：这辆车已行驶了全程的 60%。列式：300 × 60%。

生 2：这辆车行驶了一段路后，剩下路程是全程的$\frac{2}{5}$。列式：$300\times(1-\frac{2}{5})$。

生 3：这辆车已行驶的路程与剩下的路程的比是 3∶2。列式：$300\div(3+2)\times3$。

生 4：这辆车已行驶的路程与全程的比是 3∶5。列式：$300\div5\times3$。

生 5：这辆车已行驶的路程是剩下路程的 1.5 倍。列式：$300\div(1+1.5)\times1.5$。

生 6：这辆车行了一段路后，剩下的路是已行驶路程的$\frac{2}{3}$。列式：$300\div(1+\frac{2}{3})$。

接着教师引导学生把以上这 6 道题的第一个条件与问题做交换，又得出 6 道新题，再让学生先独立解答后交流，并进行质疑。

以上教师让学生从一道简单的分数应用题开始改编，学生把原题扩散到了“比”“倍数”，以及稍复杂的分数应用题，教师还引导学生把改编之后的题目，对条件与问题再做交换，这样就形成了 12 道题，使学生在自己的联想变换和解答中对题型结构的变化进行再次认识，在比较中对解题方法进行更好的梳理和沟通。

三、巩固概念域

概念域是指某个概念的一些等价定义（知识）在个体头脑中形成的知识网络。

例如，关于分数的概念域有整体、单位“1”、平均分、份数。由此可见分数的意义是从众多情境中提取出来的。每一种情境不只用到一种概念，而要用到多种交织在一起的概念。一个概念域是有待处理的一组问题与情境，一个概念域是对这些问题与情境的处理，需要概念、程序和不同的但有紧密联系的各种表征形式。如何巩固概念域呢？

1. 加强辨析

在小学数学中，有些概念的含义接近，但本质又有区别。学生能背诵概念并不等于真正理解概念，教师要通过实例突出概念的主要特征，帮助学生加深对概念内涵的理解，还要及时运用反证来促进学生对概念的辨析。

例如，在复习整除概念时应帮助学生从以下三方面进行判断：一是判断是否具有整除关系的两个数都必须是自然数；二是这两个数相除所得的商是整数；三是没有余数。这样对定义的分析可以帮助学生更好地认识概念。

再如，在复习小数的性质时，教师可以让学生判断 0.40，0.03，20.020，2.800，10.404，5.000 各数，哪些“0”可以去掉，哪些“0”不能去掉？为什么？借此加深学生对小数性质的理解。

又如，学生对数位与位数、奇数与质数、偶数与合数、化简比与求比值、时间与时刻、质数与质因数、周长与面积等这类概念，常常容易混淆，必须及时把它们加以比较，以免相互干扰。

2. 加强变式

小学生理解和掌握概念的特点之一往往是对某一概念的内涵不是很清楚，也不全面，易把非本质的特征作为本质的特征。

例如，有的学生误认为只有水平放置的长方形才叫长方形，如果斜着放就辨认不出来了。为此，在复习长方形这一节时我们应该变换概念的叙述或表达方式，让学生从各个侧面来理解概念，从变式中把握概念的本质属性，排除非本质属性的干扰。

四、搭建概念网

概念（陈述性）知识是关于事物及其关系的知识，或者说是关于“是什么”的知识，包括对事实、规则、事件等信息的表达。它主要通过网络化和结构性来表征（命题、表象、线性次序、图式）观念间的联系。因此，我们在复习的时候一定要搭建好概念网。具体做法如下：

我们应当了解、激活学生已有知识的沉淀，根据学生已建构的知识链、知识网及知识存放的序，找准知识的连接点，抓准基点展开梳理，这样有助于查漏补缺，连链成网，架面成体，编实概念网。那么，这个点如何抓呢？

1. 找连接点

我们可以设计开放题来了解学生已有的知识结构，串联学生知识的散点。例如，在上“比的基本性质”的复习课时，我们可以设计一个这样的开放题：学了“比的基本性质”，你联想到哪些知识？学生自然会联想分数的基本性质、商不变的性质。因此，分数、除法和比的相似处就是我们复习时要抓的连接点。通过联想，可以有的放矢地将分数基本性质、商不变性质、比的基本性质等知识散点串联起来。

2. 抓连接群

我们可以设计有价值的问题串来了解学生知识存放的序。这可通过交流谈话来了解。例如，在复习平面图形面积计算这一知识块时，让学生看到这一题目很快有序地说出我们该复习哪些知识。学生可能按教材的编排顺序——平行四边形面积计算—三角形面积计算—梯形面积计算来叙述，也可能是按记忆中的近期与远期顺序等来叙述。让学生通过这些方式来回忆所学的知识，便于教师了解学生概念意象建立的程度，利于查漏补缺，接点连群。

概念复习课集概念课与复习课于一身，既要关注概念的又一次形成与同化，查漏补缺，巩固旧知，又要关注概念间的沟通联系，引导学生建构知识网络，还要着眼发展，提高学生的思维品质和学习能力。

小学数学"计算型"复习课教学策略

"计算型"复习课要让学生进一步理解算理、掌握算法和寻求合理简洁的运算途径以解决问题，其不以学生技能的掌握作为唯一目标，而是既要让学生重视算法的沟通，形成技能，又要让学生在感悟算理间的关系、建立联系的过程中发展思维，提升能力，还要让学生注意运算速度以及灵活性。这些目标我们设想通过设计有效的计算复习素材、探究出有效的计算复习方法、研究针对性的"计算型"复习课来具体落实。具体展开如下。

一、设计有效的计算复习材料是前提

材料是教学的载体，"计算型"复习课本身具有枯燥性，教学中我们要充分利用有效的复习素材。有效的计算复习材料应该是有意义、有针对性、有趣味性、有结构性的。这些材料应能激发学生探究的欲望，便于学生自主探究，实现练中梳理，练后贯通，让学生练了还想练。

1. 趣味性

趣味性指的是能引发学生主动参与，让学习变得生动有吸引力。我们可以设计有趣的问题情境和可爱的动画效果，但是我认为真正的趣味性应该是用数学本身的魅力去吸引学生，让学生学了还想学，在不知不觉中学。我们要设计趣味性的材料让学生在练中感悟，在理中提升。

（1）设计有魅力的题组

有魅力的题组使学生在练习该题组后明显感受到该题组内含的特点，这些特点有利于指引学生继续学习，深入探究。例如，在复习多位数加减法时，教师呈现以下题组：

$$\begin{array}{r}321\\-123\\\hline\end{array}\qquad\begin{array}{r}765\\-567\\\hline\end{array}\qquad\begin{array}{r}432\\-234\\\hline\end{array}$$

要求学生一边做一边想：你发现了什么？学生计算发现：每个算式都是由3个连续自然数组成的最大的数减去最小的数，减法各算式的差都是198。这样的结果会引起学生的兴趣。学生自然会设疑——是否其他符合这个规律的式子也有这样的结果？然后，自发地在举例验证中探究算理，提升技能。

（2）改编出有魅力的题组

改编出有魅力的题组顾名思义就是在练习了一组题后，将原题做明显的改变，引发学生猜想，在学生的猜想验证中达到复习提升的目的。

例如，在两位数乘两位数的复习课中，我们就改编出了一组很有魅力的学习材料（表4－1－1）。

表4－1－1

学习材料	
题目	28×41＝　　26×93＝　　86×34＝
问题	计算后要注意什么？（复习两位数乘法的计算方法及易错处）
改编题目，呈现题组	28×41＝　　26×93＝　　86×34＝ 82×14＝　　62×39＝　　68×43＝

由这一学习材料引发一组问题串（表4－1－2）。

表4－1－2

序号	问题
问题1	第二行的算式与第一行算式有什么不同?
问题2	猜一猜，积可能发生什么变化？计算验证
问题3	是不是所有像这样调换两个数个位与十位的位置，积都会相等?
问题4	若问题3答案为否定。请举例子说明
问题5	具备什么样的条件，它们的得数会相等?
问题6	你能举出一个符合这样的规律而积相等的式子吗?

本节课，我们通过改编一组题形成了一组算式，让学生来观察两组算式的特点——交换因数个位与十位的位置再乘，然后，精心设计了表4－1－2的问题串。在这一组问题串的引领下，学生的思考欲望得到激发，学习的兴趣更浓。在紧张、兴奋、愉快的学习氛围中，学生经历了初步发现积相等的规律—举例验证规律（在验证的同时应用多种检验方法）—发现规律—应用规律这一有趣的学习过程。学生在这一过程中不知不觉地进行计算，把“计算型”复习课上得更加轻松、有趣，能在和谐的训练中进一步提高计算能力。

（3）展示学生的真实作业

我们精选学生的典型作业，邀请相关学生讲述自己的真实思考过程，让复习课教学由“教师讲”转变为“学生说”，具体流程如图4－1－2所示。被展示者因作业得到教师、同学的认可或作业得到有效指导而倍感鼓舞，未被展示者因作业来自身边同学，讲解者也是身边同学而倍感真实、亲切，从而让更多的学生对即将开始的课有所期待。

图4－1－2

（4）借助多媒体信息技术

要让学生在听的同时看清、看懂数量、规律等变化，细节处理尤为重要。课件无论是版面的设计、各种色块的背景提示、细节处的动画演示都应凸显学生易错、难理解之处，让计算复习更加生动、立体，牢牢吸引学生的视线。例如，商中间有零的除法竖式，一般的做法是把写在十位的错误商擦去，再在十位、个位上写正确的商。利用动画可以把这个过程改成：保留错误商，把原来写在商十位上的数移到个位，空出十位，让学生看清十位上被除数零除以除数3不够，商为零，这个零起了占位的作用。这样一来，多媒体信息技术动态演示的优势就立刻显现出来了。

2. 结构性

数学是一门结构性很强的学科，数学知识本身就具有整体性结构，学生应该理解和把握知识之间的逻辑关系，运用知识结构进行整理与复习。具体操作中，学生要经历知识的梳理与分类，将零散的知识结构化；要经历方法的提炼与迁移，将割裂的方法关联化；要经历思想的建模与融通，将抽象的思想具象化。我们要充分利用它的结构功能。

（1）关注知识内在的逻辑序

每一块知识都有内在的逻辑序，这种逻辑序表现在知识层面、方法层面、思维层面或思想方法层面。只有理清知识之间的逻辑联系，学生的认知结构才能清晰完整。

例如，在复习六年级简便计算时，教师可以设计几组有结构性的题目，通过练习评讲让学生理清简便计算的几种题型，发挥结构化复习的功能。

先来做第一组的5道题，你觉得怎么算方便就怎么算。

第一组：	第二组：
$\frac{2}{7}+\frac{3}{8}+\frac{5}{7}+\frac{5}{8}=$	$\frac{2}{7}+\frac{3}{8}\times\frac{5}{7}+\frac{5}{8}=$
$\left(\frac{5}{9}+\frac{2}{15}-\frac{2}{3}\right)\times4.5=$	$\left(\frac{5}{9}+\frac{2}{15}-\frac{2}{3}\right)\times3.5=$
$2.5\times1.25\times0.8\times400=$	$2.5\times1.25+0.8\times400=$
$6.5-\frac{5}{9}-\frac{4}{9}=$	$6.5+\frac{5}{9}-\frac{4}{9}=$
$4.5\div2.5\div4=$	$4.5+2.5\div4=$

这里教师先让学生做左边的五道计算题，目的是让学生梳理出运算定律，并且知道这组题都可以直接运用定律进行简便计算；接着改变各题的运算符号或数据（见第二组）让学生独立计算，学生通过观察思考从中获得怎样计算不容易犯错的经验；最后小结引出做题时要仔细观察、认真分析、选择方法。这样既夯实了基础又重视了学生学习习惯的培养。

接着出示第三组的三道题：

$(20.8-12.49-7.51)\div2.5\times40=$

$(20.8-12.49+7.51)\div2.5\div40=$

$(20.8-12.49-7.51)\div2.5\div40=$

题组的学习比较能让学生明确：在计算中，有时题目中某一部分能简便；运用运算定律简便计算时一定要合理、灵活。

出示第四组的两道题：

$9.8\div1\frac{1}{3}+2\frac{1}{5}\times0.75=$

$9\frac{4}{5}\div\left(4-\frac{2}{3}\right)+\left(1\frac{2}{3}+\frac{8}{15}\right)\times0.75=$

基于第一、二环节中对直接运用、部分应用简便计算的学习，在这个环节中，学生会不由自主地进行转化运用、过程应用，再经教师点拨，梳理出简便计算的四种类型，从而形成了一个整体认识。

通过以上四个环节，教师通过设计结构化的学习材料引领点拨，学生在计算的过程中自主梳理简便计算的四个层次，从整体上进一步掌握简便计算的计算技能。

（2）关注知识整体结构

从整体上把握计算知识：一是从整体上认识各册、各单元计算教材内容，并以其中的基本概念、基本原理及其联系为主干概括出各册、各单元教材的知识结构；二是从一定的知识体系上去分析计算内容，明确教材内容在前面已有知识基础上的发生、发展过程和在后继教材中的延伸情况。小学阶段运算能力（技能）的形成主要通过“理解算理”“构造算法”“解决问题”三个层面体现在整数、小数和分数的口算和笔算中。从横向计算类型（口算、估算、笔算）

分析，无论是简单的整数加减法口算还是复杂的整数四则运算计算，在算理理解中，数学概念、性质、定律始终融于具体的运算能力的形成过程中，如图4-1-3的整数加减法结构。

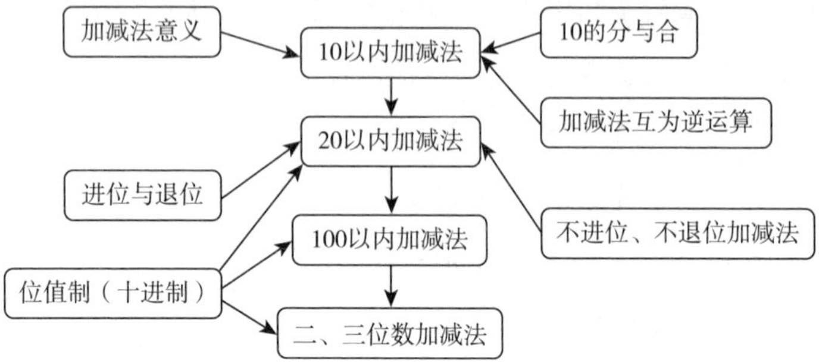

图4-1-3

我们在设计材料时要关注整体性，让学生在整体框架下练，在练中感悟，在理中提升。

3. 挑战性

挑战性学习任务具有以下几个特征：

（1）非常规。提出之前未解决过的类似问题能引发学生的认知冲突，学生学习的心理机制主要表现为“顺应”而非“同化”。

（2）不能立即解决，需要想一想、做一做。

（3）解决方式具有个性化与差异性。

（4）会引发师生一定程度的焦虑性心理反应。

挑战性的学习材料是引发学生主动学习的主要因素，具体从以下几方面设计。

（1）变过度铺垫为直面问题

设计挑战性复习材料要舍去过多的教学铺垫，不要急于给学生的思维定向，而是要直接呈现问题，拉伸学生思维的宽度，以暴露学生真实的想法。因此，“撤梯子”是挑战性学习任务设计的重要策略之一。

（2）变单一封闭为多元开放

复习材料设计应变封闭为开放，变单一为条件多样、路径多维、答案多元等。开放性学习任务能给学生的思维活动创造更为宽广的空间，让不同思维水平的学生都能获得探索的机会和成功的愉悦。例如，在“运算定律与运算性质的整理与复习”一课的最后，我设计了如下填数游戏的题目：

① 675 − 68 − （　　）

② 1.25 × 25 × （　　）

③ 74 × （　　） + （　　） × （　　）

④ 6.4 × （　　） + 3.6 ÷ （　　）

想一想，在括号里填什么数能使这些算式能简便计算？填好后同桌相互交流一下：填的数有哪些特征？

这是一组开放性的练习设计，给学生提供了充分的发挥空间。特别是题④由于6.4 + 3.6 = 10“凑整”明显，学生可能会考虑运用乘法分配律，但“ + ”右边的运算符号是“ ÷ ”，这就考查学生的变式能力（除以一个数等于乘这个数的倒数），其更有挑战性，更能激发起学生的学习兴趣。

（3）变单一训练为综合运用

设计复习材料时，教师要改变以知识应用、技能训练为主的单一的练习形式，要重视练习设计的挑战性、综合性。例如，“两位数乘两位数”单元复习中，让学生用1，2，2，4四个数字组成一个两位数乘两位数的乘法算式。积最大是几？最小呢？学生在寻找最大积与最小积时不但训练了思维，不知不觉中还训练了计算技能。

（4）变机械训练为变式拓展

教师设计复习材料时可以恰当地变化问题情境或改变思维角度，从而培养学生的应变能力，引导学生从不同途径寻求解决问题的方法。例如，让学生猜一猜：

□7 × □8 的乘积可能是（　　）。

A. 10256　　B. 3886　　C. 5614　　D. 96

这种复习材料将“计算”改为“算计”，“逼”着学生去观察数的特点，灵活选择方法，着眼于动脑，是智慧的再生成。

二、探究有效的“计算型”复习课教学方法是根本

1. 多维梳理沟通，温故而知新

（1）在连算理时通算法，使“理”“法”相容

算理和算法从来都是一个不可分割的整体，我们很难想象一个纯算理的

“计算型”复习课和在不明算理前提下的算法训练课对学生来说是一件多么辛苦的事情。在计算教学中，如果算理不清，则算法难以掌握；如果算法不明，则计算技能难以形成。这就是数学计算所谓的“理”“法”相容。

纵观整数、小数、分数计算，算理的理解呈现出结构化的特征，即算理的理解不是对孤立的某个运算的理解，而是与其他内容相融合，并呈现出循环向上的结构特征。把握结构，将有助于学生对算理的深化理解与主动剖析。小数、分数的四则运算的算理一方面来源于对数概念的意义引申，借助“形”与“式”的结合，便于学生直观理解；另一方面将数学思想有机融于算理的分析中，学生的算理分析借助化归思想、类比思想、推理能力等的渗透，综合体现于具体问题的分析解决之中（图 4－1－4）。

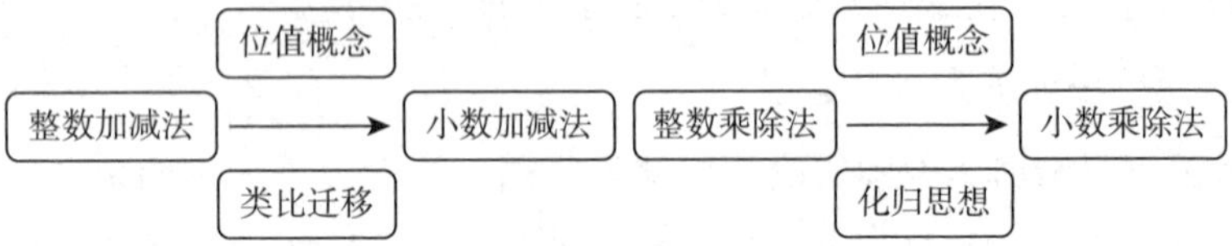

图 4－1－4

计算方法是运算的程序，方法需要融会贯通。贯通后的方法才能直达根部，便于学生举一反三。比如，在复习人教版数学五年级下册“异分母分数加减法”时就可以沟通整数加减法、小数加减法，见表 4－1－3。

表 4－1－3

类型	算理	算法
整数加减法	相同计数单位的数直接相加减	数位要对齐
小数加减法	相同计数单位的数直接相加减	小数点对齐
异分母分数加减法	相同计数单位的数直接相加减	先化成同分母分数，再按同分母分数加减法进行计算

教师通过以上表格，引导学生思考整数、小数、分数加减法的算理以及算法有什么相同点与不同点，进而得出只有计数单位相同的数才能直接相加减，算法不同只是源于不同类型的数，算理都一样。这样学生就对整数、小数、分数加减计算方法进行了更高层次的重构，对“为什么要这样算”有了新的理

解，实现了知其然且知其所以然，实现了知识的新增长。

（2）梳理同类运算的内部结构，主动监控易错点

对于同一类型的运算，教师可以针对其内部结构进行分类，据此设计题组让学生练习，一方面使学生通过练习把握这类运算的内部结构，厘清各种不同类型的运算；另一方面帮助学生在相互比较的基础上明晰运算的疑难点，并在运算过程中主动监控易错点。

例如，“三位数减三位数”，由于有了前面“两位数减两位数”的知识基础，此处教材仅安排了一般的退位减以及特殊的隔位退位减两部分学习内容。在复习的过程中，可以采用这样的练习形式：出示类似于“305 -（　　）=（　　）”的题目，让学生根据以下三个层次的要求补充减数：

补充一个三位数，使上式成为一道不退位减法算式。

补充一个三位数，使上式成为一道仅百位需要退位的减法算式。

补充一个三位数，使上式成为一道隔位退位减法算式。

上述练习对已有经验系统内三位数减三位数的运算方法，结合难易程度进行了结构化处理，使学生主动调动已有的运算经验，理解了不退位减、一般的退位减以及特殊的隔位退位减这三种不同类型的运算方法及三者之间的关系。教师再引导学生思考和总结运算过程中哪些地方容易出错，这样，在后续的学习中，学生就能根据算式中的数据特征，主动监控运算过程中的易错点，提高计算的正确率。

（3）数形结合沟通，以形助数，以数解形

许多数学内容、概念不仅具有数的特征，也有形的特征。对于数学计算教学而言，不妨利用图形的几何直观，以数形结合的方式，帮助学生理解和学习抽象的内容与方法，把握计算的本质，进行数学思想方法的渗透，促进学生数学思维的发展。人教版三年级下册第 4 单元“两位数乘两位数”与第 5 单元“面积”两个单元可以进行整合复习，一是有利于对笔算乘法单元知识的巩固，借助图形的直观来揭示“和一定，积发生变化”的规律，以形助数；二是能巩固面积与周长的计算方法，知道面积与周长的辩证关系，将长方形中周长与面积的关系通过算式抽象出来，以数解形。

（4）学习方法、活动经验沟通

数学学习方法很重要，掌握了有效的学习方法，学习就能事半功倍。在教学过程中，教师常满足于学生知识与技能的获得，却较少明确地教给学生学习方法，这是导致学生离开教师就不会学习的主要原因。为此，在教学过程中，教师应重视学生学习方法的指导，让学生运用教师所教的方法来学习。复习课不仅要让学生对知识进行复习，更重要的是引导学生对学习方法进行观照与梳理，达到对某种学习方法的深刻内化或形成学习方法体系。同时，复习课要有意识地引导学生通过自我反思、相互交流等活动，将零散、隐性的数学活动经验整体化、显性化，从而促进学生的经验重构，形成更上位的数学活动经验系统。

例如，在复习人教版数学四年级下册“运算定律与简便计算”时，可以引导学生对加法和乘法的五个运算定律的学习过程进行回顾，启发学生思考学习这些知识分别运用了什么方法，这些方法有什么共同点，从而引导学生得出规律性知识的学习方法：从多个事例中发现规律—概括规律—举例验证规律。对学习方法的整体呈现，能凸显学习方法的共性，使学习方法由原来点的分布形成一条线，自然深化学生对规律性知识学习方法的领悟。当学生再遇到规律探究的知识时，就能运用所掌握的方法独立学习了。

2. 多管齐下，提高运算能力

（1）错例研究，提高运算正确率

复习课的目的是查漏补缺，温故知新，但是漏从哪里找？新往哪里去？这看似是两个问题，其实却是辩证统一的，往往是“知其所漏，方知新处”。这里所说的“漏”在我理解就是学生平时出现的典型错题。我们应梳理这些典型错题，分类呈现，在课堂中展开错例辨析。

① 析错中引导学生复习计算方法。

比如，复习口算时，我选取了如下三道经典错题：

$1200 \div 60 = 2$　　　　$160 \times 50 = 800$　　　　$620 \div 5 \div 2 = 52$

整体呈现，引导学生辨别对错，分析错误原因，巩固口算计算方法。例如，第一题，原因是错误运用商不变的性质，反馈时不仅复习了商不变的性质，也巩固了除法口算的计算方法。再如，第三题，错误原因是算错了，那么怎样算才能又对又快呢？学生可以运用除法性质使计算更简便。

② 辩错中培养学生良好的解题习惯。

计算能力是指能根据法则和运算律正确地进行运算的能力，要达到“正确”运算，除了需要学生根据法则和运算律进行计算外，更需要学生养成良好的解题习惯。在“计算型”复习课中，教师需要提供合适的学习材料，让学生在学习的过程中自觉养成良好的习惯。

例如，有两道典型错题，一道是 $814\times79\approx10$，还有一道 $12\times3\div12\times3=1$。第一道运算符号看错，将乘法算成除法，这个错因学生一看就知道，但我们要让学生不仅知其然，还要知其所以然。为什么会看错符号呢？学生通过反思讨论，知道是受数字影响，从而明白计算时，不要受数字干扰，要养成良好的计算习惯。有了第一道的分析，学生就知道第二道出错的原因也是受数字干扰。通过分析，学生做题时知道要关注数字特点，但不能被数字迷惑而不看运算符号和运算顺序。

（2）关注策略，提高运算灵活性

① 在计算方式的选择上提高运算灵活性。

面对实际计算问题时，首先应当考虑需要近似答案还是精确答案：如果一个近似答案就足够了，那就估算；如果需要精确答案，那就要依次选择口算、笔算，或使用计算器算。也就是说，选择计算方法，应在确定了计算方式之后进行。（图 4－1－5）

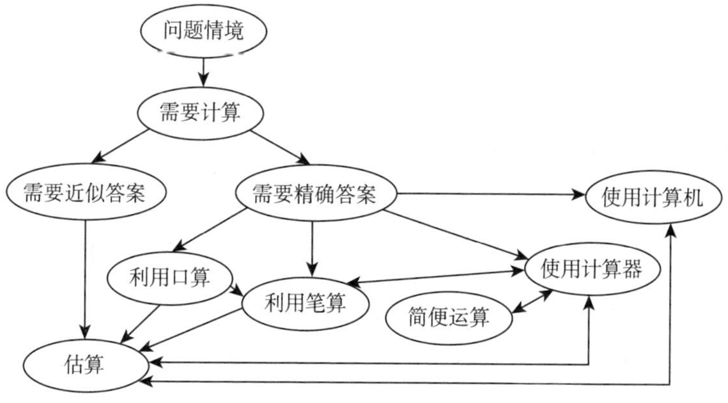

图 4－1－5

在学生掌握了基本运算方法并积累了一定的运算经验后，教师还要为学生提供多样的问题情境，让学生根据已有的运算经验，结合具体情境中的数据特点，选择合适的运算方法，培养学生灵活运算的意识与能力。

例如，下面的试题中前三个计算问题都能选用估算，并可分别选用“进一”法、“去尾”法、“四舍五入”法取近似数。

李老师要买一台打印机和一台扫描仪。

（1）购买前思考：带1000元够不够？

（2）购买满800元可抽奖，能否抽奖？

（3）付款时思考：大约需要几百元？

（4）收银员收款，一共需要多少元？

再如，在下面的○里填上“＞”“＜”或“＝”。

456＋324○324＋256	808－239○808－432
605－323○705－323	708－514○608－414

通过上述四道题的练习，学生体会到在解决类似问题时，合理运用算式之间的关系就能够对算式的大小关系做出判断，并不需要计算。

② 运用运算定律以提高运算灵活性。

运算定律的运用具有一定的灵活性，对数学能力的要求较高，有助于培养和发展学生思维的灵活性。我们通过设计不同的题型、不同的问题情境让学生形成合理灵活运用运算定律的意识。题目要有一定的综合性和启发性，具有一定的典型意义，其侧重点应更多地倾向于熟能生巧、巧中生智。因此，教师应选择一题多解、一题多变的题来拓宽学生的思路，培养学生的数学洞察力。

③ 在“以用促算”中提高运算灵活性。

传统的简便运算局限于根据运算定律、运算性质将算式变形，与解决实际问题基本脱节，运算能力的培养框定在纯数值计算范畴内，显然是不行的。因此，我们在计算复习中还要创设情境，让学生在“以用促算”中体验问题解决策略的多样化，寻求合理简洁的运算途径来解决问题。

比如，张老师想买四本书，单价分别是 56 元、31 元、19 元、24 元，可是他只带了 100 元，张老师能买哪三本呢？学生首先想到的是把每三本的单价相加，但是四本选三本有点难。若能反过来想，“四选三”相当于“四去一”，每一本都可以不选，一共有四种选法，就不难了：先算四本书的总价，再减去某一本书的单价，看差是否小于或等于 100，即 $56+31+19+24=130$，$130-31<100$，$130-56<100$。

三、探索多样灵动的课堂教学流程是保障

1. 以概念图、思维导图为支架的复习方式——适合纵横交叉的知识

用概念图、思维导图复习可以将众多零碎的知识进行系统化整理，清晰地展现数学知识间的层次结构与内在联系，形成逻辑严谨、层级分明的知识网络体系，帮助学生建立良好的认知结构，提高复习效率。具体流程如下：

课前提示，自主整理；

展示评讲，完善概念图；

沟通联系，总结方法；

综合运用，巩固提升。

适用内容：一年级下“100 以内的加法和减法（一）”单元复习，二年级上“100 以内的加法和减法（二）”单元复习，二年级下“混合运算”单元复习，三年级下“除数是一位数的除法”单元复习，四年级上“除数是两位数的除法”单元复习，五年级上“简易方程”单元复习、“小数乘法”单元复习、“小数除法”单元复习，六年级上“分数乘法”单元复习、“分数除法”单元复习等。

2. 以题组引领梳理的复习方式——适合沟通相互联系的知识

由于教学的需要，教材将原本系统的知识划分为一个个单元、一个个课时，人为地割裂了各个知识点，导致学生接受的一个个知识点是孤立的。而数学学科的系统性和严密性决定了数学知识之间深刻的内在联系、同一单元不同知识点之间的横向联系、不同单元相关知识点之间的纵向联系……因此，教师可以尝试以题组引领梳理的复习方式，即先通过题组练习、反馈，帮助学生回忆重

要的内容或知识点，再通过题与题之间的比较、找联系，引导学生进行知识点或方法的整理、沟通，把零散的碎片化知识串成线、连成片，实现条理化、系统化，帮助学生形成清晰、完整的知识结构，进而优化认知结构。具体流程如下：

呈现题组，自主练习；

核对评讲，复习回顾；

寻找联系，建构结构；

综合运用，巩固提升。

适用内容：三年级下“两位数乘两位数”单元复习、四年级上“除数是两位数的除法”单元复习、四年级下“运算定律”单元复习、五年级下“分数的加法和减法”单元复习等。

3. 以算式整理为主题的复习方式——适合20以内加减法及表内乘除法

低年级计算复习课中有好多是以整理算式为内容的复习课，即让学生把一个个算式按照一定的顺序排列成表，使散乱的知识点形成一定的结构，感受算式与算式之间的联系、规律，让学生感受数学的奇妙。1～5的认识及加减法表重在让学生学会观察，6～10的认识及加减法表重在让学生发现规律，20以内的进位加法表重在让学生学会整理，20以内的退位减法表及以后的表内乘除法复习重在让学生学会自主整理。一般流程如下：

题组练习，梳理算法；

分类联想，整理成表；

发现规律，提升认识；

综合运用，巩固提升。

适用内容：一年级上“5以内数的认识和加减法”单元复习、“6～10的认识和加减法”单元复习、“20以内的进位加法”单元复习，一年级下“20以内的退位减法”单元复习，二年级上“表内乘法”单元复习，二年级下“表内除法”单元复习。

4. 以导学引领梳理的复习方式——适合各类知识

所谓以导学引领复习就是教师在复习时适时呈现学习要求、操作方法、复习路径等，方便学生在复习中借鉴，给予学生复习思路，便于教师复习反馈。

具体流程如下：

呈现情境，出示目标；

导学提示，自主梳理；

导学提示，沟通联系；

提升训练，总结方法。

5. 以研究错题为主题的复习方式——适合各类知识

以研究错题为主题的复习顾名思义就是进行错题的研究。教师提供或者让学生提供本块知识学习中容易错的题目的练习，进行析错、议错，从而达到不错的目的。具体流程如下：

呈现错题，交代任务；

分析错因，纠错议错；

自编错题，巩固正题；

正题统练，方法总结。

小学数学“应用问题型”复习课教学策略

在小学数学教材中，解决问题伴随着数学各个领域而存在。通过梳理分类，我们将需要解决的问题分为两大类：良构型问题与非良构型问题。良构型问题是指题目的条件是明了的，问题是给定的，答案是确定的。学生在解决这类结构清晰的问题时往往有明确的数量关系和清晰的解题思路的指引。我们把这类问题归纳为以前的应用问题的教学。非良构型问题是指需要学生在给定的问题情境中基于自主发现和自主选择信息综合运用知识解决的问题。本文主要来谈谈良构型的问题解决复习——应用问题的复习。

数学结构化学习是基于数学学科的整体性、系统性以及知识的关联性，引导学生自主参与学习的全过程，实现知识结构化的一种学习方式。我觉得复习良构的应用问题时应以良构型问题为对象，在结构化视域下进行整体、系统、关联的复习，即以“意义”为根，以“数量关系”为主线，以“联系”的方式进行知识的沟通和模型的再现，力求让学生在复习中找到知识的本源之处，织好知识的关联之网，练好解题方法之轴，达到提升解决问题能力的目的。

一、基于结构，注重数量复合关系的凝聚与扩变——建题型之结构

数学良构型问题解决有一步、两步与复合应用问题，这里包括用整数、分数、百分数来解决的问题。那么，如何对这些不同类型、不同解决步数的问题进行梳理，以达到从厚变薄的效果呢?

我们可以将原来“11 类简单应用题”分成四组基本数量关系的结构，即“和”“差”“积”“商”，然后将简单应用问题扩展成两步计算的应用问题：在“和”的两步计算的基础上引出两“积”之和与两“商”之和的应用问题；在“差”的两步计算应用题的基础上引出两“积”之差与两“商”之差的应用问题。“商相等”“积相等”的题型结构同样从一步计算扩展到两步的归一（正比例）应用题和归总（反比例）应用题，在此基础上进行改编、变换。

1. 扩缩变换改编

扩缩变换改编有扩题和缩题两种形式。改变基本应用题的一个条件，或者补充一个条件，使之成为两步应用问题，这种改编形式称为扩题变换，反之为缩题变换。例如：

妈妈买了 5 千克带鱼，每千克 30 元，买黄鱼又花了 120 元，一共花了多少钱?

如果将上题中“买黄鱼花了 120 元”变为“黄鱼每千克 40 元，买了 3 千克”，其他条件和问题均不改变，就把两步计算的问题扩展成了两积之和的三步计算的问题结构。如果买带鱼和黄鱼的千克数相同，就变成“$(a+b)\times c=d$”两积之和的另一结构模型。

2. 可逆变换

可逆变换指的是正向题与逆向题之间的变换。比如，在“$ab+cd=e$”这一题型结构中，如果“e”作为问句出现便是正向题；如果把“e”变成已知条件，将 a、b、c、d 中的一项作为问题出现就成了逆向结构的问题。例如，对上

面的例题进行逆向变换如下：

妈妈买了 5 千克带鱼和 3 千克黄鱼，共花了 270 元。其中带鱼每千克 30 元，黄鱼每千克多少元？

根据例题可以编出四道逆向的问题。复习梳理时，通过互逆改编，学生自然理清了“一正四逆”这些题目间的联系。

3. 情节变换

情节变换指相同的解题方法应用在不同的问题情境中，不仅可以体现相同的数量关系的不同应用之处，也可以体现不同问题情境中数学知识间的本质一致性。以下题组就体现了情节变换：

1. 修一条路，一建队单做 10 天完工，二建队单做 15 天完工，现在两队合作，需要几天完工？

2. 李明从 A 城开车到 B 城，行 10 小时到达，张俊从 B 城开车到 A 城，行 15 小时到达。按这样计算，他们分别同时从 A 城和 B 城开车出发，经过几小时才能相遇？

3. 有一匹布，都做成上衣可做 10 件，都做成下衣可做 15 件。如果要配套做衣服，可以做几套衣服？

计算后，教师引导学生比较以上三道题，发现这三道题所描述的具体情境不相同，但是它们都利用了 $1 \div \left(\frac{1}{15}+\frac{1}{10}\right)$ 这一算式来解决问题。采用这种变换情境的方式来复习，把工程问题、行程问题与一般应用题都凝结到同一个题型上，便于学生理清知识本质，对知识进行结构化储存。

二、基于意义，注重数量关系间的沟通联系——建算理之结构

在问题解决的复习阶段，教师应抓住“数量关系”引领学生从“解一题”上升到“解一类”，以“以不变应万变”的联系策略来解决问题。

例如，乘法关系的教学中最本源的数量关系是“每份数 × 份数 = 总数”，它表示几个几连加的简便运算。而“速度 × 时间 = 路程、单价 × 数量 = 总价、工作效率 × 工作时间 = 工作总量”等数量关系只不过是“几个几连加的和”这个乘法关系在不同的应用领域的另一种表达方式。速度是单位时间的路程，单

价是单位物品的价格，工作效率是单位时间内完成的工作量，将常见的数量关系归结于已有的“几个几连加的和”，可以使数量关系的教学直达根本。

复习过程中，基于运算意义对这些解题思路进行联通梳理，可以使学生理解各种题型的解题思路是基于同一数量关系的不同表征，同一数量关系在不同问题情境中运用时表达相同的意义。

1. 整数应用题与分数（百分数）应用题之间的联通

例如：“商店里的一个电水壶原价是125元，现在降价$\frac{1}{2}$（50%）。现在的售价是多少元?”通过比较，学生明白这里的降价$\frac{1}{2}$与降价50%都表示原价的几分之几是多少。

2. 算术解法与方程解法之间的联通

在良构型问题的解决中，学生对逆向思考的问题往往理解起来会有困难。因为学生在先前学习用算术解和用方程解时往往将各种方法在头脑中各自存放，断开了算术方法与方程解法之间的联系。复习时，教师有必要将它们联系起来，使学生明白用方程解决的逆向问题与用算术解决的顺向问题，其实是同一数量关系的不同表征。

例如，在解决“公园里有柳树30棵，柳树的棵数是桂花树的$\frac{3}{4}$。桂花树有几棵?”与“公园里有桂花树40棵，柳树的棵数是桂花树的$\frac{3}{4}$。柳树有几棵?”这两个问题时，我们应该让学生明白它们都是讲“桂花树棵数$\times\frac{3}{4}=$柳树棵数”的事情，只是前一题表征为“$\square\times\frac{3}{4}=30$”，用方程解法比较方便，后一题表征为“$40\times\frac{3}{4}=\square$”，用算术方法解比较方便。通过比较，学生发现两道题说的是同一件事，同一个数量关系，只是表述不同。

3. 分数应用题与其他应用题之间的联通

例如：公园里有600盆花，其中菊花占$\frac{2}{5}$，菊花有多少盆？分数“$\frac{2}{5}$”表示把公园里的花平均分成 5 份，菊花占其中的 2 份；变换成“比”的表述形式就是菊花的盆数与公园里花的总盆数的比是 2∶5。当然，诸如此类的跨界问题很多，如分数应用题、用比解决的问题、百分数应用题、倍数应用题，它们虽然属于不同问题，但有相似的结构，就有相同的解题思路与方法。对于这类问题，在问题解决复习时应该让学生自主对比、自主分析，从不同问题表象中找出相似的结构特征，真正理解解题原理的一致性，以达到算理结构化的目的。

三、基于策略，重视一般解题策略和基本解题策略的渗透——塑策略之结构

在问题解决中，学生理解了题目结构后，接着要做的事就是解题策略的选择。解题策略的选择需要渗透、积累、训练与梳理。学生只有进行策略的储备，方能在解题时自主选择适当的策略。我们认为解决问题的策略可分为一般解题策略和基本解题策略。

1. 一般解题策略

一般解题策略指解决大多数问题的通用策略，包括对解题内容的熟悉解读，对解题思路的猜想、尝试和推理，对解题方法的比较、反思和验证，等等。学生要通过有效的思考方式学会分析数量关系，找到解题思路，选好解决方法进行正确解答。这里的一般解题策略区别于解一定题型的个别技能技巧，是一种具有广泛迁移性的思考方式。

根据多年教学，我认为波利亚解题的四步骤是培养学生一般解题策略的好方法：情境理解，明确问题—表征问题，分析数量关系—选择解决问题的策略并尝试解决—检验与回顾。进行问题解决的复习教学时可以围绕几个步骤来培养学生解决问题的基本能力。

2. 基本解题策略

问题解决的基本策略是指在数学学习中常用的解决问题的基本措施，主要有分析法、综合法、分析综合法等。

分析法——从问题联想到需要的条件；

综合法——从已知条件联想到问题；

分析综合法——从条件和问题联想到中间问题。

辅助方法有图示法、列表法与模拟演示等。

特殊方法有假设法、倒推法等。

这些解题策略能使隐藏的关系明朗化，复杂的问题简单化，有助于学生找到解题思路。

解题策略需要在学习过程中逐步积累，经常运用，这样才能在合适的时机找到合适的策略。

四、基于训练，注重多样化的形式和分层次梳理——提能力之结构

能力的提升从来都不是一蹴而就的，要分阶段、多形式地逐步落实。多形式指的是什么呢？我认为除了根据问题来列式解答外，自主编题和题组训练是很好的形式。

1. 编题训练

编题训练就是学生在初步感觉具有结构化的算式后进行问题情境还原的一种练习方式。复习时编题练习不仅可以帮助学生掌握应用题的结构类型，还可以使学生更加理解数量之间的关系，提高学生的解题能力。编应用题的方式有以下几种。

（1）根据情境编题

根据情境编题指根据主题图、具体情境及活动要求编题，在编题的过程中理清同一层次数量之间的横向联系。

（2）根据关系编题

根据关系编题是指根据给定的抽象的数量关系编出相对应的数学问题。例如，先根据“平均每天烧煤量 = 总煤量 ÷ 天数”编一道应用题，然后分别根据另外两个数量的关系的表示式子（求天数和求总煤量）来编应用题。这样的编题有利于理清三个数量之间的关系。

（3）根据算式编题

如果说上面两种编题方式是正向的思维训练，那么看算式编题就是逆向联想：根据呈现的算式想象相应的问题情境，达到应用数学知识的目的。

2. 题组训练

题组，狭义理解就是在课堂教学中将知识联系密切、题目形式相近、思维方法相似、解题方法类同的题目构成一组题。它具备一定的对比性、层次性、整体性的功能。特别是复习课教学时，题组对整体巩固所学知识、纠正解题思维偏差、辨析混淆的相似方法、构建知识框架等都有着不可比拟的独特作用。例如，以下两题组：

题组一：

水产店购进 160 千克带鱼，购进的黄鱼是带鱼的 62.5%，购进黄鱼多少千克？

水产店购进 160 千克带鱼，购进的黄鱼比带鱼多 62.5%，购进黄鱼多少千克？

水产店购进 160 千克带鱼，购进的黄鱼比带鱼少 62.5%，购进黄鱼多少千克？

题组二：

水产店购进 180 千克带鱼，刚好是购进带鱼的 20%，购进带鱼多少千克？

水产店购进 180 千克带鱼，比购进的带鱼少 20%，购进带鱼多少千克？

水产店购进 180 千克带鱼，比购进的带鱼多 20%，购进带鱼多少千克？

在实际教学中，有了以上这两个题组的训练，学生能从整体上把握百分数应用题的题型结构和解题方法。

3. 分阶段、分层次落实

应用问题的复习教学按照“打好基础，训练思维，掌握结构，生长智慧”的指导思想，分三个阶段组织训练。

第一阶段主要是复习整数基本应用问题和两步应用题，它们又各分为初期、中期、后期三个教学层次。每一个层次围绕一个中心进行教学，目的是帮助学生打好基础。因为一切解决问题的方法都是以最基本的一步应用题为基础的，学生如果没有解决简单应用问题的能力与经验，就很难进行方法的转换与策略的选择。因此第一阶段应该夯实基础。

第二阶段主要是复习整数和小数多步应用题，使学生掌握复合关系的基本结构与基本变换，进行解题基本思想方法的训练。

第三阶段主要是复习分数应用问题和比例应用问题，这是提高阶段。其一是从具体到抽象的提高，表现为从整数小数应用问题中具体的数量关系提高到分数、比例应用问题中抽象的数量关系；其二是从分散到综合的提高，表现为在比例应用问题教学中沟通各类应用问题之间的相互联系，用比例的思想来解决问题，打通问题解决策略的脉络。

总之，对于良构型问题解决的复习课，我们应该以运算意义为主线，以多样化问题解决的策略为手段，以多形式、多层次展开训练为保障，以达到提升学生解决问题能力的目的。

第二节 “数与代数”复习课教学案例介绍

“认识型”复习课教学案例介绍

整合素材 理练相融

——“大数的认识”单元复习课教学实录与评析

人教版四年级上册第1单元“大数的认识”的内容有数位顺序表、计数单位，多位数的读写法，比较数的大小以及省略万位、亿位后面的尾数。这节课的教学重点是进一步复习巩固大数的读法和写法，省略万位、亿位后面的尾数。由于本单元知识点较多且分散，所以我们采用以一组材料为主线，将各知识点串联起来，边理边练的方式来巩固。

一、揭示课题，回顾知识

1. 揭题

师：同学们，今天我们一起来复习第1单元“大数的认识”。（板书课题：复习大数的认识）

2. 看书回忆

师：请大家回忆一下，在这一单元内，我们学习了哪些知识？（让学生思考一会儿）可以翻开书本看一看。

3. 汇报

师：谁来说说在这一单元我们学习了哪些知识？

教师根据学生的回答板书：读数、写数、比较大小、改写。

评析：通过让学生回忆、看书，唤起学生对本单元学习内容的原有认识，从而使学生对学习内容产生熟悉感和认同感，为下面的学习奠定良好的心理基础。

二、练中质疑，整理知识

1. 复习数位顺序表和写数

师：今天我们通过以下这组信息的研究，复习我们所学过的知识。从这组信息中你了解到了什么？能把这些数据写下来吗？请拿出练习纸写一写。

课件出示：

中国陆地面积：约九百六十万平方千米

我国2010年第六次全国人口普查公布全国总人口为：十三亿七千零五十三万六千八百七十五人

地球的陆地面积：约一亿四千九百万平方千米

世界2015年年中人口数：约七十三亿四千九百四十七万人

教师组织学生独立练习后交流，使学生从中整理数位顺序表和写数的方法。（图4－2－1）

项目	…	亿级				万级				个级			
数位	…	千亿位	百亿位	十亿位	亿位	千万位	百万位	十万位	万位	千位	百位	十位	个位
计数单位	…	千亿	百亿	十亿	亿	千万	百万	十万	万	千	百	十	一（个）
							9	6	0	0	0	0	0
				1	3	7	0	5	3	6	8	7	5
					1	4	9	0	0	0	0	0	0
				7	3	4	9	4	7	0	0	0	0

图4－2－1

写数方法：先分级，从高位起，一级一级地往下写。

质疑：第三个数万级里为什么要写上 2 个 0 呢？在写数时还需要注意什么？

2. 复习读数

师：写的数对不对，可以用怎样的方法去检验呢？

教师引导学生通过读的方法去检验刚刚写下的四个数，通过读，回忆并总结读数的方法：先分级，一级一级地往下读，亿级与万级的读法和个级的读法一样，读完亿级加个“亿”字，读完万级加个“万”字。

师：读数的时候有什么地方需要提醒同学们的吗？

评析：以上两个小环节，教师借助一组信息，通过写数、读数，把整数的数位顺序表、写数、读数等知识巧妙地整合在一起进行复习，使学生自然地把这些知识点联系起来进行再认识。

3. 复习比较大小的方法

师：这 4 个数中，你能一眼看出谁最大谁最小吗？你是怎么看的？

生 1：位数多这个数就大，位数少这个数就小。位数相同的情况下，看最高位，最高位大这个数就大。

生 2：也可以先分级，7349470000，1370536875，149000000 这 3 个数都写到亿级了，而 9600000 这个数最高位也只在万级，所以 9600000 这个数肯定是最小的，在其他 3 个数中，亿级最大是 73，所以 7349470000 这个数是最大的。

4. 复习改写

师：把这 4 个数省略“万位”或“亿位”后面的尾数，改写成用“万”或“亿”作单位的数，你会吗？

课件出示：

9600000 = （　　）万

1370536875 ≈ （　　）亿

149000000 = （　　）万

7349470000 ≈ （　　）亿

组织学生在练习纸上写一写，再交流改写方法。

5. 小结

师：我们读数、写数、比较大小、改写时都是先干什么？

师：请同学们回顾一下，刚才我们是怎样复习的？

评析：通过对一组材料的分析，整理复习了本单元的学习内容，在边理边练中，学生系统地掌握了知识，建构了知识网络，在掌握知识技能的同时掌握了复习的方法。

板书：

三、联系实际，巩固知识

师：大数在生活中有用吗？请看我收集的一些数据。

课件出示：

区域	2015 年年中人口数（人）	陆地面积（平方千米）
亚洲	4393300000	44000000
非洲	1186180000	30200000
北美洲	573780000	24228000

问题1：从这张表格中，你了解到什么信息？同桌互相说一说。

问题2：如果将亚洲的人口与非洲、北美洲的人口相比，你感觉怎么样？方便吗？

问题3：能不能运用学习过的求近似数的方法将它们改写成以“亿”或“万”作单位的数再进行比较？

根据学生的回答，课件出示：

区域	2015 年年中人口数（人）	陆地面积（平方千米）
亚洲	44 亿	4400 万
非洲	12 亿	3020 万
北美洲	6 亿	2423 万

师：现在再来比较亚洲与非洲、北美洲的人口和陆地面积，感觉怎么样？

师：我国是世界第一人口大国，如果我们每个人都节约一滴水、一粒米、一张纸，那么会节约多少呢？我们先来看一看 1 亿滴水、1 亿粒米、1 亿张纸大约有多少。

课件出示：

1亿滴水

每辆车装1吨水，能装4辆车。

1亿粒米

每袋25千克，能装100袋。

1亿张纸

1亿张纸摞起来大约有1万米高，比珠穆朗玛峰还高。

师：看到这里，你想到了什么？

评析：教师通过对现实材料的分析，让学生练习了数的读法、改写、比较大小等，检验了学生的知识掌握情况，也让学生感受到数学知识的应用价值。在比较亚洲、非洲、北美洲的人口和陆地面积时，按照原数比较大小，数目比较大，比较起来比较难，改写成以“亿”或“万”作单位的数后再比较就容易多了。还有通过对人口数量的分析教育学生要节约每一滴水、每一粒米、每一张纸。

四、课堂总结

同学们，这节课复习了什么？是怎么复习的？

通过这节课的学习，你感受最深的是什么？

有结构的材料促进有联系的学

——“小数的意义和性质”单元复习课教学设计

一、教材分析

本课是人教版四年级下册第4单元的整理和复习课，这一单元分为4小节，涉及的内容比较多：小数的意义（包括数位顺序表、计数单位等）、读写法、小数的性质、大小比较、小数点移动引起小数大小的变化、单位换算、求近似数、改写成用“万”“亿”作单位的数等。

教材针对4小节的内容分别编排了4道题目：第1题复习小数的意义，第2题复习小数大小比较的方法，第3题复习小数点移动引起小数大小变化的规律，第4题复习改写小数和求一个数的近似数的方法。

对于这样的复习课，教师一般也会像教材编排的那样，针对每个内容分别设计复习素材和练习，虽然做到了边练边梳理，但学生往往比较被动，而且这样设计，内容松散，不能对知识进行很好的联系。

二、教学设想

1. 比较中梳理知识，不断优化知识结构

为了更好地梳理知识，我们设计了两次比较：一是本单元各个知识点之间的比较。本单元虽然内容繁杂，但其实这些内容之间具有联系的，于是我们设计了这样的学习单（图4-2-2），让学生课前完成；课上通过引导学生寻找各个题目之间的联系，帮助学生回顾、梳理各个知识点，优化学生的知识网络。二是将本单元小数的知识和以前学过的整数的相关知识进行比较，沟通整数与小数的联系，让学生从整体上理解和掌握知识之间的内在联系，促进学生认知结构的进一步优化。

1.画一画。用直线上的点表示0.3，0.03，0.25，0.34。

2.把下边的数位顺序表中的数位填完整，并说说表中每个“3”表示的意思。

3.读一读。260.26读作：________________。

4.填一填。选择下面的小数填空：0.3，0.03，0.30。

①（　　）=（　　）

②（　　）<（　　）

③（　　）×10=（　　）

3000÷10000=（　　）

④ 0.34≈（　　）保留一位小数

⑤ 3000=（　　）万

⑥ 3分米=（　　）米

找一找：以上哪些题有关系？

……	千位	百位	十位	个位	.				……
				0	.	0	3		
				0	.	3			
				0	.	3	0		

图 4－2－2

2. 专项典型错例分析，提高复习的效率

除了梳理知识，查漏补缺也是复习课的功能之一，也就是说，要有针对性地组织复习，尤其要针对学生有困难的学习内容和错误之处。比如，本单元学习中，学生对小数的读写、比较大小，基本上没有问题，而学生对意义和性质的理解、小数点位置移动引起小数大小的变化、计量单位的互化以及求小数的近似数等内容难理解、错误多，所以教师应选择具有代表性的错例引导学生进行分析，以提高复习的效率。

三、教学目标

基于以上分析，我们确定本课的教学目标为：

（1）引导学生回顾本单元各知识点，分析典型错例及难点内容，进一步理解和掌握有关小数的知识。

（2）引导学生梳理比较各知识点，建立联系，并与整数相关知识点比较，优化知识结构。

（3）让学生经历知识整理的过程，体验整理复习的重要性，学会整理复习的一些方法。

四、教学重点

引导学生梳理比较各知识点，优化学生的知识结构。

五、教学难点

引导学生沟通本单元知识点之间的联系。

六、教学过程

（一）回顾梳理知识

1. 揭题，说说这个单元学了哪些内容（准备贴纸）

学生说，老师贴：

小数的意义、数位顺序表（包括计数单位）、读写法、小数的性质、大小比较、小数点移动引起小数大小的变化、单位换算、求近似数、改写成用“万”“亿”作单位的数。

2. 交流学习单，沟通本单元各个知识点之间的联系

先指名学生上台展示其学习单（图 4－2－3），让其他学生核对、质疑。

1.画一画。用直线上的点表示0.3，0.03，0.25，0.34。

2.把下边的数位顺序表中的数位填完整，并说说表中每个“3”表示的意思。

……	千位	百位	十位	个位	.	十分位	百分位	千分位	……
				0	.	3			
				0	.	0	3		
				0	.	3	0		

3.读一读。260.26读作：<u>二百六十点二六</u>。

4.填一填。选择下面的小数填空：0.3，0.03，0.30。

①（0.3）=（0.30）

②（0.03）<（0.3）

③（0.03）×10=（0.3）

3000÷10000=（0.3）

④0.34≈（0.3）保留一位小数

⑤3000=（0.3）万

⑥3分米=（0.3）米

找一找：以上哪些题有关系？

图 4－2－3

统一答案后，让学生说说第 1 题的 0.3，0.25 是怎么找的，借此引导学生复习小数的意义；让学生说说第 4 题的① 0.3 = 0.30 是根据什么想的，借此引导学生复习小数的性质；让学生说说第 4 题的③ 0.03 × 10 = 0.3，3000 ÷ 10000 = 0.3 是怎么想的，借此复习小数点移动引起小数大小变化的规律。

接着教师引导学生找一找，这么多题目中，哪些题之间有联系，如哪一题可以拿来解释哪一题？学生如果还有困难，教师可以举例。比如，第 4 题的①和第 2 题有联系，因为第 4 题的①可以用第 2 题解释，我们可以用箭头把这两道题连起来。像这样有联系的题，还有吗？小组交流一下，也试着用箭头连一连。

然后小组汇报，集体交流，使学生发现：

第 4 题的①②③都与第 2 题有关系，都可以由数位顺序表，即十进制计数法来解释。

第 4 题的④与第 1 题有关系，因为 0.34 在 0.3 和 0.4 之间，接近 0.3。还可以引导学生找一找：还有哪些小数也约等于 0.3？

第 4 题的⑤⑥与第 4 题的③有联系，都是用小数点移动引起小数大小变化的规律来解答的。

……

最后教师让学生根据刚才找联系的方法，将这单元学习的内容（指贴纸）也理一理，并形成板书：

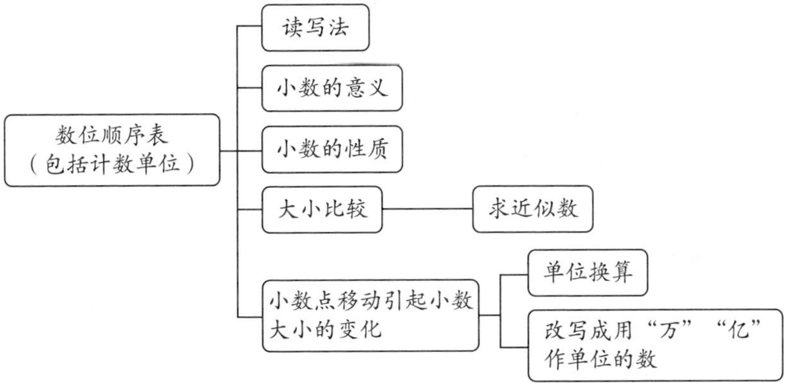

设计意图：在这个环节中，将小数的读写、小数的性质、大小比较、小数点的移动、小数的意义、单位换算、数的改写等内容都与数位顺序表，即十进制计数法联系起来，并进行解释，既建立了知识间的联系，又明晰了小数的计数本质。

3. 沟通整数与小数相关知识点之间的联系

引导学生思考：整数也有读写、末尾添0、大小比较、近似数、改写、单位换算等（课件同步出示整数相应的例子），小数与整数比较，它们在读写、末尾添0、大小比较、单位换算、改写等方面有哪些相同和不同的地方？小组讨论后集体交流。

相同点：

相邻计数单位的进率都是10，都是十进制计数法。

大小比较、求近似数、单位换算、名数改写的方法一样。

都用四舍五入法求近似数。

……

不同点：

整数没有最高位，小数没有最低位。整数部分的最低位是个位，小数部分的最高位是十分位。

整数读的时候要读出计数单位，小数部分的读法是依次读出每个数字。

小数末尾添上或去掉0，小数大小不变；整数末尾添上或去掉0，大小要变，因为数位（计数单位）改变，小数点位置移动了。

……

设计意图：这个环节将本单元小数的知识和以前学过的整数的相关知识进行比较、辨析，沟通了整数与小数的联系，使学生从整体上理解和掌握知识之间的内在联系，促进了学生认知结构的进一步优化。

（二）典型错例难题分析

1. 单位转化

出示学生错例（图4－2－4）：

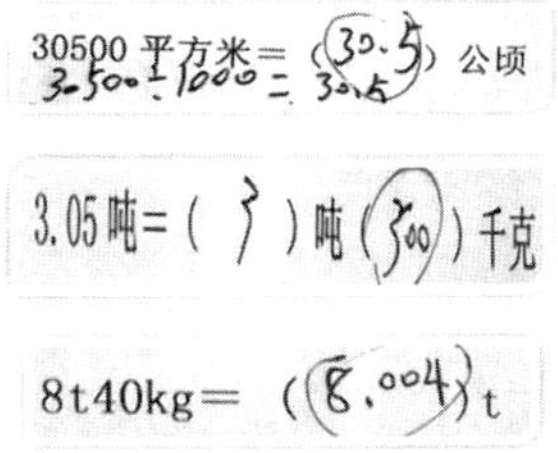

图4－2－4

学生改错后，让学生说说名数互化要注意什么，使学生明白：要想清楚进率，想清楚乘以进率还是除以进率以及复名数化成单名数与单名数化成复名数时，先拆成哪两个单名数。

2. 近似数

出示学生作业错例：

0.295米≈0.2米（保留一位小数）

0.295米≈0.3米（精确到百分位）

让学生在改错中复习用“四舍五入法”求小数的近似值的方法：保留一位小数看百分位，保留两位小数看千分位，精确到百分位就是保留两位小数，看千分位，特别要注意近似数末尾的0不能去掉。

教师再引导学生思考：还有哪些数的近似数也是0.3米？

（　　）米≈0.3米

学生充分发挥想象，积极尝试探究。教师根据学生的想法有序地排列结果，并在不断追问中引导学生不断发现新的数据，可能是10个两位小数，也可能是三位小数、四位小数、五位小数……但不可能是一位小数；不管它是几位小数，只要看小数点后第二位进行四舍五入后能否得到0.3就可以了。

接着，教师继续引导学生思考——近似数是0.3的最小数是多少？最大数呢？并出示课件，在数轴上表示近似数是0.3的小数的范围。（图4－2－5）

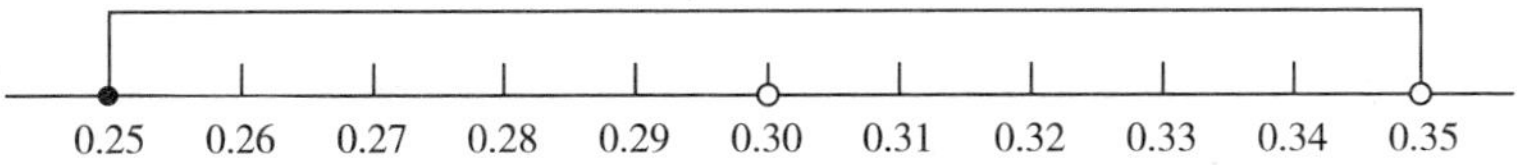

图4－2－5

然后，教师提出，（　　）米≈0.30米，括号内可以填哪些数？最小数是多少？最大数呢？交流后也出示课件，在数轴上表示近似数是0.30的小数的范围。（图4－2－6）

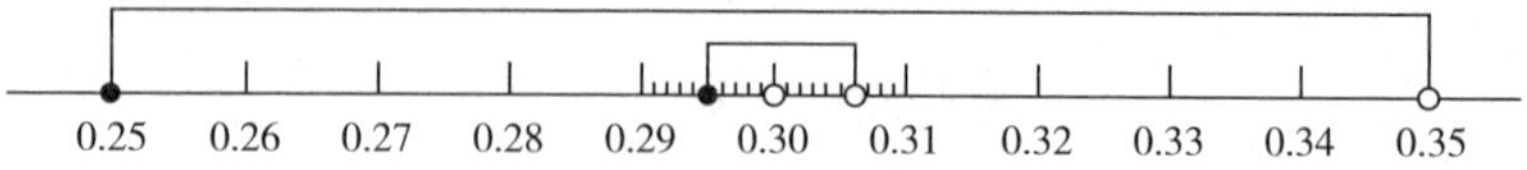

图4－2－6

最后，引导学生看图比较，得出0.3与0.30大小相同，精确度不同，0.30比0.3更精确。这样的思考不仅使学生进一步理解了近似值“0.30”末尾的0不可以随便去掉，而且使学生的思维得到了有效训练。

设计意图：上面提过，本单元中，对小数意义和性质的理解、小数点位置的移动对小数引起的大小变化、计量单位的互化以及求小数的近似数等内容，特别是单名数与复名数的互化、求近似数的逆向思考以及近似数精确度的理解，是学生学习的难点，作业中错误率也很高，因此特意安排这个环节，选了这2道题进行分析引导，以提高复习的针对性。

（三）练习中巩固提升

1. 判断。（手势判断）

（1）小数都比1小。

（2）小数部分的最高位是十分位，最低位是万分位。

（3）4.2003精确到百分位是4.2。

（4）6.2平方米=62平方分米

（5）1.2和1.20的大小、意义和精确度都相同。

2. 光每秒传播299792458米，即（　　）万米，约为（　　）亿米。（保留一位小数）

3. 26米=（　　）厘米　　　　4200平方米=（　　）公顷

4.08吨=（　　）吨（　　）千克　　$6m^2 4dm^2$ =（　　）m^2

4. 学校为四年级学生体检。小红说：“我的身高正好是1.42米。”小青说：“我的身高约1.42米。”请你判断：小红和小青谁更高一些？为什么？

5. 王奶奶到菜市场买了一把青菜，电子秤上显示7.544元。你认为卖菜的叔叔会向王奶奶收多少钱？并说明理由。

6. 小红在读一个小数时，没有看到小数点，结果读成了七万八千零五，原来的小数只读出一个零，原来的小数是（　　）。

设计意图：复习课除了查漏补缺，还要使学生进一步熟练技能、拓展思维。所以要求我们对练习的设计做到合理、科学，并具有较强的针对性和恰当的拓展性。比如，第1题的（3）（4）（5）和第2，3，4题都是对上面难点的再巩固，第5，6题是实际的灵活运用和思维的拓展。

（四）回顾全课，总结收获

引导学生对本节课从知识点、复习方法两方面进行总结。

整合素材　巧用数轴　提升能力

——“数的认识”复习课教学设计与思考

在六年级下册总复习中专门有一节“数的认识”，这一课的复习涉及数的概念较多，再加上学生学习整数、小数、分数等知识点的时间跨度比较大，虽然学生每天都要用到数，但对数的概念以及对各类数之间的联系是不大会去注意的，对“数”是缺乏整体认识的。因此，需要通过本课的复习，使学生真正搞清各类数的概念和它们之间的联系，并提高应用数的概念去分析问题、解决问题的能力。

那么怎样上好此课？我认为，关键是要给学生提供合理、科学的复习素材，创设自主高效的复习方式。通过以上的思考，我对本课的复习素材和复习方法做了一些改进，主要是给学生提供了一组有代表性的数，让学生对这些数进行分类，在数轴上表示这些数，再借助数轴去解读这些数的大小，以及通过数轴上的点去拓展联想更多的数。整个教学过程流畅自如，学生积极主动地参与到复习之中，收到了很好的复习效果。现将教学过程整理如下，供大家参考。

一、揭示课题，引发分类

1. 回忆数

先让学生回忆学过的数，并呈现下面各数（共有 16 个数）。

$\frac{2}{5}$，2，0.4，−1，40%，$-\frac{5}{7}$，−2，$\frac{2}{3}$，0，0.67，$\frac{40}{100}$，0.40，$\frac{5}{7}$，1，$\frac{4}{10}$，350

2. 提出要求分类

（1）按要求分类

要求先独立分类，再四人一小组进行交流讨论，讨论后确定组内比较统一的一种分法，准备向全班汇报交流。

（2）组织汇报交流

组一：

数
- 整数 350，2，1，0，−2，−1
- 分数 $\frac{2}{5}$，$\frac{2}{3}$，$\frac{4}{10}$，$\frac{5}{7}$，$\frac{40}{100}$，$-\frac{5}{7}$
- 小数 0.4，0.67，0.40
- 百分数 40%

组二：

数
- 正数 350，2，1，$\frac{2}{5}$，$\frac{2}{3}$，$\frac{4}{10}$，$\frac{5}{7}$，$\frac{40}{100}$，0.4，0.67，0.40，40%
- 0
- 负数 −2，−1，$-\frac{5}{7}$

要求结合回忆说说自然数、负数、小数、分数和百分数的范围，从整体上厘清数的概念的发展脉络，体会它们相互之间的关系。

二、借助数轴，梳理知识

1. 出示题目，学生独立完成

将上面这组数分别在下面的数轴中表示出来。

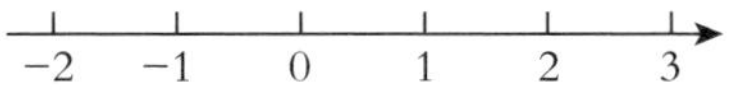

（让学生独立表示）

在学生独立表示的过程中，有学生提出：要表示“350”比较困难。这时教师及时组织学生质疑，使学生知道“350”这个数可以在数轴上表示，只不过画在这张纸上无法表示出来。

教师进一步指出：无论多大的数都可以在数轴上表示。

2. 组织质疑，梳理数的概念

（1）进一步理解分数的意义

教师揭示几个学生所表示的数轴图示后，提出：谁来说说“$\frac{2}{5}$”是怎样表示出来的？

生：是将“0”与“1”之间这一段平均分成5份，从0开始数出2份，这一点就是“$\frac{2}{5}$”。

师：按分数的意义谁还能说一说“$\frac{2}{5}$”的意思？

生：把单位“1”平均分成5份，表示这样的2份，就是$\frac{2}{5}$。

这时教师随即画出图4－2－7，说明只要表示这样的2份，与2份的位置无关。同时，指着以上数轴所表示的$\frac{2}{5}$说明这里的$\frac{2}{5}$只能是数轴上唯一的点。（数轴上点的位置不同，表示的数的大小也不同）

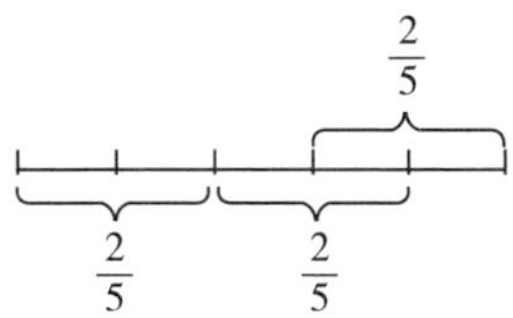

图4－2－7

（2）进一步理解数的性质和数的互化

教师针对学生所画的图示提出：为什么把“0.4，0.40，$\frac{40}{100}$，$\frac{4}{10}$，$\frac{2}{5}$，

40%”都表示在同一个点上?

生:它们都是相等的数。

(教师随即将这些用等号连接:$0.4=0.40=\frac{40}{100}=\frac{4}{10}=\frac{2}{5}=40\%$)

师:为什么“$0.4=0.40$”?

(学生说到了根据小数的性质,还说到了 $0.4=\frac{4}{10}$,$0.40=\frac{40}{100}$,因为$\frac{40}{100}=\frac{4}{10}$,所以 $0.4=0.40$)

师:“$\frac{40}{100}=\frac{4}{10}$”又根据什么性质呢?

(学生回忆了分数的基本性质)

师又提出:为什么“$0.4=\frac{4}{10}$”“$0.40=\frac{40}{100}$”?

(学生从中回忆了分数与小数的互化,以及分数与除法的关系)

师又提出:为什么“40%”也同它们相等呢?

(学生从中回忆百分数的意义,以及百分数与小数、分数的互化)

(3)进一步理解数的大小比较

师:你们觉得在这些数中哪两个数的大小比较相对难一些?

学生提出有$\frac{2}{3}$与 0.67、$\frac{2}{3}$与$\frac{5}{7}$、$\frac{5}{7}$与 0.67。

师:针对以上这三组数,你们应该怎样去比较它们的大小?

学生经过独立思考后进行交流得出:

对于“$\frac{2}{3}$与 0.67”应该把“$\frac{2}{3}$”化成小数 0.666…,所以有$\frac{2}{3}<0.67$。

对于“$\frac{5}{7}$与 0.67”也同样可以把“$\frac{5}{7}$”化成小数进行比较。

对于“$\frac{2}{3}$与$\frac{5}{7}$”应该采用通分的方法,把它们转化为分数单位相同的分数进行比较更快一些。

以上这一教学环节从一个分数的表示带出了分数的意义的复习,从同一个点表示许多数带出了数的性质和数与数之间的互化,让学生从这些数中思考哪两个数在比较大小时相对困难，复习了怎样灵活地进行数的大小比较。这一环节较好地体现了素材的整合和复习过程的动态生成。

3. 继续标数，拓展数的想象

1. 把“$-\frac{2}{3}$”与“$\frac{7}{3}$”这两个数在数轴上表示出来。

学生在表示中再次认识负分数应该表示的位置，以及假分数所表示的位置，并且认识到它与带分数的关系。

教师又指出：以上两个分数也有它们的共同点，即分母都是“3”，这也说明分数单位都是“$\frac{1}{3}$”，只是分子不同。如果把分子用字母“a”来表示，你还能在数轴上表示出它的位置吗？

2. 在数轴上表示“$\frac{a}{3}$”的位置。

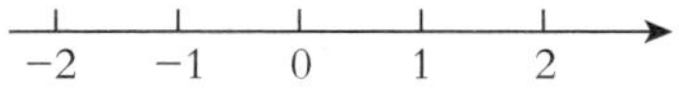

学生经过独立思考，发现“a”可以表示很多数（任意的数），“a”在变化，“$\frac{a}{3}$”表示的位置也在变化；再通过小组的交流讨论，教师组织反馈评价。

生：如果“a”是0，“$\frac{a}{3}$”的点就在0的位置；

如果“a”是3，“$\frac{a}{3}$”的点就在1的位置；

如果“a”是6，“$\frac{a}{3}$”的点就在2的位置；

……

（在教师的引导下，学生知道当a是3的倍数时，“$\frac{a}{3}$”就刚好在整数点上。这里也包括当$a=-3,-6,-9,\cdots$时，“$\frac{a}{3}$”分别在$-1,-2,-3,\cdots$的位置上）

师：如果“$\frac{a}{3}$”的点在“0～1”的范围内，那么“a”又表示哪些数呢？

生：这时“a”要大于“0”，而且要小于“3”。

师：如果“$\frac{a}{3}$”的点在“1～2”的范围内，那么“a”又表示哪些数呢？

……

这时学生兴趣盎然，继续思考。

以上这一小环节，巧妙地利用$\frac{a}{3}$这一素材，让学生在标数的过程中借助数轴直观感受抽象的字母表示式的丰富的内涵，以及该字母表示式表示的大小与区间。而且这样的呈现方式大大激发了学生的学习兴趣，使学生在质疑中感受到a与$\frac{a}{3}$表示的具体含义。

以上这一大环节借助数轴讨论了几个重点问题：理解数的意义、数的大小比较、分数和小数的基本性质，分数、小数、百分数的互化、联系与区别，理解数轴上的每一点与数的一一对应及与a的取值范围之间的关系，等等。该环节让学生在标数的过程中梳理知识，做到了先练后理，理中有练。

三、组织应用，提升能力

1. 出示题目

0.4，0.40，$\frac{40}{100}$，$\frac{4}{10}$，$\frac{2}{5}$，$\frac{2}{10}$，$\frac{1}{5}$，20%，$\frac{5}{7}$

从上面的这一组数中选取合适的数填在括号内。

① 一根绳子长1米，平均分成5份，其中2份是（　　）米，这样的2份是全长的（　　）。（第一个括号里可以填0.4，0.40，$\frac{40}{100}$，$\frac{4}{10}$，$\frac{2}{5}$；第二个括号里可以填$\frac{40}{100}$，$\frac{4}{10}$，$\frac{2}{5}$，40%）

② 一根绳子长2米，平均分成5份，其中1份是（　　）米，这一份是全长的（　　）。（第一个括号里可以填0.4，0.40，$\frac{40}{100}$，$\frac{4}{10}$，$\frac{2}{5}$；第二个括号里可以填$\frac{2}{10}$，$\frac{1}{5}$，20%）

③ 一根绳子分成甲、乙两段，乙段占全长的$\frac{5}{7}$，甲段长度是乙段的（　　）。（括号里可以填$\frac{2}{5}$，$\frac{40}{100}$，$\frac{4}{10}$，40%）

2. 组织质疑

师：为什么以上①②两个小题第一个括号填的数都是一样的，而第二个括号填的数不同呢？

生：百分数用来表示分率，小数用来表示具体的量。

生：分数既可以表示分率，也可以表示具体的量。

师：同一个$\frac{2}{5}$，又有哪些不同意义呢？

生：第①题里的$\frac{2}{5}$表示1米的$\frac{2}{5}$，第②题里的$\frac{2}{5}$表示2米的$\frac{1}{5}$。

生：第③题里的$\frac{2}{5}$表示一个数占另一个数的$\frac{2}{5}$。

3. 小结

师：看来，分数、小数、百分数在书写形式上都能相互转化，而意义又相似，但在运用上还是有很大区别的。百分数用来表示分率，小数一般用来表示具体的量。分数既可以表示分率，也可以表示具体的量。

这一环节，学生在运用中拓展对分数、百分数、小数意义的理解。教师引导学生深入思考有关知识的联系和区别，让学生在运用的过程中借助具体事例深刻理解分数、百分数及小数的通常使用范围，从而促使学生在更高层面上理解和把握数的多重意义和关系（学生能说出“$\frac{2}{5}$”的不同表示含义就证实了学生对数有多重意义的理解）。

总之，在复习课教学中我们要整合教学素材，充分利用教学空间，借助数轴直观地理解数的意义及关系，让学生在练中梳理，理中训练，理练相融中培养数感，提升能力。

“计算型”复习课教学案例介绍

“故事串”让数学复习课“趣”起来

——“20以内的退位减法”整理和复习教学设计

“20以内的退位减法”整理和复习是人教版教材一年级下第2单元的内容。它是学生以后学习一切退位减法的基础。本单元还涉及用减法解决问题的三种结构：告诉一共，取走部分，求剩下的部分（动态）；告诉总数、部分数，求另一部分数（静态）；告诉大数、小数，求相差数。这三种结构的数学模型一直支撑着学生以后的减法应用。因此这一单元的重要性不言而喻。

一、教学目标

（1）通过复习整理，感悟退位减法的结构，进一步巩固20以内退位减法的方法，能熟练、准确地口算20以内的退位减法。

（2）通过具体运用的过程，厘清减法的问题结构，能将方法运用于实际问题中。

（3）结合学习提升观察、交流、归纳、概括的能力及问题解决的能力，提高思维能力。

（4）通过数学活动，激发兴趣，提升数学素养。

二、教学重点

正确、熟练地口算20以内的退位减法。

三、教学难点

20以内退位减法表中规律的应用。

四、复习设想

由于低年级学生自主梳理能力弱，怎样让其在有趣的活动中有效地复习，在有趣的活动中自觉地复习是我们此次复习课应该思考的。本节课设想通过创设“故事串”吹泡泡的故事情境，在吹泡泡—串泡泡—找泡泡等一系列活动中不知不觉地复习，达成以上目标。

五、教学过程

（一）在泡泡比赛中回忆算法

1. 吹出得数

算式放在泡泡中，用一个一个泡泡呈现，一个一个口算。（图 4－2－8）

12–8=4	11–5=6	11–2=9
11–9=2	14–8–6	13 7=6
12–9=3	12–6=6	15–9=6

图 4－2－8

2. 针对“15－9”复习算法

算法一：15－9＝10－9＋5＝6，即平时说的“破十法”。

算法二：（　　）＋9＝15，即相加算减。

算法三：15－9＝15－5－4＝6，即我们平时说的“平十法”。

设计意图：课一开始采用了吹泡泡的形式，既让学生在吹泡泡的过程中回忆 20 以内退位减法的方法，又能激起一年级学生的兴趣。

（二）在串泡泡的过程中自主梳理，构建联系

1. 串泡泡，理算式

（1）放泡泡

将刚才吹出的 5 个泡泡（算式）放入下面的空格。

11−9=2				11−5=6			11−2=9
12−9=3							
15−9=6							

（2）感知规律

观察这 5 个算式位置的特点，你能将剩下的泡泡（算式）根据刚才的规律串起来吗?

（3）学生尝试用规律整理

根据刚才串泡泡的方法，将剩下的空格中的泡泡（算式）都找出来，进行有规律的整理。

11−9=2				11−5=6			11−2=9
12−9=3	12−8=4		12−6=6				
		13−7=6					
	14−8=6						
15−9=6							

（4）全班完成退位减法表

11−9=2	11−8=3	11−7=4	11−6=5	11−5=6	11−4=7	11−3=8	11−2=9
12−9=3	12−8=4	12−7=5	12−6=6	12−5=7	12−4=8	12−3=9	
13−9=4	13−8=5	13−7=6	13−6=7	13−5=8	13−4=9		
14−9=5	14−8=6	14−7=7	14−6=8	14−5=9			
15−9=6	15−8=7	15−7=8	15−6=9				
16−9=7	16−8=8	16−7=9					
17−9=8	17−8=9						
18−9=9							

2. 观察比较发现规律（图 4－2－9）

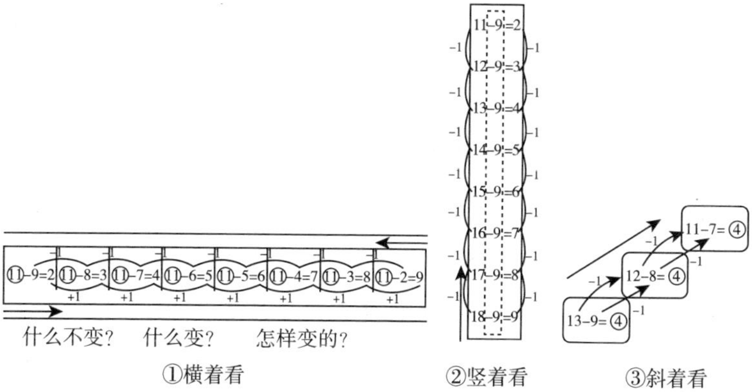

图 4－2－9

3. 应用规律，提高计算能力

（1）快速地随机口算（指着下表中的每一个算式）

11−9=2	11−8=	11−7=	11−6=	11−5=	11−4=	11−3=	11−2=
12−9=	12−8=	12−7=	12−6=	12−5=	12−4=	12−3=	
13−9=	13−8=	13−7=	13−6=	13−5=	13−4=		
14−9−	14 8=	14−7−	14−6=	14−5=			
15−9=	15−8=	15−7=	15−6=				
16−9=	16−8=	16−7=					
17−9=	17−8=						
18−9=							

（2）找接着的泡泡

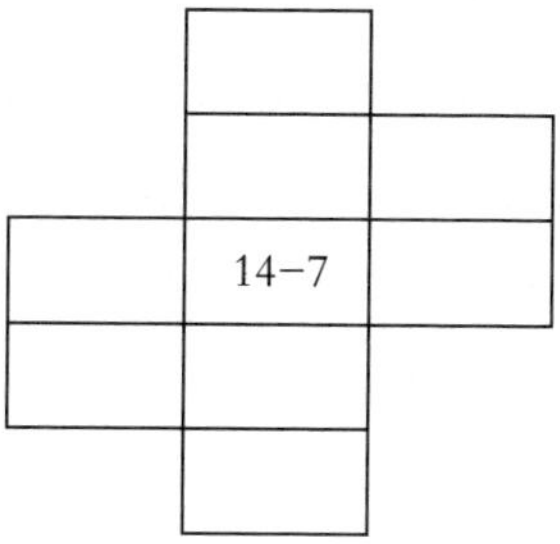

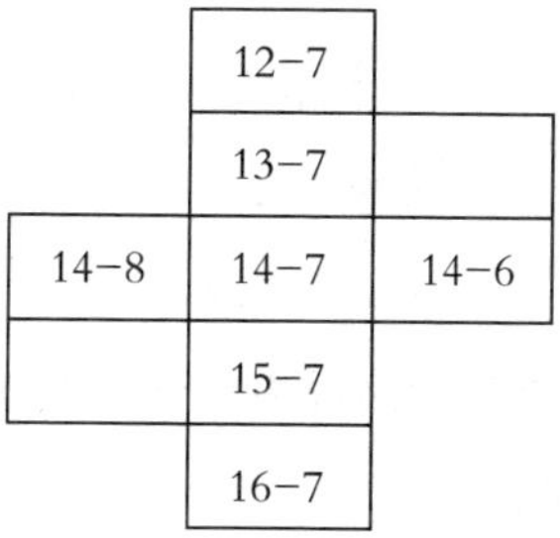

因为发现了上面横着看、竖着看、斜着看的规律，学生找 14－7 周围的泡泡的兴趣很浓，积极性很高。可以根据横着看的规律找出 14－7 左边的算式是 14－8，右边的算式是 14－6；可以根据竖着看的规律找出 14－7 上面的两个算式是 12－7，13－7，下面的算式是 15－7，16－7。最精彩的是 14－7 左下方的泡泡：可以根据 14－7 左边的 14－8 找，那么下面是 15－8（按竖着看的规律）；也可以根据 14－7 下面的 15－7 找，那么左边是 15－8（按横着看的规律）；也可以按斜着看的规律，直接由 14－7 得到 15－8，甚至还可以由 16－7 斜着看得到……

设计意图：孤立的一个算式看不出什么，但如果将 20 以内退位减法的所有算式都有顺序地排列在一起，学生就能从中发现好多规律。横着看有规律，竖着看有规律，斜着看也有规律，这就是结构化带给我们的惊喜。

（3）比较

比一比，哪个泡泡大，打钩。

第 1 组：14－8（　　），13－8（　　）

第 2 组：13－6（　　），13－7（　　）

第 3 组：15－9（　　），12－9（　　）

第 4 组：11－7（　　），16－9（　　）

设计意图：第二大环节，我们通过多种形式让学生在练习中运用第一环节发现的规律，加强口算技能训练。计算是一种心智操作技能，技能的形成要通过一定量的训练。训练又要讲究方法和技巧，尤其对于一年级学生，要让学生练得开心，练得有效，学习材料的创设是关键。本环节在刚才“串泡泡”活动的基础上，让学生继续进行吹泡泡（随机口算）、找泡泡（根据规律找算式前后左右的式子）、比泡泡（利用被减数与减数的变化特征来口算），把刚才发现的规律进行多方位的运用，达到提高口算能力的目的。另外，材料设计独具匠心，如这组材料的设计有被减数相同、减数不同的式子，也有被减数不同、减数相同的式子，还有被减数、减数都不同的式子。这样既训练了学生的口算能力，又让学生养成了具体问题具体分析的习惯。

（三）解决实际问题中梳理问题结构

1. 一式多练

出示如图 4－2－10 所示的三幅图，列式计算。

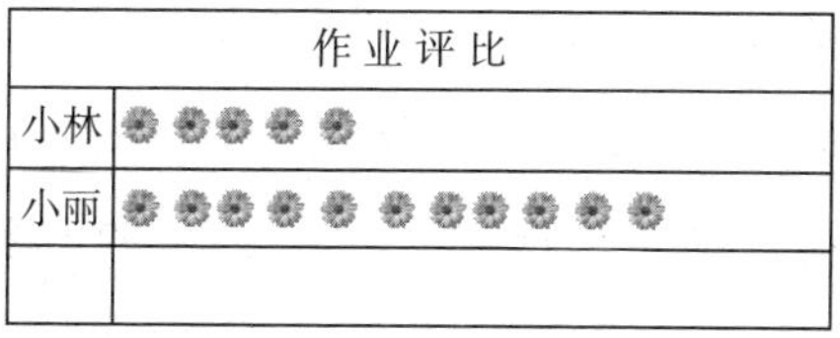

（1）小丽比小林多得了几朵？

11−5=6（朵）

（2）小林比小丽少得了几朵？

11−5=6（朵）

（3）

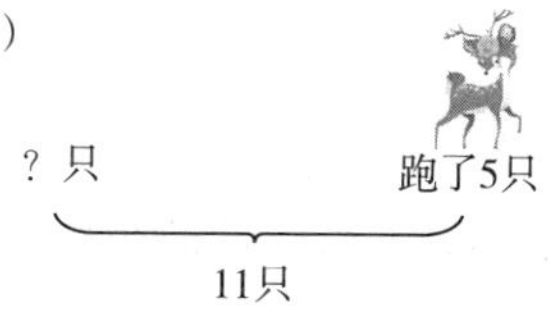

图 4－2－10

设计意图：这三道题列的算式都是 11－5＝6，列好后引导学生比较发现用同一算式解决的问题不一样。第（1）（2）题求相差数，第（3）题已知总数、一部分数，求另一部分数。这三种问题情境再加上二年级上册会继续学习的已知大数与相差数，这四种情境包括了小学生用减法解决的所有问题情境。教学时，教师能常常将问题整体呈现在学生面前，学生也就能整体认识用减法解决的问题结构了。

2. 自主编题，形成认知结构

15－8 可能解决生活中哪些问题？请独立编题。

设计意图：如果说上一环节让学生在问题解决中初步感悟本单元的知识结构，这一环节则是通过自主编题让这样的结构进行内化，在正逆交互中让学生形成认知结构。

3. 变式拓展，提升能力（图 4－2－11）

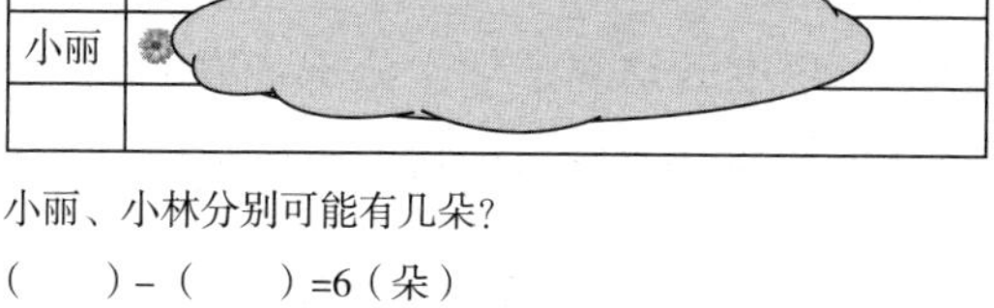

小丽、小林分别可能有几朵？

（　　）−（　　）=6（朵）

图 4－2－11

设计意图：根据上面的问题情境，小丽和小林分别还可能表示多少呢？这样自然过渡引出了这一环节的练习，学生通过思考得出一系列式子：12－6＝6，13－7＝6，14－8＝6，15－9＝6。这样以一题带出一组式子，达到了结构化的训练效果。

六、教学反思

本节课体现了如下几个特点。

1. 以故事串的形式让复习课有趣起来

复习课一直是一线教师感到最难上的课，尤其是低年级复习课。如何让学生学得轻松、有效是我们一直关注的。本节课将算式用学生感兴趣的“泡泡”形式进行算、找、比、编，学生在这一系列貌似玩泡泡的过程中进行了数学复习，学得开心、高效。

2. 以结构化的材料让知识结构化

结构化教学要求我们在教学时将知识的各个方面以适当的形式整体地展现在学生面前，而且让学生能自主感悟其中的知识结构，从而形成认知结构。这里的“适当”就是指教师要用心设计。本课在第三大环节的问题解决中呈现的材料就是经过精心设计的，将到目前为止学过的各种问题情境整体呈现在学生面前，学生在练后发现，同一算式可以解决不同情境的问题，然后根据同一算式自主编出不同的问题，这样在整体互逆的学习过程中达到自主感悟知识结构的效果。第二环节的练习材料也是精心设计的，有被减数相同、减数相同、都不同等形式，学生在练中能灵活地观察、比较、运用规律，达到了结构化的效果。

3. 以多种形式的训练让口算能力高起来

本课通过设计5道口算既复习口算方法，又训练口算技能，跟着用5道口算题找出一连串的算式，完成20以内退位减法表。在完成20以内退位减法表的同时，又找了规律；在给定一道算式后让学生找出前后左右的算式，这是规律的活用；在比大小的过程中既培养了学生分析观察的能力，又提升了学生的口算能力；在猜同一结果可能有哪些不同情况时既巩固了问题解决知识，又训练了口算能力。

总之，本节课力求让学生在有趣的故事情境中，在结构化的学习材料中，在多样化的练习形式中达到回忆、沟通、提升的复习效能。

结构化的材料促进有效复习

——“万以内的加法和减法（一）”复习课的设计与评析

“万以内的加法和减法（一）”是人教版教材三年级上册在学生学习口算两位数加减整十数、一位数，笔算几百几十加减几百几十以及相应的估算的基础上教学的。本课的复习目的：一是进一步巩固口算、笔算、估算的算法；二是沟通三者之间的联系；三是结合运用计算解决问题，在具体情境中逐步培养学生估算的意识。根据这部分教学内容的特殊性和三年级学生的年龄特点，如果放手让学生自己整理，可能会有难度。所以我们在设计时特别关注通过结构化材料，采用练中梳理的方式，在复习口算、笔算、估算各自方法的同时，关注三者之间关系的沟通及算用的有机结合，引导学生建构知识网络，发展解决问题的能力。下面进行具体介绍。

一、教学过程

（一）有趣的课前谈话引出复习内容

课前，教师先用 PPT 呈现 5 个小礼物：每个礼物后面都有一个字，是一个成语，你能猜到吗？（5 个礼物变成 5 个字“温故而知新”）再让学生猜今天上什么课从而引出课题。

教师及时板书课题：万以内数的加法和减法（一）复习

评析：通过课前谈话引出课题，调动学生的学习兴趣，拉近师生之间的距离。

（二）结构化的学习材料促进梳理沟通

1. 呈现 3 组题

（1）口算

52 + 35 =　　23 + 69 =　　86 − 34 =　　62 − 18 =

（2）笔算

520 + 350 =　　230 + 690 =　　860 − 340 =　　620 − 180 =

（3）估算

518 + 349 ≈　　232 + 691 ≈　　861 − 339 ≈　　618 − 176 ≈

出示学习提示：

（1）先独立完成以上各题，再想一想每一组题的计算方法。

（2）以上算式中哪些题是有联系的？用线连起来。

（3）小组交流各组题的算法及发现的联系。

2. 关注学生的计算和讨论

教师在学生独立计算和小组讨论时，有意识地关注学生的计算和讨论情况。然后教师让学生把每道题的得数和竖式写在黑板上。若有错，把错误的得数或算式也呈现出来，然后让学生将有联系的算式在黑板上用线连起来。

3. 组织交流反馈评讲

（1）让学生整体观察黑板上所呈现的内容，再说说各组的计算方法，并板书（相同数位相加减；满10进1，退1当10）。

（2）集体交流：你能看明白上面的连线吗？

估计学生能发现以下的联系：

① 第一组口算题的每一个数字后面加一个0就是第二题的笔算。

② 第三组的估算题是把它看作整十数，就是第二组的算式。

③ 各组题的计算方法都是有联系的。

评析：整体呈现三组结构化的材料，沟通了口算、笔算、估算之间的联系。第一组口算题的每个数字后面加一个0就是第二题的笔算，把估算看成整百整十数，就是笔算题。通过练习，学生选择自己喜欢的方法进行估算，既复习了估算的方法，又感受了估算方法的多样性。

（三）结构化的练习材料促进有效建构

1. 摘苹果游戏

让学生口算苹果内算式，如图4－2－12所示。

图 4－2－12

师：刚才你们为什么摘得那么快？有什么秘诀吗？

生1：41下面再加一个0，下面的估算和上面都是一样的。

生2：做估算时把它看作整百或整十数就用第二组算出结果。

生3：刚才我们是利用口算、估算、笔算之间的联系来做的。

评析：设计一组结构化的练习材料让学生在练习中再一次感受和利用三者之间的关系，加深对三者关系的理解。

2. 跷跷板游戏（图4－2－13）

让学生判断图4－2－13中哪个跷跷板是正确的。

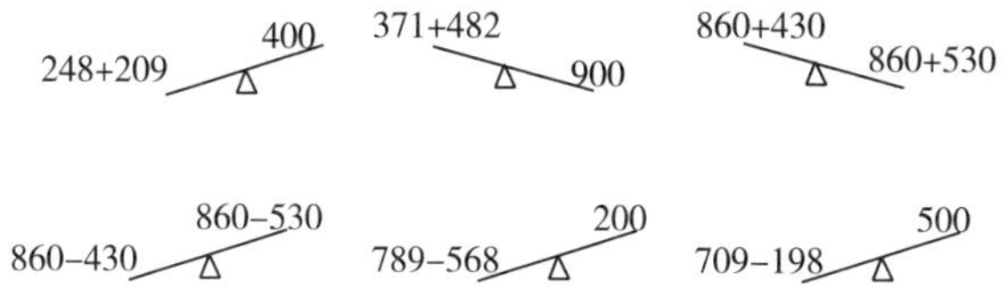

图4－2－13

整体练后组织学生说说：刚才你们是怎么判断的？先独立思考，再和同桌说说你的判断。然后组织汇报。

生1：我选第一题，248＋209＝457，所以左边大。

生2：百位200加200等于400，看小了都有400，所以一定大于400。

生3：第三题，只看第二个加数，530＞430所以860＋530大。

生4：第四题，860－430，860－530，被减数相同时，减数越大差越小，减数越小差越大。

师：当被减数相同的时候，减得越少差越大，减得越多，差越小。

生5：第二题300加400等于700，十位进位，先看百位7，再看十位，即便进过去也只有8，肯定比9小。

生6：第5题，百位数上的数相减等于2，后面89－68又比0大，所以得数一定比200多。

生7：第6题，700－100＝600，十位退了一位还有500多，所以可以断定左边大。

师小结：在跷跷板的游戏中，小朋友很能干，有根据数据特点具体分析的，有用估算的方法判断的，那在生活中你也会运用这些方法解决问题吗？接下来让我们走进生活去看看。

评析：精心设计的练习材料，有用估算算出结果的，有被减数相同利用减数的变化来计算的；有一个加数相同，看另一个加数的多少来比较的；也有通过精算得出结果的。这些有结构的练习结合生动有趣的摘苹果、跷跷板游戏，为枯燥的课堂注入了活力，在比赛中鼓励学生思考发现，为学生的思维发展搭建了平台。

3. 走进生活

（1）出示问题

教师出示如下3题，学生独立解答。

1. 大洋电影院1号演播厅有518个座位，2号演播厅有349个座位，大洋北校一、二年级共有800人，能坐得下吗？

2. 科技园上午有游客861人，下午有339人，下午比上午大约少多少人？

3. 妈妈想给玲玲买一套衣服，上衣291元，裤子202元，妈妈大约要带多少钱？

（2）汇报评讲

第1题：

方法一：518 + 349 ≈ 870（人）

↓　↓

520　350

方法二：518 + 349 ≈ 800（人）

↓　↓

500　300

虽然 870 > 800，但是不能确定是否够了。看小了都够，所以一定够。

通过解答，学生发现像第1题这样的题目既可以看作整百数来估算，也可以看作整十数来判断，但是这里的情况把数据看小来判断比较合适。

第2题：861 − 339 ≈ 520（人）

↓　↓

860　340

第2题用四舍五入的方法求出结果就可以了。

第 3 题：$291+202\approx 490$（人）

$$\begin{array}{cc} \downarrow & \downarrow \\ 290 & 200 \end{array}$$

第 3 题根据用四舍五入的方法求出的结果发现不够，引发学生讨论为什么不够，从而得出买东西的时候我们一般要估得大一些。

师：那么做了这三题有什么收获？同桌互相说一说，关于估算要注意什么？

生 1：估算要用“≈”。

生 2：有大约要用估算。

生 3：买东西的时候要估大一些，算座位时要把座位数相对估小点。

（3）教师小结

估算时，要具体情况具体分析。

评析：通过综合应用，学生学以致用，使知识有了新的融合点和生长点，既巩固了估算的方法，又体现了估算策略的多样性。

（四）总结中升华

师：马上下课了，我们来回忆一下，这节课学了什么内容？

生 1：口算、笔算、估算。

生 2：多学了一种口算方法。

生 3：根据题目具体分析。

师：对旧知识进行整理复习，就是温故，新的收获就是知新，希望每一节复习课，你们都能做到温故而知新。

二、教学反思

苏联教育家乌申斯基曾打比方说，复习不是为了修补倒塌了的建筑物，而是为了加固原来的结构，并且添建一层新的楼房。这句话很精辟地告诉我们，复习应是对知识的提高和升华。很多教师在进行复习课时都存在习题材料不知如何选取如何呈现的问题，往往都是从众多渠道中大量采用“好题”，结果却给了学生不必要的压力。本课中的这些“好题”不仅有结构而且呈现方式也很讲究。

1. 结构化的学习材料促进学生自主梳理沟通

所谓结构化，是指将每节课逐渐积累起来的知识加以归纳和整理，使之条理化、纲领化，不是像一盘散沙，要像红线串珠。研究表明，越是概括化、结构化的知识，越具有迁移价值，这样的知识更容易转化为学生的能力。

课的开始，我们选取了三组题，这三组题涵盖了本单元的所有内容（口算、笔算、估算），并突出了这三块内容的重点和薄弱点：进位加和退位减。第一组口算题的每个数字后面加一个 0 就是第二题的笔算，把估算看成整百整十数，就是第三组的笔算题。这三组题可以归为一组整体呈现，而且第三组的估算又是下面解决问题的算式。

试教时，我们是分组呈现三组题的，结果发现学生找联系时比较困难，知识呈现也是断断续续的，很凌乱。改为整体呈现后，他们有话可说。我们让学生整体观察黑板上所呈现的内容并思考：以上算式中哪些题是有联系的？用线连起来。你能说说各组的计算方法吗？学生通过练习既巩固了口算、笔算、估算各自的方法，又自主梳理沟通了三者之间的联系。归纳总结就是一句话："相同数位相加减；满 10 进 1，退 1 当 10"。

2. 结构化的练习材料促进技能提升、数感形成

摘苹果的三组题学生分别添 0 变成第二题，估算时把它看作整十数也是第二题，使学生通过练习加强计算的熟练程度同时再次感悟口算、笔算、估算的联系。

本课在跷跷板游戏环节中的 8 道题我们都做了精心的设计：有只看百位判断的，有被减数不变根据减数的大小判断的，有一个加数相同根据另一个加数的大小判断的，有减数相同看被减数判断的，等等。跷跷板游戏试教时也是一题一题地呈现，结果发现学生兴趣不高，特别是水平中下的学生基本处于神游的状态。后来改为整体呈现 8 个跷跷板，先练再说（先同桌互说，再指名说，可以挑自己喜欢的说）学生参与热情很高，复习也达到了预期的效果。

另外本课开始的三个题组中的估算是练习中（走进生活）用估算解决问题的式子，如果说上面的估算学生只是掌握了算法，这里的走进生活就为学生理解估算为什么有时可以看作整十、整百，有时往大估、有时往小估提供了实践的现实场景，让学生在具体情境中不仅知其然，更知其所以然，从而培养了学生的数感。

总之，只要我们能在众多优秀的习题材料中学会选取、整合呈现，就能真正使材料为己所用，使复习课教学更有效，也能使学生从中真正体会数学的魅力所在。

在和谐的“算用结合”中拓展思维

——“万以内的加法和减法（二）”复习课教学实录与评析

人教版教材在三年级上册分两个单元编排“万以内的加法和减法”，前一单元只是末尾是“0”的三位数加减三位数，后一单元是全面掌握多位数加减法的计算技能，以及用加减法解决两步计算的问题。本课就是在学习了后一单元之后的一节综合复习课。在这节课中，如何把计算技能和解决问题融合在一起，使学生既不感到计算的重复枯燥，又自然地结合问题的解决激发练习兴趣、拓展思维、提高能力？带着这个问题，我们采用了“以算引用”的方法，创设了本节课的练习。

一、提供关联算式，检测计算技能

1. 用竖式计算下面各算式。

46 + 167　　　405 − 167

学生独立计算后，把竖式写到黑板上。（图 4 − 2 − 14）

图 4 − 2 − 14

师：这两名同学的计算正确吗？

生：正确。

师：但我在检查同学们的计算时，发现有一名同学出现了错误，你能猜一猜他可能错在哪里吗？

生：可能数位没有对齐吧。

师：是呀！写竖式时相同数位要对齐，从个位算起。如果数位没对齐，计算就要出错（同时板书：相同数位对齐，从个位算起）。你们猜，还有可能错在哪里？

生：他有可能在计算第一个竖式时，得数的十位上写“0”了，而不是写“1”。

师：为什么第一个竖式的得数十位上要写“1”呢？

生：因为在这个算式里十位本身有“4 个 10”加上“6 个 10”，再加上个位进上的“1 个 10”，应该是“11 个 10”，所以得数的十位要写“1”，再向百位进 1。

师：是呀！在计算加法时一定要注意哪一位满 10，要向前一位进 1（同时板书：满 10 进 1）。你们继续猜一猜，还有可能错在哪里？

生：我想他有可能错在第二个竖式的十位上，这里的十位容易写成“4”。

师：那为什么这里的十位要写“3”呢？

（生答略）

师：你说得真好！这个算式是连续退位减法，计算时要特别注意（同时板书：退 1 当 10）。你在计算后怎样确保得数正确呢？

生：数位要对齐，从个位算起，哪一位满 10 要向前一位进 1，哪一位不够减要向前一位退 1 当 10。

师：是的，为了确保计算正确，我们平常除了按这样的规则来计算，还要会用验算的方法检查结果是否正确。下面请大家把刚才这两个算式的验算方法写一写，好吗？

学生独立验算后，教师让学生把验算的竖式写在黑板上，再组织学生交流评价。（过程略）

2. 用竖式计算下面各算式，每个算式计算后，请你选择一种方法进行验算。

238 + 46　　　405 − 213　　　238 − 46

学生计算后，再组织反馈纠正。（过程略）

评析：以上 5 个算式分成了两个小环节。前一环节的两个算式分别是连续进位和连续退位，设计的数据是学生平常容易出错的。在学生独立计算后，教师采用启发性的提问：发现有一名同学出现了错误，你能猜一猜他可能错在哪里吗？学生在老师的几次追问下，几次观察算式和竖式去猜测可能会出现的错误。看似猜测错误，实质是让学生自己通过猜测回顾计算方法，并提醒自己在计算时要注意的地方。第二环节给学生提供的三个算式与前两个算式在数据的设计上有一定的联系，主要的目的除了增加计算练习，还为下一环节的练习做准备。

二、创设“以用引算”情境，质疑解题方法

1. 解答一步计算问题

在原来 5 个算式的基础上，在右边出示 6 道应用题，向学生提出：要解决右边 6 个问题，分别要用到左边的哪个算式？请你用线连一连。

学生在练习纸上连线后，教师组织交流。根据学生的交流，教师投影逐步出示图 4 –2 –15 中的连线。

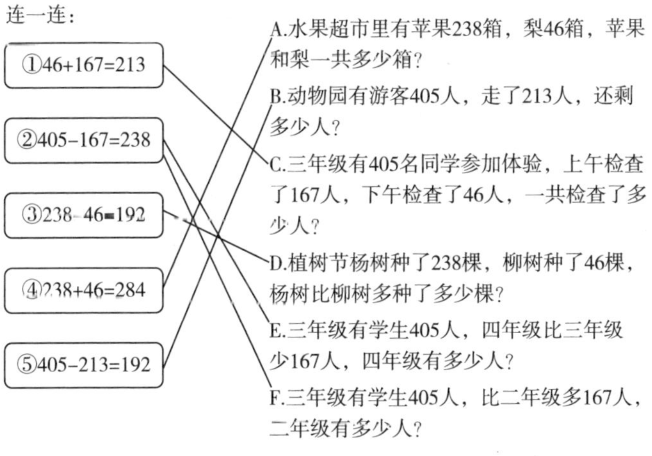

图 4 –2 –15

接着教师重点提问：为什么 E 题说的是“少 167 人”，F 题说的是“多 167 人”，但这两题都要与第②个算式连线呢？

生 1：因为 E 题说的是四年级的学生比三年级少 167 人，而已知三年级的人数，三年级的人数减去四年级比三年级少的人数，就是四年级的人数，所以要用“405 –167”来计算。

生 2：在 F 题中，三年级比二年级多 167 人，也就是二年级比三年级少 167

人，已知三年级有405人，用三年级的人数减去二年级比三年级少的167人，就是二年级的人数，所以同样要用算式“405－167”来计算。

这时教师板书：甲比乙多→乙比甲少。

评析：以上这6个简单问题涉及求和、求差、求剩余、求比一个数多几或少几的各种情况，而且数据来自上一环节的5个算式。这样解答连线、对比质疑，使学生整体回顾了基本的数量关系。

2. 解答两步计算问题

投影回到原来的5个算式，并在右边出示A，B两题，向学生提出：要解答A，B两个问题，分别要用到左边的哪些算式？请你用线连一连。

学生在练习纸上连线后，教师组织交流。（投影逐步形成图4－2－16中的连线）

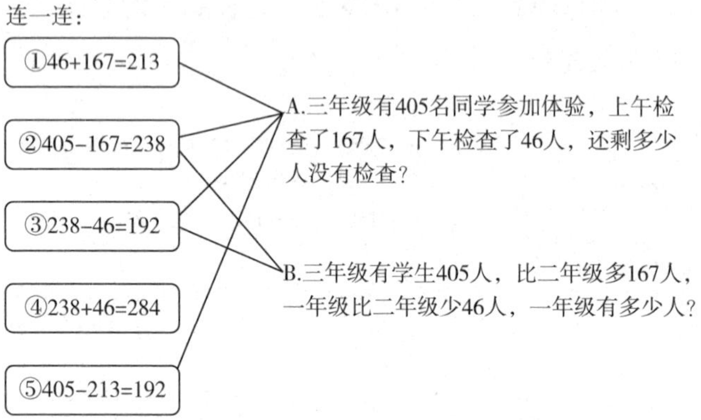

图4－2－16

师：为什么A，B两题都可以用②③两个算式来计算？

生：第②个算式在A题中计算了上午检查后还剩下的人数，在B题中是计算了二年级的人数。第③个算式在A题中计算了最后还剩下的人数，而在B题中计算出了一年级的人数。

师：那A题为什么还可以用①⑤两个算式去计算呢？

生：第①个算式是计算A题中上午和下午共检查了的人数，第⑤个算式刚好是三年级总人数减去共检查的人数，就是最后还剩下的人数。

师：这说明A题可以用两种方法去解答，一种是先用总人数减去上午检查的人数，再减去下午检查的人数，最后就是剩下的人数；另一种是先计算上午和下午共检查的人数，再用总人数减去共检查的人数，也是最后剩下的人数。

接着，教师又向学生提出：那 B 题是否还可以用算式①和算式⑤来计算呢？

这时学生产生疑惑，教师逐步揭示出线段图（图 4－2－17）。

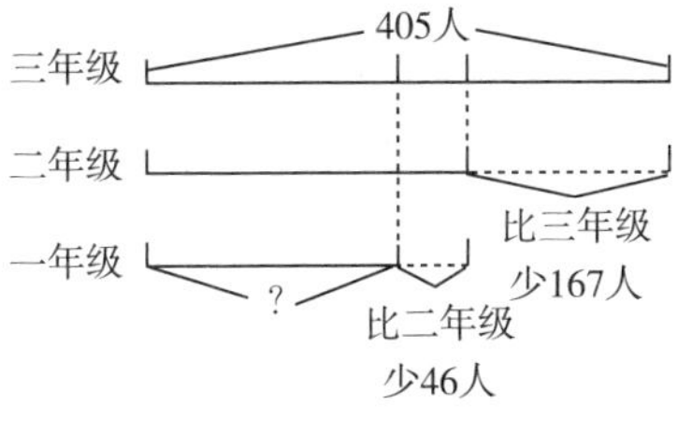

图 4－2－17

此图使学生清晰地先看出二年级人数比三年级少 167 人，一年级人数比二年级少 46 人，这样一年级人数比三年级一共少了“46＋167”人。B 题第一步选用算式①是计算了一年级人数比三年级共少了多少人（213 人），再选用算式⑤计算出了一年级的人数。教师在投影上把 B 题又与算式①和算式⑤连线。

评析：这一环节给学生提供的两道两步计算应用题，在数据上做了精心设计。按思考难度分析，学生对 A，B 两题都能选用算式②和算式③来计算。对于 A 题也有一部分学生选用了算式①和算式⑤来计算，说明 A 题选用两种方法是比较好理解的。但 B 题要选用算式①和算式⑤来计算，对于大部分学生就有困难了，尤其第一步用要选用算式①“46＋167”，这到底是什么意思？学生很难理解。这时教师借用线段图帮助学生突破思考上的难点，使学生直观地看到算式①是计算 B 题中“一年级比三年级共少的人数”，这样使学生又感受到解决 B 题同样有两种方法。以上两题的巧妙设计不仅激发了学生的练习兴趣，而且很好地提高了学生分析问题、解决问题的能力。

三、创设“以算引用”情境，拓展思维能力

1. 补充条件和问题

投影继续出示原来 5 个算式，并在右边出示一条信息“饲养场有鸡、鸭、鹅共 405 只”（图 4－2－18），要求学生根据算式①和算式⑤，补上相应的条件和问题。学生先在练习纸上独立补充，小组交流后，教师组织集体评讲。

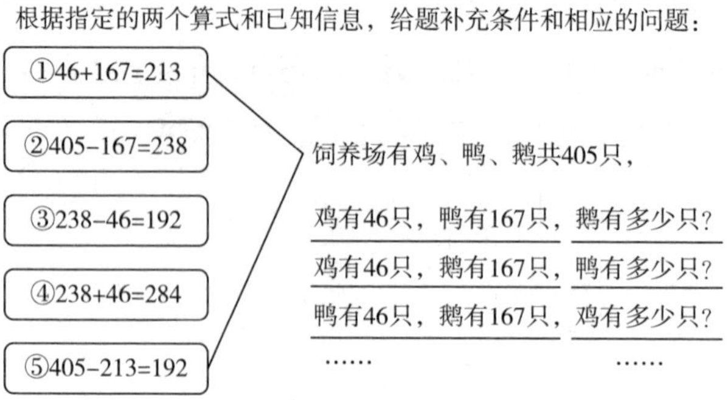

图 4－2－18

生：我补上的条件是“鸡有 46 只，鸭有 167 只”，补上的问题是“鹅有多少只？”

师：你为什么想到要补上鸡和鸭的只数呢？

生：因为知道了鸡、鸭、鹅共 405 只，第一步要用“46＋167＝213”来计算，所以我想到鸡的只数是 46 只，鸭的只数是 167 只。第二步要用到算式“405－213＝192”，鹅的只数就是总只数减去鸡和鸭合起的只数。

师：为什么想到补上的条件和问题，第一步要用算式①，而不是算式⑤呢？

生：因为算式⑤中的减数刚好是算式①的得数，所以第一步一定要用算式①来计算。

师：是的，我们在选用两个算式来补充条件和问题时，还要考虑算式与算式之间数据的联系。

接着，教师又提问：刚才这名同学补上的问题是“鹅有多少只？”那最后的问题一定是计算鹅的只数吗？

生 1：还可以补上“鸡有 46 只，鹅有 167 只”，问题是“鸭有多少只？”

生 2：还可补以上“鸭有 46 只，鹅有 167 只”，问题是“鸡有多少只？”

师：很好！当然大家还可以继续交换条件中鸡、鸭或鹅的只数，就又有不同的补充了。

2. 补充条件

投影继续出示原来 5 个算式，并在右边出示已知的一个条件和问题（图 4－2－19），要求学生根据算式②和算式③补上条件。学生在练习纸上独立补充、小组交流后，教师组织集体评讲。

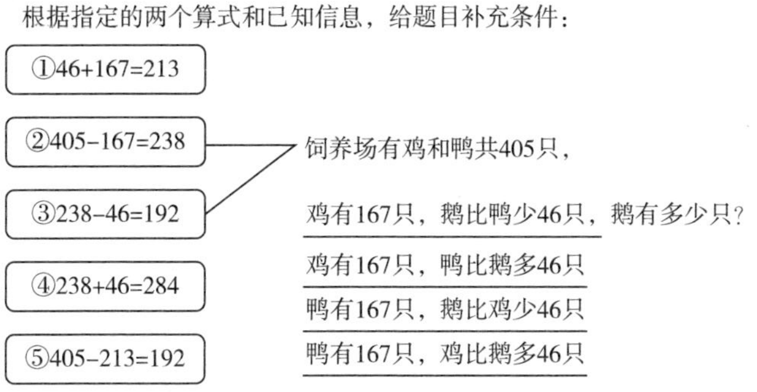

图 4－2－19

生：我补上的条件是“鸡有 167 只，鹅比鸭少 46 只”。

师：你补上的第二个条件，为什么是“鹅比鸭少 46 只”呢？

生：因为题目已经知道“鸡和鸭共 405 只”，补上第一个条件“鸡有 167 只”，第一步用算式“405－167”算出来的结果是鸭的只数；而第二步要用到算式“238－46”，所以第二个条件要补上“鹅比鸭少 46 只”，这样算出的结果才是鹅的只数。

师：“鹅比鸭少 46 只”这句话还可以怎么说？

生：还可以说成“鸭比鹅多 46 只”。

师：那“167 只”一定是鸡的只数吗？你们再想想，还可以怎样补充条件？

生 1：还可以是“鸭有 167 只，鹅比鸡少 46 只”。

生 2：还可以是“鸭有 167 只，鸡比鹅多 46 只”。

教师根据学生的回答，投影呈现画面。

评析：以上环节教师继续在原有的 5 个算式中指定两个算式，并根据这两个算式对题目进行补充。在第一小环节中学生既要针对已知的鸡、鸭、鹅只数的和，又要结合第一步与第二步算式的特点，综合分析应该补上怎样的条件和相应的问题；在第二小环节中我们给学生提供的题目是已知鸡与鸭只数的和，而问题是计算鹅的只数。如果单从问题去分析，鹅的只数与鸡、鸭的只数没有直接联系，它需要学生结合指定的两个算式的数据和两次用到减法的关系做出推理。在学生补充的过程中，教师还随机引导学生对“少几”与“多几”进行转换。可见，这样的补充练习能更好地提高学生的综合分析能力。

纵观全课，首先我们对5个算式做了精心的设计，让5个算式贯穿每一环节的练习：在学生通过5个算式的计算进行回顾梳理后，再给学生创设“以用引算”的连线练习，接着创设了“以算引用”的补充练习。通过这样的“算”与“用”的自然融合，练习步步推进、高潮迭起。学生通过这样的练习，不仅在计算技能和数量关系上都得到了扎实有效的训练，还能更好地拓展思维。

结构化材料促进练中感悟自主梳理

——“商中间或末尾有0的除法”复习课教学设计及说明

人教版数学三年级下册“ 商中间或末尾有0的除法”是除法计算中的难点，学生会在计算时不自觉地出错——商中间、末尾的零没有了。我们常常要求学生自己先估计商是几位数再计算，然后回头看。我们总结了“一看二算三核对”等方法，但是依然不管用。本课通过设计结构化的练习材料，让学生在练中感悟商中间、末尾有0的算式结构，以结构化的思想帮助学生建立商中间、末尾有0的除法认知结构，从而提高计算的正确率。

何为结构化教学？结构化教学是指从整体联系的角度进行教学。各个学科内部都是一个完整的结构体系，学生的认知活动也存在结构化的特点。教学过程中，教师要结构化地设计教学过程，将所教的知识系统化、整体化地呈现在学生面前，使学生在头脑中形成知识网络，这样可以让学生更加方便、及时地将所学的新知识添加到知识系统中。下面具体展开我的教学过程。

一、教学过程

（一）在基本练习中回忆方法，激发复习欲望

出示口算：

题组一：$609\div3=$	题组二：$600\div3=$
$809\div8=$	$420\div7=$

507 ÷ 5 =　　　　720 ÷ 9 =

804 ÷ 4 =　　　　180 ÷ 6 =

依次出示学习提示：

1. 独立完成以上各题。

2. 口算以后观察每一组题各有什么特点。(第一组题的被除数中间有0，商中间也有0。第二组题被除数末尾有0，商末尾也有0)

再出示下面问题：

3. 符合以上规律的式子商中间、商末尾就一定有0吗？

评析：这两组复习材料设计的特点是第一组的被除数中间有0，商中间也有0；第二组被除数末尾有0，商末尾也有0。这样设计的目的一是巩固回忆商中间有0，末尾有0的计算方法；二是有意用这样的材料激起学生探究的激情，使学生自然产生猜测：是不是被除数中间有0，商中间一定有0？被除数末尾有0，商末尾也一定有0？并为下一环节自主探究商中间有0与商末尾有0的除法式子结构特征做好心理准备与知识铺垫。

（二）在自主探究中感悟知识结构

1. 出示题目及要求

商中间有0，被除数中间一定有0吗？

商末尾有0，被除数末尾一定有0吗？

如果不是，请你分别举例说明。

练习要求：

1. 自己编题独立验证。

2. 有不同发现在黑板上呈现。

3. 让全体同学观察评价、修正、补充。

2. 集体展示编题成果

（1）能找到规律吗？

生1：首位除尽，中间不够，如321 ÷3，3除以3刚好商1，2除以3不够除就商0。

生2：第一位刚好除尽，被除数百位是0，商中间就有0。

生3：第一位刚好除尽，中间这一位比除数小，这样就不够商1才商0。

小结：三位数除以一位数，被除数首位除尽，百位数小于除数，商中间就有0。

教师继续引导学生观察商末尾有0的式子有什么特点。

生4：被除数的前两位除尽，末位是0，商末尾就有0。

生5：三位数除以一位数，前两位除后没有余数，而且第三位比除数小。

生6：三位数除以一位数，前两位除后没有余数，而且第三位不够除。

小结：三位数除以一位数商末尾有0的算式的特点是被除数前两位刚好除尽，而且第三位不够除。

（2）自己编题再次验证。（同桌互相检查）

（3）验证PPT中先前做的两组口算是否也符合这个规律。

（4）改编926÷3其中的一个数字，使之商中间还是0。

第一种：改编被除数中间数。（比除数小）

第二种：改编被除数首位。（能除尽）

第三种：改编被除数个位。（可以是任何一个数字）

第四种：改编除数。（首位除尽，中间不够）

（5）改编726÷9，被除数个位上的6还可以改编成哪些数，商末尾还是0?

3. 小结

只要符合被除数首位除尽，中间不够除这两个条件，商中间肯定是0。只要符合被除数前两位除尽，末位不够这两个条件，商末尾肯定是0。

评析：这里设计让学生通过5步3层次进行自主探究，即自主举例验证—初步发现规律—验证题组—总结规律—改编算式巩固规律。学生经历了商中间有0，商末尾有0算式结构探究的全过程，从而自主感悟到只要符合被除数首位除尽，中间不够除这两个条件，商中间肯定是0；只要符合被除数前两位除尽，末位不够除这两个条件，商末尾肯定是0。这样的知识是学生自己感悟到的，结构是自己探究出来的，下次碰到类似的情况，学生能很快地用结构化的思想进行判断、计算、应用。

（三）在综合练习中形成认知结构

1. 出示题目及要求

用1，2，4，8四个数字组合成三位数除以一位数的除法。

（1）要求写出商中间有0的不同算式，并计算出它的结果。

（2）要求写出商末尾有0的不同算式，并计算出它的结果。

练习与合作要求：

（1）先独立完成以上各题，再由小组长负责，整理出算式准备向全班同学交流汇报。

（2）探讨：怎样整理既不重复又不遗漏？

2. 反馈评讲顺序

（1）教师指导商中间有0的算式：有序地整理。（一种方法是先确定被除数首位能被除数除尽，另一种方法是先确定除数和被除数中间数）

（2）学生自己整理商末尾有0的算式。

3. 小结

只要能做到有序思考，就不会出现遗漏和重复。

评析：结构化的教学不仅体现在学习材料的设计上，还体现在教学的全过程中，如果说上面两个环节是让学生在练中梳理，在练中感悟知识的结构，那么这一环节就是让学生对结构进行内化使之成为自己的认知结构，并在正逆互换中形成牢固的认知结构。

（四）在拓展练习中提升综合运用知识的能力

根据下面的信息解决问题：

喜羊羊公司招聘一名员工，每天工作8小时，周六、周日休息，每周付报酬550元。

懒羊羊公司招聘一名员工，每天工作8小时，周日休息，每周付报酬606元。

你会选择哪家公司？为什么？

评析：复习课要做到温故而知新，建立知识网络，提升综合运用知识的能力。新在哪里？新在利用结构化的思想进行判断。具体提升什么呢？我们通过设计实际问题让学生在综合运用知识的过程中提升运用结构化思想进行判断的能力。

二、课后反思

教学的最终服务对象是学生，那么，在整个过程中，我们的学生有哪些收获呢？

1. 感受到学习方法——用结构化的思维去学习

之所以把商中间有 0 和商末尾有 0 的除法放在一节课中，是因为它们有联系，有共同点：不够商 1，就商 0；被除数前面的数被除尽。（商中间有 0 的除法是被除数的百位被除尽，商末尾有 0 的除法是被除数的百位和十位被除尽）不同的是商中间有 0 的除法是十位不够商 1，商末尾有 0 的除法是个位不够商 1。学生通过对两者的联系比较，深入把握商中间有 0 和商末尾有 0 的除法的算式特点。这样的教学使学生感受到学习要善于运用结构化的思维，整体考虑，把握新旧知识间的共性和区别，从而抓住知识的本质，使学习更深入。

2. 不知不觉训练了计算技能

本课的主要目标是让学生进一步熟练掌握商中间有 0 和商末尾有 0 的除法的计算技能，提高准确率。在第一环节很好地激发了学生验证的欲望后，学生积极地编题验证，这个过程实际也是学生不知不觉投入计算训练的过程，只是学生感觉不到是在练习而已。通过验证找规律再验证等一系列活动，学生对除法算式特点了然于胸，大大提高了计算的准确率。

3. 积累了数学活动经验

学生在质疑、尝试、验证、找规律、归纳、再验证等一系列活动中经历发现、提出问题，分析、解决问题的全过程，在不断积累数学活动经验的同时提高了解决问题的能力。

精心设计材料　练中提升沟通

——“乘数、除数是两位数的乘、除法”总复习课教学设计及说明

乘法与除法的复习与整理是四年级上册总复习的内容，本节课涉及的内容是两位数乘法与除数是两位数的除法，两位数乘法与除数是两位数的除法的应用（积的变化规律与商的变化规律）。这节学期复习课涉及的内容比较多，让学生巩固计算方法，进一步理解积与商的变化规律，理清乘除法之间的关系是我们的目标。

小学数学教学中的复习课是新授课和练习课的延续，它对巩固旧知、沟通联系、发展思维、提高能力都起着非常重要的作用。设计复习课是教师普遍感到比较困难的，特别是对于有计算的复习课要怎样避免重复机械的训练，激发学生复习的积极性是我着力思考的。本课我力求设计出典型、综合的材料，让学生在练中提升计算能力与沟通知识之间的联系，以达到复习的效果。下面谈谈我的做法。

一、练中梳理口算、估算、笔算的联系

教师课前在黑板上先写好以下口算、估算、笔算题组。上课开始，教师向学生提出本课的学习目标：通过这节课的复习，同学们要进一步熟练地计算三位数乘两位数、三位数除以两位数，并能解决一些简单的实际问题。

1. 做练习

教师先请大家在练习纸上以最快的速度口算、估算、笔算下面各题。

（1）口算

题组一：$145\times2=$	题组二：$800\div20=$
$145\times10=$	$900\div30=$
$145\times12=$	$800\div40=$

（2）估算

$145\times12\approx$　　$145\times19\approx$　　$145\times21\approx$

$807\div20\approx$　　$901\div31\approx$　　$807\div39\approx$

（3）笔算

$145\times12=$　　$480\times50=$　　$807\div20=$

$1740\div12=$　　$1692\div18=$

同时提出练习与合作的要求：

（1）先独立完成以上各题，再想一想以上算式中哪些题是有联系的，用线连起来。

（2）在计算时哪道题目最容易错，请表示出来。

（3）小组交流你发现的联系与易错题。

2. 计算和讨论

教师在学生独立计算和小组讨论时，有意识地关注学生的计算和讨论情况。（注意学生错例的反馈）

通过学生的独立计算，教师让学生把每道题的得数和竖式写在黑板上。若有错，把错误的得数或算式也呈现出来。然后让学生将有联系的算式在黑板上用线连起来。

接着教师组织以下反馈评讲：

（1）让学生整体观察黑板上所呈现的内容，向学生提出：你能看明白上面的连线吗？小组内交流。

（2）组织集体交流。

估计学生能发现以下的联系：

（1）题组一最后一个算式的结果刚好是把上面两个算式的结果加起来。

（2）每一道除法估算的算式都是整百数除以整十数，这也刚好是上面题组二中的口算。

（3）笔算的第一题与口算题的题组一有关。（三位数乘两位数是与三位数乘一位数和三位数乘整十数有关的）

（4）每道的笔算题与估算与口算有联系。（在笔算找商时总是先估成整十整百数，再口算）。

（5）笔算的第一题与第四题有互逆的联系。

当学生找出以上这些联系后，教师向学生进一步提出：那估算对笔算有什么作用呢？

学生说出：可以用估算的方法检查笔算的得数是不是正确。

3. 小结口算、估算、笔算三者的关系

教师可以向学生提出：通过以上的梳理，我们进一步认识到口算、估算、笔算之间，以及乘除法之间的关系，你能完整地说一说吗？

学生更清晰地认识到：口算是估算、笔算的基础，通过估算能检验计算的大约结果，而且除法是乘法的逆运算。

同时呈现板书：

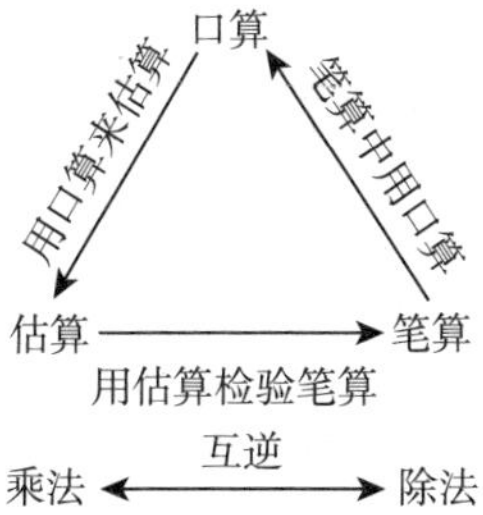

4. 呈现平常学生容易错的例子，引导学生交流质疑

错例 1：480 ×50 = 2400。（积末尾末少了 1 个 0）

$$\begin{array}{r} 480 \\ \times\ 50 \\ \hline 2400 \end{array}$$

错例 2：807 ÷20 =4……7。（商末尾的 0 容易丢）

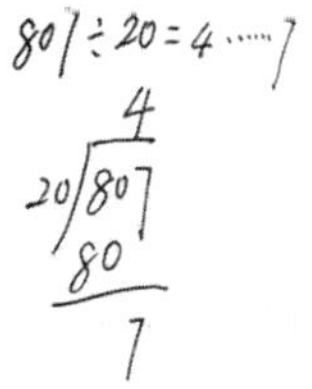

错例 3：145 ×12 =1940。（把 2 加 4 看成 2 乘 4 了）

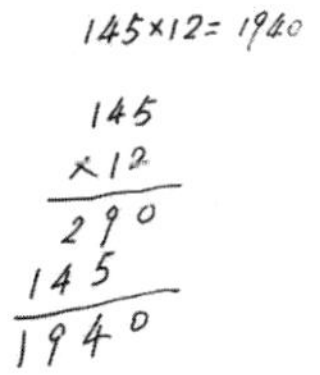

错例 4：1692 ÷18。（把除数看大了，初商就小了）

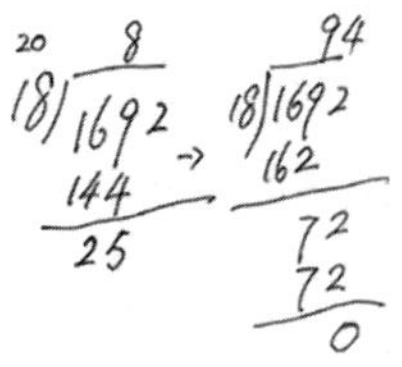

（1）先让学生整体观察，再让学生说一说错在哪里，要注意什么，怎样改进。

（2）总结在计算时防止错误的方法。

教师向学生提出：在笔算时怎样防止出现错误呢？

让学生分组交流之后，进一步梳理防止计算错误的技巧：

① 先估算出大概值，再计算，如估计积的位数与商的位数。

② 有时看个位就能检查是否错误。

③ 特别注意积的对位。

④ 看清运算符号。

⑤ 找初商时注意提醒自己把除数看大了或小了，商易偏小或偏大。

设计意图：我们知道口算是笔算的基础，估算能确定计算的大概结果，并可以检验笔算大约是否正确。但平常教师在安排这三种计算时往往是分开进行的。在以上的教学中，我们不仅把口算、估算、笔算放在一起进行练习，而且对每组题的数值做了精心设计，使学生在计算之后自己发现它们之间的联系，进一步明白三位数乘两位数是与三位数乘一位数和三位数乘整十数有关的，三位数除以两位数是与三位数除以整十数有关的，进一步明白估算实际上是把它转化为整十数乘法、除法来口算的，估算又能检验笔算乘法的正确性。同时，让学生还看到，除法与乘法是一组逆运算。然后分享错题及总结注意点。在以上的教学中，教师力求很好地体现让学生独立练习、小组交流、集体评价的学习方式，让学生在教师的引领下自己去观察、发现和说理。

二、练中梳理积、商的变化规律

出示题组，先观察再计算：

题组一：$108 \div 12 =$　　$108 \div 6 =$　　$216 \div 24 =$

题组二：$120 \times 23 =$　　$360 \times 23 =$　　$230 \times 12 =$

练习要求：

1. 先观察以上各组题，再计算出各算式的结果。

2. 再观察以上各组题，你有什么发现？

通过以上反馈评价小结：

题组一应用商的变化规律计算更便捷。

题组二应用积的变化规律计算更快速。

（从中复习商的变化规律与积的变化规律）

设计意图：本环节分两步进行，第一步教师引导学生通过每组三道计算题，使学生熟练掌握乘数是两位数的乘法与除数是两位数的除法的计算方法；第二步，教师根据学生在计算过程中的快慢（如果用规律计算就能很快完成），并借助以上的材料进行商的变化规律与积的变化规律的复习，引导学生学会观察分析。

三、专项训练中训练检验方法

下面就请同学对以下的算式进行判断。

1. 投影呈现

不用笔算，判断下面各算式计算结果是否正确。

① 42 × 63 = 2306　（　　）　② 23 × 74 = 1701　（　　）

③ 59 × 38 = 15172　（　　）　④ 614 ÷ 58 = 8　（　　）

⑤ 947 ÷ 47 = 2……7　（　　）　⑥ 28 × 34 = 952　（　　）

⑦ 124 × 63 = 7812　（　　）

2. 练习与合作要求

先独立思考进行判断，再在小组交流你判断的方法。

3. 组织集体反馈评讲

学生针对各题逐一说出判断的方法。

设计意图：本环节分两步进行，第一步当学生讲到不计算一眼就能看出错误，即检验方法有多种时，教师及时出示 7 道题让学生判断从而巩固检验方法；第二步也是呼应上一环节，学生总结计算中的错误类型。

四、应用中提升数感与解决问题的能力

针对以上最后一个算式“124 × 63 = 7812”，呈现如图 4 - 2 - 20 所示的情境，向学生提出以下问题：

（1）这个算式在这里能解决什么问题？

（2）买248套风光明信片要多少钱？

（3）3906元能买几套风光明信片？

（4）如果要买126套古建筑明信片，7812元够吗？你能用什么方法来检验？

图4－2－20

设计意图：这一环节的练习承接上一环节的最后一题“124×63＝7812”，并创设了一幅情境图，向学生提出一些实际的问题，其目的是让学生再次体会算与用是紧密结合的，并从中又得到了一些计算，使学生进一步熟练计算的技能。而且在第（2）（3）问题的计算中需要学生再次运用积、商的变化规律。第（4）题所得到的算式“126×61”又刚好与“124×63”相近，其中一个因数大2，而另一个因数刚好小2，会使学生产生疑问——“这两个算式的结果是否一样呢？”从而引导学生课后去探究这里隐含的规律。

五、全课总结

教师可以向学生提出：本课主要复习乘数、除数是两位数的乘除法，通过复习，你进一步梳理了哪些内容？

六、教学反思

通过本课的研究，我们进一步获得了对“计算型”复习课设计的几点思考。

1. 复习材料设计要突出重点

我们知道要上好一节复习课，首先要明确本复习课的主要目标是什么。显然，本课的主要目标是让学生进一步熟练掌握三位数乘两位数、三位数除以两位数的计算技能，进一步理解积的变化规律与商的变化规律，沟通乘除法的联系，以及乘除法中的口算、估算、笔算的联系。因此，我们在教学过程中要想方设法地让学生围绕以上目标展开训练。

2. 复习形式要和谐变换

为了使复习达到最佳效果，不让学生感到枯燥，我们一定要变换练习形式。然而，变换练习形式是比较容易的，但要变换得合理、科学，做到变换时上下呼应、层层推进就会有一定的困难。在本课，我们非常注意这方面的设计，如在基本训练后，带出对口算、估算、笔算之间的沟通；从笔算的易错处按要求编出算式计算，并在观察、分析的基础上带出对计算结果的判断；从判断题的最后一题自然地提出实际问题的计算；接着从以上的实际问题计算中引导学生对结果进行分析，促使学生进行举例验证。这样的练习过程就显得环环相扣、过渡自如，有助于提高练习效率。

3. 复习内容要练中沟通

复习课不单要巩固知识、熟练技能，还要沟通知识、进一步发展思维、提高解决问题的能力。本节课在每组材料的设计中都做到了练中有理，练中沟通，练中激趣。本课通过对两组计算的不同速度比较，让学生根据材料特点灵活选用方法，养成认真审题的必要性，在计算训练的同时激发了学生学习数学的兴趣。

精心创设素材，让复习在思辨中进行

——“小数乘法”单元复习课教学实录与评析

人教版五年级上册“小数乘法”这一单元，除了有小数乘法的计算方法，还有小数乘法中的估算和简便计算，以及用估算和分段计算方法解决问题。怎样把这些知识点串联起来设计一节复习课，让学生在练中既能有效地自主梳理，又能更好地提高解决问题能力呢？我们尝试从课前检测入手，选择学生课前检测素材作为本课复习的主要内容，并给学生补充了简单有效的练习素材，使复习全过程在学生有效的思辨中进行。

一、交流课前检测，逐步梳理要点

课前，教师给学生提供以下三题：

（1）下面这个算式的计算结果是错误的，请你用两种以上的方法来说明它是错的。

$2.34\times1.8=42.12$

（2）下面这个算式的计算结果是错误的，请你用两种以上的方法来说明它是错的。

$0.35\times404=14.14$

（3）某市自来水公司采用按月分段计费的方法收取水费，12 吨以内每吨 3.8 元，超过 12 吨的部分每吨 4.8 元。小李家 11 月份用水 18 吨，但他家缴水费的银行卡里只有 80 元钱，卡里的钱够了吗？

前测后，教师收回检测单，从中选择有代表性的作品投影展示。

课始，教师开门见山地说：今天我们要复习第一单元“小数乘法”，大家想一想在这一单元中学习了哪些知识。

学生回忆说了一些后，教师指出：刚才大家回忆的这些知识点大体上可以分为两方面，一是小数乘法的计算方法，二是用小数乘法解决问题。

师：课前让同学们做的三道题，同学们完成得都很好。我们先展示一下同学们的解答情况。

教师利用投影逐一展示几名学生的作品，最后停留在两名学生对第 1 题的解答上（图 4－2－21）。

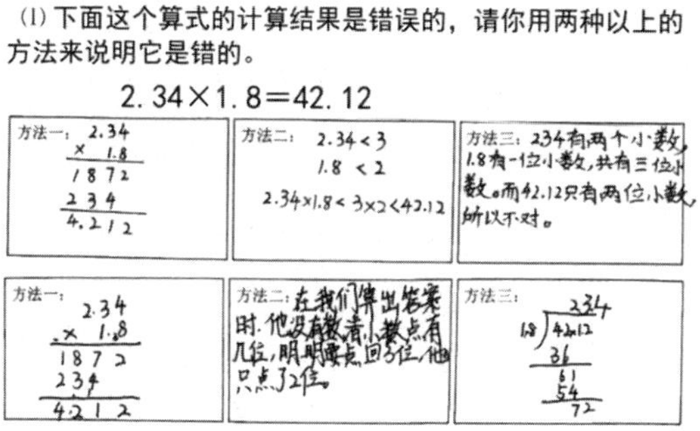

图 4－2－21

师：请比较这两名同学的判断方法。

生：这两名同学都先用了竖式重新计算，再判断。

生：我觉得第一名同学的第三种方法和第二名同学的第二种方法是一样的，都用了积应该有三位小数来判断的。

师：能说一说为什么吗？

生：因为计算小数乘法先要把小数看成整数来计算。在这个算式里，把第一个因数看成整数就要乘 100，把第二个因数看成整数就要乘 10，这样它们的积就要乘 1000，所以要把乘得的积除以 1000，结果应该是 4. 212。

教师利用投影把学生的竖式放大，重新演示以上思考过程，并板书关键词：

先扩大——看成整数

再缩小——确定小数的位数

师：这里的“先扩大”“再缩小”，实际用了什么规律？

生：用了积的变化规律。

师：第一名同学的第二种判断方法你们能看懂吗？

生：他用估算的方法，把两个因数都往大估，乘得的结果是 6，用算式的结果比 6 要小来判断题中算式的结果是错的。

师：是的，用估算的方法来检查也是一种好方法，它能更快地检查结果是否正确。那第二名同学的第三种方法用除法来验算可以吗？

生：可以是可以，可是我还没学过小数除法。

师：是的，我们要到第 3 单元才学习小数除法，当你学了小数除法后，就可以用积除以一个因数，看看结果是否等于另一个因数来检验了。

接着投影出示第（2）题学生的不同判断方法（图 4－2－22）。第一行是一名学生的三种判断方法，第二行分别取了三名学生的判断方法。

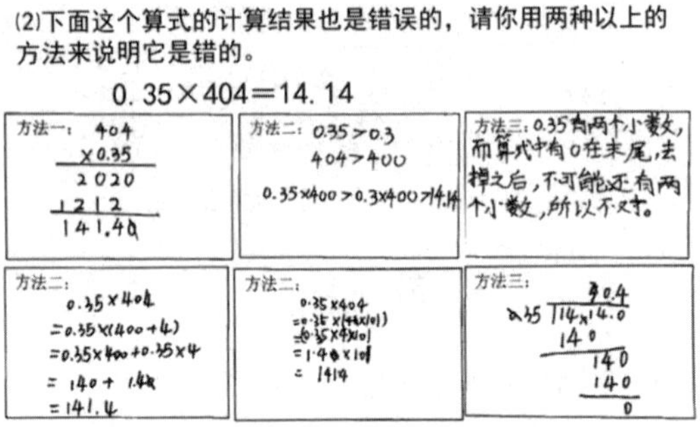

图 4－2－22

师：第一名同学用了三种方法，第一种方法用了竖式重新计算，发现积的末尾去掉“0”之后，应该只有一位小数。方法三是用文字说明积的末尾去掉“0”后，不可能是两位小数。那这名同学所写的方法二你能看懂吗？

生：他是用估算的方法来判断的。

师：他的估算过程你能看懂吗？

生：他把两个因数都往小估，0. 3 乘 400 的积是 120，原来算式的结果一定比 120 要大，而 14. 14 比 120 要小，由此判断题中算式的结果是错的。

师：第二行前两名同学都是用了什么方法来判断的？

生：用了简便计算的方法。

师：谁能说得更具体一些吗？

生：前一名同学把“404”拆成“400＋4”，用乘法分配律进行简便计算得出结果；第二名同学把“404”分解成“4×101”用乘法结合律进行计算得出结果。

师：是呀！在计算前先要认真分析数据特点，如果能运用运算定律进行简便计算，计算会更加快捷，也可以用这样的方法去检验计算结果是否正确。

教师板书关键词：灵活运用定律。

接着教师投影第（3）题学生的解答（图 4－2－23）。

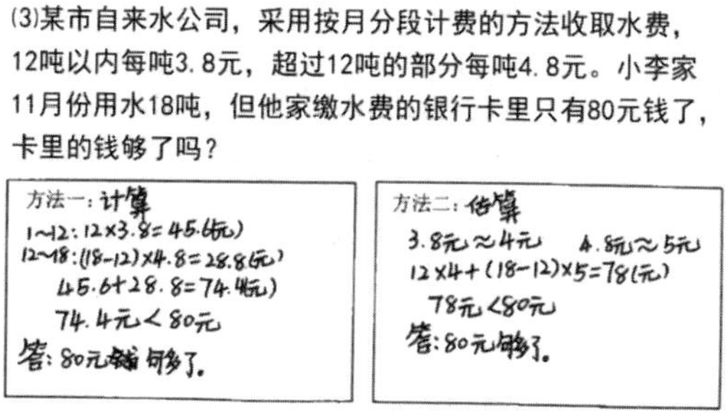

图 4-2-23

师：你能看出这名同学是用了哪两种方法来解答的吗？

生：前一种方法用分段计算，后一种是用估算的方法来解决问题的。

师：准确地说，这名同学的后一种方法是先把两段的单价都往大估，估成整元后，再按分段计算方法进行计算。可见在解决实际问题时，除了列出算式精确计算，还要注意是否可以用估算的方法解决问题。

教师让学生继续观察，对照自己的解答，梳理估算和分段解决问题的方法。

教师板书关键词：估算解决问题、分段解决问题。

经过以上教学，教师板书生成本单元完整的知识点网络图（图 4-2-24）。

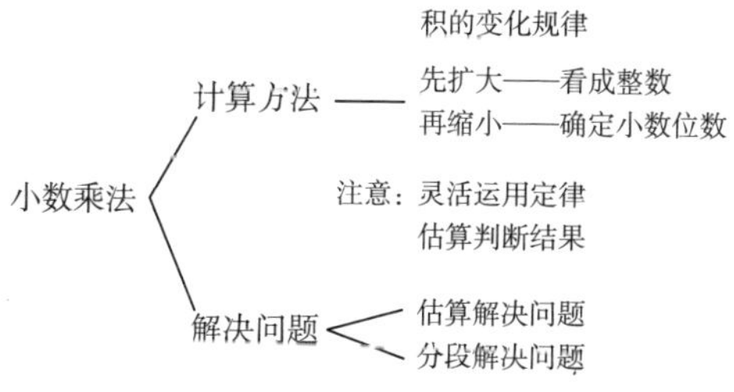

图 4-2-24

评析：以上是教师针对学生课前检测情况组织评价的过程，同时教师在这样思辨性的评价过程中对本单元知识点做了梳理。能达到这样自然生成的梳理效果，主要源于课前检测素材的巧妙设计。前两个计算题，我们不是直接让学生去计算，而是采用了逆向的思维方式，向学生提出：请你用两种以上的方法判断它的计算结果是错的。如此要求促使学生用多种方法去思考。学生除了想到重新用竖式计算，还会去想能否用估算和简算方法来判断，甚至个别学生想到用除法来验算。第（3）题我们也同样在问题的提法上做了设计，不是直接提出这个月需要水费多少钱，而是问：银行卡里只有80元钱了，卡里的钱够了吗？这样除了让学生复习了用分段计算解决问题之外，还促使学生用估算方法去解决问题。通过课前的检测和课内的交流，教师把要复习的主要知识点随机揭示，这是设计单元复习课很好的一种方法。

二、组织分层练习，凸显思辨说理

第一层次：选择练习

每个算式后面都写着三个结果，其中有错的，请你以最快的速度把它找出来。

（1）2.5×0.97

A. 24.25　　B. 2.425　　C. 2.625

（2）0.34×1.2

A. 0.408　　B. 0.308　　C. 0.406

（3）1.6×0.125

A. 0.02　　B. 2　　C. 0.0002

（4）0.106×0.42

A. 0.48　　B. 0.5　　C. 0.05

学生独立判断后，组织集体交流：

生：第（1）个算式，A和C一定是错的。

师：为什么？

生1：因为两个因数的小数位数一共有三位，相乘后积的末尾没有出现0，所以积不可能是两位小数，所以A是错的。

生2：因为第（1）个算式中有一个因数是0.97，小于1，那它的积不可能大于2.5，所以C一定是错的。

师：那第（2）个算式呢？

生：B，C一定是错的。

师：你是怎么想的？

生：因为第（2）个算式中有一个因数是1.2，大于1，那它的积应该大于另一个因数0.34，而B是0.308，所以是错的。又因为两个因数的积的末尾应该是8，而C的末尾是6，所以也是错的。

师：那第（3）个算式呢？

生：我发现这三个结果都是错的。

师：为什么？

生：把“1.6×0.125”转化成“0.2×8×0.125”，运用乘法结合律，马上可以得到正确的结果是0.2，而第（3）个算式后面的3个结果没有一个是0.2，所以这三个结果都是错的。

师：那第（4）个算式呢？请你直接说理由。

生1：因为“0.106×0.42”结果应该有5位小数，所以第（4）个算式后面的三个结果都是错的。

生2：我把0.106估成0.1，把0.42估成0.4，0.1乘以0.4等于0.04，而A，B分别是0.48和0.5，不可能相差这么大，可以判定A和B一定是错的。

师：如果第（4）个算式“0.106×0.42”的结果保留两位小数，那0.05是不是这个算式结果的近似数呢？请你们先写出竖式算一算，再互相说一说。

生：因为这个算式的计算结果是“0.04452”，用四舍五入的方法保留两位小数约0.04，所以0.05不是这个算式结果的近似数。

师：刚才大家交流了采用分析积的小数位数、估算、简便计算等方法判断小数乘法的计算结果是不是正确。但第（1）个算式的B结果和第（2）个算式的A结果是不是正确呢？请大家继续写出竖式算一算。（过程略）

评析：我们对以上的选择题在数据上做了精心设计，使每一算式都蕴含特有的思辨功能。第（1）（2）两个算式除了让学生看出因数的小数位数与积的小数位数的关系之外，还复习了“一个数乘小于1的数和乘大于1的数时，积的变化范围”；第（3）个算式增加了可以运用运算定律简便计算进行判断；第（4）个算式除了让学生用积的小数位数来判断外，还让学生用竖式计算结果来判断，并提出保留两位小数来判断是不是近似数，借此复习了如何取近似数。可见，这一环节的练习虽然只有4个算式，却再次涵盖了“小数乘法”这一单元的各知识点和各计算技能的要点。

第二层次：解决问题中的简算

请你以最快的速度解答下面两个问题：

1. 用边长0.25米的方砖来铺一个房间的地面，需要160块，这个房间的地面有多少平方米？

2. 学校为五、六年级的同学每人购买一本单价是12.5元的科技读本。五年级有学生118人，六年级有学生122人，一共要付多少钱？

学生独立解答后，集体交流，得到以下计算方法。

第1题：$0.25\times0.25\times160$

$=(0.25\times4)\times(0.25\times40)$

$=10$（平方米）

第2题：$12.5\times(118+122)$

$=12.5\times240$

$=12.5\times80\times3$

$=3000$（元）

评析：以上的练习没有特意单独设计简便计算练习，而是把简便计算融入解决问题，目的是更好地培养学生的简便计算意识。比如，以上两个实际问题的解答虽不难，但总有一部分学生列出算式后，不去进一步观察分析这些数据，那当然不会想到简便计算了。所以通过这样融入性的练习，再次提醒学生在解决问题的过程中每一步都要观察思考，能简便计算的要简便计算。

第三层次：灵活计算

某城市出租车计费标准在8千米内，每千米2.45元；超过8千米的部分，每千米1.75元（不足1千米，按1千米计算）。张叔叔刚好乘车行驶了15.5千米，车上计价器显示的金额是39.2元，你觉得车上的计价器显示正确吗？

大部分学生按一般思路分两段计算：把15.5千米分成前8千米，后7.5千米按题意看成8千米，列出算式“$2.45\times8+1.75\times8$”进行计算。

当教师组织学生评价以上计算方法后，又向学生提出：这里前后两段路程都是8千米，是不是假设前段8千米的每千米的价钱多出来的一半，假设加到后8千米的每千米价钱上，这样是不是在16千米中每千米的价钱一样了？你还想到可以怎样计算？

这时学生马上想到了先计算前后两段每千米价钱的平均值，再乘16，即计算方法是：

$(2.45+1.75)\div 2\times 16$

$=4.2\div 2\times 16$

$=2.1\times 16$

$=33.6$（元）

因为还没有学习小数除法，部分学生对“$4.2\div 2$”有点疑惑，这时教师提示：4.2的一半应该是多少？学生都轻松地回答出“2.1”。

师：因为这道题可以把前后两段路程看成一样，所以可以假设前后两段每千米的价钱一样来计算。如果前后两段路程不一样，就不能用这样方法计算了。如果这道题同学们用假设的方法，你们还可以怎样计算呢？

学生经过思考列出了以下两个算式：

$2.45\times 16-(2.45-1.75)\times 8$

（假设全程按前段的价钱计算，把后段超出的钱数减去）

$1.75\times 16+(2.45-1.75)\times 8$

（假设全程按后段的价钱计算，把前段不足的钱数加回）

（分析评价过程略）

评析：此题设计的精妙之处在于把前后两段路程看成一样的8千米，这样除了用一般方法计算，还能进一步引发不同解题思路，尤其是用假设思想去解决问题的方法。通过这道题，学生很好地训练了此方法，学会了灵活地计算，提高了解决问题的能力。

纵观全课，课前，教师为学生创设了开放的前测素材。教师通过前测不仅能进一步了解学生对小数乘法的算理和计算方法的掌握情况，还能了解有多少学生能自觉地运用简算或估算去解决问题。接着，学生前测素材的选择为本课提供了很好的交流思辨素材，使本单元的知识点在互相评价中得到了梳理。课内，教师还给学生创设了具有代表性的算式和实际问题，让学生在独立思考解答的基础上进一步思辨，使得本单元的计算方法、估算、简算以及取近似数和灵活解决问题再次融入练习，收到了很好的复习效果。

结构化设计提升运算能力

——“小数除法”复习课教学实践

一、教学设想

本课是学生学习了五年级上册“小数除法”这一单元之后的练习。以往在计算复习课中，教师更多地关注学生计算技能的熟练，而忽视了在计算前对数据的分析和在计算之后对结果的判断。要求学生对数据进行分析和对结果进行判断实际上是对学生数感的培养。为此，我们在本课的练习中并没有让学生机械地去计算多少题的小数除法，而是让学生着重通过对算式的观察分析结果，通过按要求组算式进行试商过程的分析。

二、教学目标

（1）通过口算和竖式计算小数除法，回顾除数是小数除法的转化思想。

（2）通过对商的范围的分析进一步认识被除数与除数之间的关系。

（3）通过对被除数与除数特点的分析，较快地判断商的范围，并用其分析方法，从而解决简单的实际问题。

三、教学过程

1. 在基本训练中找出联系，回顾方法

算出各题，找一找联系（能口算的尽量口算）。

7.2÷3.6 =	7.2÷0.36 =	0.72÷3.6 =
72÷3.6 =	7.2÷36 =	0.72÷36 =

学生独立计算、思考联系后，先呈现每一小题的结果，同时呈现最后一组算式的竖式，教师再组织学生随机评价。

接着教师再针对学生的竖式提出问题：小数除法要注意什么？

学生说出：先转化（把除数转化为整数），再计算。

2. 在专项训练中分析被除数、除数和商的关系

（这里的专项训练指的是编题训练）

教师可以做如下引导：大家继续观察以上这6个算式，能看出它们都用了哪些数字吗？

估计学生会得出：都用到了0，2，3，6，7这5个数字。

接着，教师可以提出：下面要求同学们用这5个数根据以下要求组算式（每个数字只能用一次）。

你能用这些数字，给其添上小数点组成商最大的小数除法算式吗？（每一数字只能用一次）

估计学生会写出763÷0.2，也有可能写出7630÷2。

组织评价：第一算式要使被除数最大，除数最小，因为在这5个数组成最小的数应该是“0.2”；而第二个算式属于整数除法，但要去分析为什么这两个算式的商是一样大的。

你能组成除数是两位小数，而且商最大的算式吗？请同时计算出结果。（商保留一位小数）

估计学生会写出76÷0.23。

学生独立写出算式后，教师让学生呈现出竖式进行评价。

你还能用这些数字组成商小于1的算式吗？（商保留两位小数）

估计学生组织的算式很多，教师随机让学生呈现出一些算式和竖式，再引导学生观察这些算式，使学生发现这些算式的被除数都比除数小（如23÷670，67÷230，等等）。

3. 在综合训练中分析数据特点，寻找规律

先向学生出示以下算式，并指出：下面都是由2，3，6，7这4个数字组成的算式。

①6.3÷7.2　　②6.2÷3.7　　③2.6÷3.7

④7.2÷6.3　　⑤3.6÷2.7　　⑥6.7÷3.2

1. 估一估

以上算式中商小于1的是____________。

以上算式中商大于1，而小于2的是__________。

学生独立估算找出算式后，教师组织学生评价。

商小于1的情况只要找到被除数比除数小的就可以了。

商大于1而小于2时，估计学生有许多分析方法，教师随机把握。

教师可以先把以上②④⑤放在一起：

6.2÷3.7　　7.2÷6.3　　3.6÷2.7

最后让学生理解：被除数大于除数，但又不到除数的2倍商就大于1而小于2。同时指出第⑥个算式的商为什么不在1和2之间。

2. 请你用2，3，6，7这4个数字组成一位小数除以一位小数，且商大于2而小于3的算式。（每个数字只能用一次）（只要编出算式说出道理即可）

估计学生会编出6.7÷3.2，6.3÷2.7，7.3÷2.6。

组织学生随机反馈后，教师可以向学生提出：为什么这里的“6.3÷2.7”被除数的整数部分是除数的整数部分的3倍，而商还会小于3?

教师引导学生说出：因为被除数的十分位小于除数的十分位，需要退位所以就不能商3了，只能商2。

教师还要提出：这里的“7.3÷2.6”被除数的整数部分比除数整数部分的3倍还要多，为什么商还小于3呢?

如果学生回答有困难，先让学生写出竖式观察再交流，使学生知道要先商2，如果商3就不够减了。也就是说，这里的被除数没有除数的3倍。

教师可以继续提出：既然大家发现了这样的规律，那想一想，下面这些算式括号内可以填哪些数字?

3. 要使下面每个算式的商都大于2、小于3，那在括号里可以填上哪些数?

3.2)6.(　　)　　3.2)7.(　　)　　3.2)9.(　　)

教师引导学生说出：

第一个算式被除数的整数部分刚好是除数整数部分的2倍，所以不能退位，括号里只要填上除数的小数部分的2倍多都可以。可以填5，6，7，8，9。

第二个算式被除数的整数部分比除数的整数部分2倍还多，但又没到3倍，括号里“0～9”这10个数字都是可以的。

第三个算式被除数的整数部分刚好是除数的3倍，所以括号里的数一定要填比除数的小数部分的3倍小，也就是只能填0，1，2，3，4，5。

4. 在应用练习中体验估算价值

教师可以向学生提出：今天我们这节课重点都在分析被除数、除数和商的关系，这样的分析到底有什么用呢？

估计学生会说：可以估计自己的计算是不是对的。（根据学生的回答随机调控）

教师可以提供以下应用，并提出：请你通过数据的分析，很快说出结果：

（1）8.2米长的红丝带包装礼盒，每个礼盒需要红丝带2.6米，这些红丝带可以包装多少个礼盒？（去尾法，只能包装3个礼盒）

（2）把8.4千克食用油分装到瓶子里，已知每个瓶子能装2.5千克，需要多少个瓶子？（进一法，4个瓶子）

（3）有两瓶食用油，大瓶有油8.5千克，小瓶有油2.5千克，大瓶的油是小瓶的几倍？（可以分析出是3倍多，需要进一步计算得到3.4倍）

夯实基础　提升能力　凸显习惯

——“简便计算”总复习课教学实录与评析

一、教学内容

浙江省义务教育教材小学数学12册（总复习）。

二、教学目标

（1）进一步理解、掌握已学的运算定律和规律及这些式、题的结构特征。

（2）比较熟练地应用已学的运算定律和规律进行正确的简便计算，培养合理、灵活的计算能力。

（3）通过复习培养仔细观察、认真分析、选择方法的学习习惯。

（4）通过复习初步感受简便计算的应用价值。

三、教学过程

1. 直接运用，回顾定律

师：今天我们来复习“计算”（板书课题）。

师：先来做第一组的5道题，你觉得怎么算方便就怎么算。

第一组

$2\frac{2}{7}+\frac{3}{8}+\frac{5}{7}+1\frac{5}{8}$

$\left(\frac{5}{9}+\frac{2}{15}-\frac{2}{3}\right)\times4.5$

$2\frac{1}{2}\times1.25\times0.8\times400$

$6.5-1\frac{5}{9}-3\frac{4}{9}$

$4.5\div2.5\div4$

第二组

$2\frac{2}{7}+\frac{3}{8}\times\frac{5}{7}+1\frac{5}{8}$

$\left(\frac{5}{9}+\frac{2}{15}-\frac{2}{3}\right)\times3.5$

$2\frac{1}{2}\times1.25+0.8\times400$

$6.5+1\frac{5}{9}-3\frac{4}{9}$

$4.5+2.5\div4$

学生独立计算。

师：你为什么这样计算？你的根据是什么？

生：（略）

师：以上5道计算题可以直接用（板书：直接运用）运算定律（加法运算定律、乘法分配律、乘法交换律、乘法结合律、减法性质等）进行简便计算。

师：如果将各题的运算符号或数据做适当改变（见第二组的5道题），还能简便计算吗？通过改题比较，你觉得计算这些题时要注意什么？

生1：上面第二组的第1，3，5题不能直接应用运算定律进行简便计算，第2，4题可以应用运算定律进行计算但是不简便。

生2：第二组的5道题从形式上看跟第一组的5道题很相似，但不能盲目地进行简便计算。我要提醒同学们注意：在做题时要仔细观察运算符号或数据。

师：对，我们在做题时要仔细观察运算符号，认真分析数据特点，选择合理的方法进行计算。（板书：仔细观察、认真分析、选择方法）

评析：教师让学生做5道计算题，复习梳理了运算定律，接着通过改变各题的运算符号或数据提醒学生容易犯错之处，从而小结引出做题时要仔细观察、认真分析、选择方法。这样既夯实了基础又重视了学生学习习惯的培养。

2. 部分运用，灵活选择

师：请同学们带着以上这三点注意事项计算下列第三组的3道题。

出示第三组：

1. $(20.8-12.49-7.51)\div 2.5\times 40$

2. $(20.8-12.49+7.51)\div 2.5\div 40$

3. $(20.8-12.49-7.51)\div 2.5\div 40$

师：观察这3道题，能在哪些地方运用运算定律？它们有什么共同点？

生1：第1题在括号内运用减法性质，第2题在括号外运用除法性质，第3题在括号内运用减法性质，同时在括号外运用除法性质。

生2：每道题都有一部分可以运用运算定律。

师：你能像上面一样给它取个名字吗？

生3：间接应用。

生4：局部应用。

师：好的，我们称它为“部分应用”吧。（板书：部分应用）

师：部分应用进行简便计算同样要注意仔细观察、认真分析、选择方法。

评析：通过题组的学习比较，让学生明确：①在计算中有时是题目中的某一部分能简便计算。②运用运算定律简便计算时一定要合理、灵活。

3. 转化运用，过程运用

师：请同学们再带着这三点注意事项计算下列第四组的2道题。

出示第四组：

$9.8\div 1\frac{1}{3}+2\frac{1}{5}\times 0.75$

$9\frac{4}{5}\div\left(4-\frac{2}{3}\right)+\left(1\frac{2}{3}+\frac{8}{15}\right)\times 0.75$

师：这两道题你是怎么想的？

生1：第1题不能直接运用简便计算，要将$\div 1\frac{1}{3}$转化为$\times\frac{3}{4}$才能简便计算，我把它叫作转化应用。

生2：第2题也不能直接运用简便计算，要计算到第二步才能看出可以用简便计算。

生3：如果第一步不能直接运用简便计算，我们可以先计算，可能在下一步能运用简便计算，我把它叫作转化运用或间接应用。

师：我们就把它叫作转化运用、过程应用吧。（板书：转化运用、过程应用）

师：我们在做计算时，不要拿到题目不能直接简便计算就按运算顺序计算，有时在第一步不能运用简便计算，在下面几步就能运用简便计算了。所以我们要做到仔细观察、认真分析、选择方法。（生齐读）解答这两道题后你觉得要提醒大家注意什么？

评析：基于第一、二环节中直接运用、部分应用简便计算的学习，在这个环节中，学生自主地得出转化运用、过程应用，再经教师的点拨，梳理出简便计算的四种类型，形成一个整体认识。

4. 扩充算式，提升能力

对下面的算式进行扩充，使扩充后的算式可以运用运算规律进行简便计算。

出示第五组：

$8\frac{5}{9}+1.07$　　　　$9.3-2.8$

$\frac{5}{9}\times\frac{7}{11}$　　　　$12.5\div0.3$

要求：

（1）任选一题，扩题并计算。

（2）星级奖：直接应用奖1颗星，部分应用奖2颗星，转化应用奖3颗星，过程应用奖4颗星。

师：我们来评生1的$\frac{5}{9}\times\frac{7}{11}+\frac{7}{11}\div\left(3-\frac{3}{4}\right)$属于什么应用，该奖几颗星。

同桌互相评，统计五星颗数。

生2：$12.5\div0.3\times0.8\times\frac{1}{10}$。

生3：（略）

评析：这一环节学生的学习活动被推向了一个高潮，一方面源于学生对扩题有新鲜感，另一方面源于教师有奖励措施。我想，课堂中激励机制的作用非同小可，对六年级学生来说也不例外。

5. 解决问题简便应用

师：最后我们利用简便计算来解决3个实际问题。

出示第六组：

1. 求图中阴影部分的面积。（单位：厘米）

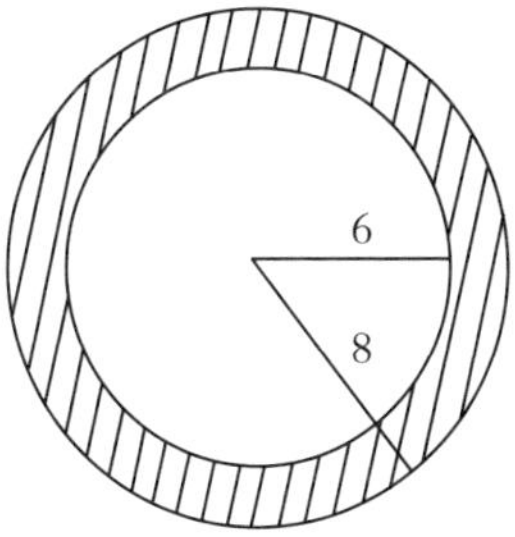

2. 贝贝家每天喝5袋牛奶，买了8天的牛奶共花了84元，每袋牛奶几元钱？

3. 一个物体从空中落下，开始的速度为4.9米/秒，以后每秒都比前一秒快9.8米。一块小石子在空中经过5秒才落到地面，这个物体开始落下时离地面有多少米？

师：以上3题你是怎么计算的？

生1：第1题列式为$\pi\times8^2-\pi\times6^2=\pi\times(8^2-6^2)=87.92$（平方厘米），我是应用乘法分配律使计算简便的。

生2：第2题列式为$84\div8\div5=84\div(8\times5)=84\div40=2.1$（元），我是应用除法性质使得计算简便的。

生3：第3题列式为$4.9+4.9+9.8+4.9+9.8+9.8+4.9+9.8+9.8+9.8+4.9+9.8+9.8+9.8+9.8$。

生4：这样列简便：$4.9\times5+9.8\times(1+2+3+4)=122.5$（米）。

师：解答了这3道题你有什么想法吗？

生5：在做计算题时可以应用简便计算，在做应用题时同样可以应用简便计算来列式，像上面的第3题就是最好的例子。

评析：实际应用让学生感受到简便计算的应用价值。特别是第3题生3、生4的列式比较更能说明简便计算的好处。

四、课堂总结

（略）

评析：本节课总体设计做到了系统把握、层层推进、环环相扣。本节课新课标三维目标得到了有效落实，具体体现为：从知识层面上梳理出简便计算的类型（直接运用、部分应用、转化运用、过程运用），避免学生在做简便计算时的盲目性；从技能层面上通过改题、扩题使学生的能力得到了体现；从情感态度方面看，每一层紧扣这三点（仔细观察、认真分析、选择方法），将培养学生良好的学习习惯落到了实处。

数学教学不能单纯地向学生传授知识，更要关注学生积极情感的润泽、学习方法的获取、全面能力的发展。朱老师的这节计算教学复习课正朝着这一方向努力践行。

"应用问题型"复习课教学案例介绍

结构化视域下的教学例谈

——常见数量关系复习课

人教版教材四年级下册第四单元的例4、例5两个例题安排了两种常见数量关系"单价×数量=总价"和"速度×时间=路程"。分析这两个例题，我们发现它们都是以问题解决的形式引入，直接揭示概念的，只是在速度的表示方式上加入了复合单位的内容。教材这样编排我们可以理解成"单价×数量=总价"是"速度×时间=路程"的基础。这两个例题可以说是对以前学习有关数量关系的知识和这两种基本数量关系的提炼与总结，在这两节课后需要安排一节复习课。这节复习课要对这两个数量关系进行比较、沟通，让学生把这两个数量关系纳入已有的经验，在结构化视域下进行梳理，从本源上认识数量关系的本质。下面来谈谈我的具体做法。

一、教学过程

1. 谈话引入，回忆旧知

师：我们最近学习了两个非常重要的“量”——“单价”和“速度”，你们还记得吗？

出示：

1. 涌泉蜜橘单价 80 元，青蟹单价 60 元，哪个单价更贵？

学生质疑片刻后完善信息：80 元/箱（一箱 5 千克），60 元/只（3 只约 1 千克）。比较得出物品的单价要说明单位量的价格。

2. 一种交通工具，速度是 12 千米，请你猜一猜它是什么。

生 1：是自行车，每小时 12 千米。

生 2：是飞机，每分钟 12 千米。

师：速度是 12 千米的交通工具怎么一会儿是自行车，一会儿是飞机呢？

生 3：速度表示单位时间内行的路程，既要交代路程，也要交代时间。

这时教师完善信息：12 千米/时（自行车的速度），12 千米/分 = 720 千米/时（飞机的速度）。

3. “单价”和“速度”有什么相同点和不同点？

学生回忆后互相交流：单价是单位量的价格，速度是单位时间行驶的路程。教师适时引出共同点：它们都用复合单位表示一份的量。

小结：速度和单价的单位都要用复合单位，表示单位数量的商品价格或单位时间行驶的路程。

评析：复习课的功能是回忆旧知，本环节利用谈话的方式进行知识回忆。单价、数量、总价以及速度、时间、路程这 6 个概念中，学生比较难理解的是单价与速度。学生往往认为单价就是一个钱数，速度就是一个长度，缺少对这两个重要概念所具有的“相对性”的理解。单价表示单位数量物品的价钱，是总价与数量的比率；速度表示单位时间行驶的路程，是路程与时间的比率，学生比较难理解。本环节的功能：一是通过以上材料让学生明白单价的相对性，80 元/箱是以箱为单位的价格，但是相对于一箱 5 千克，每千克是 16 元，它又成了总价，相对性在这个材料中得以体现；二是让学生明白单价与速度都表示单个量的价格与单位时间的路程，单价也可以用复合单位表示。在此进行沟通，让学生明白他们讲的是同一件事。

2. 问题解决，沟通联系

（1）出示表 4-2-1、表 4-2-2，并将表格填写完整。

表 4-2-1

商品	单价（元/个）	数量（个）	总价（元）
排球	20		100
篮球		5	150
足球	60	5	

表 4-2-2

车辆	速度	时间	路程
甲车	3 千米/分	2 小时	
乙车	90 千米/时		360 千米
丙车		4 小时	180000 米

（2）反馈表 4-2-1，然后仔细观察表格内数据的变化规律，你有什么新的发现？

小结：数量不变，单价越高，总价越高。（联系积的变化规律）

（3）反馈表 4-2-2，然后比一比，这三辆车谁最快？可能各是什么车？

比较甲车和乙车，路程相同可以比时间。

比较乙车和丙车，时间相同可以比路程。

小结：时间或路程的比较都需同时考虑两个量，而速度的比较，只要比一个量就可以了，因为它已涵盖了时间和路程这两个量，所以它是一个复合单位。单价、数量、总价三者之间也是同样的道理。

(4) 如果丙车用这样的速度也行驶360千米，需要多少时间？再仔细观察表格内数据的变化规律，你能发现什么规律？

小结：路程不变，速度越快，时间越短。(再次联系积的变化规律)

评析：本环节解决了“单价×数量=总价”和“速度×时间=路程”的各3个问题。这3个问题在材料设计上有的是数量一样，单价在变；有的是速度一样，时间在变；有的是路程一样。这3个问题有的是求单价，有的是求速度，有的是求时间与路程。这样，学生解决这3个问题后既利用关系解决了问题，又感悟到单价不变时，总价的变化引起数量的变化。速度时间路程也有类似的关系，而且与刚刚学习的积的变化规律建立了联系，为下一环节进一步沟通这两个数量关系与乘法意义的本质联系做好了铺垫。此外，在比较三辆车快慢时，引导学生分别从速度、路程和时间三个角度进行比较，体会用速度比较快慢的优越性，从而更深刻地感悟速度反映了路程和时间两个量之间的关系，所以其单位也是一个复合单位。

3. 自主编题，拓展结构

(1) 用“80×4=320”和“320÷5=64”来编一编应用题，学生选择一张表（表4-2-3）按要求编一编，教师指导学生完成编题。

表4-2-3

题组1	根据80×4=320编一个求总价的应用题	根据320÷5=64编一个求单价的应用题	你能把前两道题合并成一道应用题吗
题组2	根据80×4=320编一个求路程的应用题	根据320÷5=64编一个求速度的应用题	你能把前两道题合并成一道应用题吗

(2) 分别反馈题组1和题组2，横向分析比较。

① 反馈前两格根据算式编题时，重点交流：根据什么数量关系，怎样用线段图表示？

结合学生的回答，出示课件：

速度×时间=路程 → 路程÷时间=速度；路程÷速度=时间

单价×数量=总价 → 总价÷数量=单价；总价÷单价=数量

② 反馈第三格合并编题时，重点交流：怎样将两个应用题合并成一个的？什么变了？什么没变？

评析：复习时，自主编题的练习不仅可以帮助学生掌握应用题的结构，而且可以加深其对数量之间关系的理解，提高学生的解题能力。本环节根据“80×4=320”编求总价、路程的题目，根据“320÷5=64”编求速度与单价的题目，既可以通过同组数量关系的各类应用题进行相互改编，帮助学生理解同组各类基本应用题几个数量间的相互关系，也可以通过同一个式子解决不同问题情境的问题，帮助学生形成应用意识，使学生在编题中深刻感受到问题的结构，达到结构化教学的目的。

（3）纵向分析比较。

师：今天学习的“速度、时间、路程”与“单价、数量、总价”两类数量关系之间有什么关系？和我们以前学习的哪些知识比较相似？

生1：和原来学的一份数、份数、总数的关系相似，单价是每件物品的价格，速度是单位时间行驶的距离，都可以表示每份数；数量与时间都表示有几份（份数）；总价与路程表示总数。

生2：都可以表示成一份数×份数=总数，总数÷一份数量=份数，总数÷份数=一份数。

生3：都可以把它们看作因数与因数积的关系。

生4：因数、因数、积也有这样的关系。因数×因数=积，积÷一个因数=另一个因数。

生5：难怪它们的变化规律和以前学习的积的变化规律一样。

教师随机出示以下关系，完善结构：

(　) ×(　) = (　) → (　) ÷ (　) = (　)；(　) ÷ (　) = (　)

↑

一份数×份数=总数 → 总价÷份数=一份数；总价÷一份数=份数

↑

单价×数量=总价 → 总价÷数量=单价；总价÷单价=数量

速度×时间=路程 → 路程÷时间=速度；路程÷速度=时间

（4）拓展：类似这样的数量关系还有很多，它们的本源其实都是乘法的意义，只是放到了不同的情境中，我们要找到对应的不同的数量关系。（视时间可以让学生再举一举其他的例子）

评析：结构化复习教学要求教师跳出教材看“速度、单价”，立足模型看“关系”。此环节结合自主编题对数量关系进行纵向比较，让学生再一次感受到求总价和求路程的相同点与求单价和求速度的相同点，都是求几个几是多少的问题。从乘法的意义出发进行理解，“速度、单价”是每份数，“速度×时间=路程、单价×数量=总价”等数量关系是“几个几连加的和”，这是已有乘法现实模型“等量组的聚集”在不同应用领域的另一种表达方式。将常见的数量关系归结于已有的“几个几连加的和”，可以使数量关系的教学直达其根本，真正体现复习课的功能——通过比较联系将离散的知识进行串联沟通，使其归位到知识的源头，形成知识结构，建立数学模型。

4. 综合练习，提升能力

小王和12个同事一起从上海到临海两日游。

（1）旅游出行要考虑哪些事情？

（2）信息1：坐高铁路程约540千米，时间3小时，票价190元；坐汽车路程约360千米，平均速度约90千米/时，票价155元。

信息2：临海某宾馆房价双人间为328元，单人间为218元。

看到这些信息，你有什么想法？

（3）根据以上信息，制订出行计划，并算出乘车和住宿的费用。

在学生初步建立了数量关系知识结构以后，再把数量关系放回学生熟悉的求乘车和住宿的总费用中。

评析：学生数学知识结构的建立是一个循序渐进、层层递进的过程，教学要让学生在运用知识的过程中完善知识结构。此题设计了制定旅游预算的情境，需要学生通过综合运用本节课所复习的两类常见数量关系，计算出不同乘车方式的时间和费用，以及选择安排不同住宿的房间数和费用。这个过程既有单价、速度、时间等不同角度的单一数量的比较和分析，又有节约费用、合理安排行程以及生活常识等方面的综合考量，有助于学生在解决实际问题的过程中积累活动经验，提升学生发现问题、分析问题、解决问题的综合能力。

5. 课堂总结

通过这节课，你有什么收获？

（略）

二、教学反思

复习课的功能是查漏补缺、沟通联系、着眼发展，纵观本节复习课教学，我觉得其体现了如下几个特点。

1. 难点处——结构化材料促使查漏补缺

复习课的一大功能是查漏补缺，在学生的疑难处为其“对症下药”。本课对速度与单价的相对性的理解是难点，学生不太容易理解速度是路程与时间的比率，单价是总价与数量的比率。本节课通过创设结构化的材料，以谈话的形式“涌泉蜜橘单价 80 元，青蟹单价 60 元，哪个单价更贵？”轻松地将学生引进质疑讨论的状态，学生在讨论质疑的氛围中自然感悟到单价、速度的相对性。在猜“一种交通工具，速度是 12 千米”的过程中，学生自然而然地明白复合单位的必要性，学习难点得到突破，知识漏洞得到弥补。

2. 连接处——结构化教学沟通联系

小学阶段必须考虑的模型有两个：总量模型与路程模型。总量模型讨论的是总量与几个部分量之间的关系，其中部分量之间的关系是并列关系，因此这种模型的运算要用加法。路程模型讲述的是速度、时间、路程之间的关系，这个模型讲述的是几个几的事情，是乘法意义的具体应用。这个模型适用于一类现实中的问题，如可以解决“路程 = 速度 × 时间”的问题，也可以解决“总价 = 单价 × 数量”的问题，还可以解决“总数 = 行数 × 列数”的问题，等等。“单价 × 数量 = 总价”和“速度 × 时间 = 路程”是人教版小学数学中安排的两种常见数量关系。教材既然将这两个关系放在一起，那么我们既要让学生理清它们各自的特点，又要沟通它们之间的关系，还要让学生明白它们跟乘法之间的联系——它们只是乘法意义在不同情境中的运用，从源头上讲的还是几个几的事情，以此沟通知识之间的联系，架构知识网络。

3. 伸展处——结构化思考提升素养

数学核心素养是学生在数学学习的过程中体现的思维品质与关键能力。具备数学核心素养的人会用数学的眼光观察世界，用数学的思维思考世界，用数学的语言描述世界。本节课，我们关注学生符号意识、推理能力和模型思想的建立，速度、单价概念的建立，让学生选择适当的方式表征数量关系，进行问题解决，在了解单价、数量、总价三者关系的基础上自主推理到速度、时间、路程的关系，并将这些关系进行不同情境的运用，意识到现实世界中的大量问题可以用数学的方式来解决，培养应用意识和模型思想。

建数学模型　促问题解决

——“用方程解决问题”复习课例谈

数学模式可以理解为数学知识结构，是内化到人头脑中的符号（表象、语言等）形式，也就是皮亚杰所说的狭义的认识图式，它是对客观现实的结构特征和量化属性的形式化、概括化的描述，是对事物的量化本质的认识，是人脑抽象思维的产物。无论是数学中的概念和命题，还是问题和方法，事实上都应被看成一种具有普遍意义的模式。我们经常说的数学模型其实也是一种数学模式，它是把实际问题用数学语言抽象概括，再从数学角度来反映或近似地反映实际问题所得出的关于实际问题的数学模型。因此，数学模式在数学学科以及其他学科中随处可见，也有人把数学看成“模式”的科学。从数学发展史来看，数学的历史就是不断地创造模式、研究模式、应用模式的历史。

人教版课程实验教材五年级上册第 4 单元综合练习课，用方程解决问题时学生会碰到以下几种困难：

（1）等量关系的隐蔽。列方程解应用题的关键在于通过分析，把一个实际问题中的数量关系转化为数学问题，再列出条件等式（方程），但等量关系往往隐含于题目情境之中，题目并没有明确地直接指出。因此，初学时，学生往往找不到等量关系。

（2）多重等量关系的干扰。列方程解应用题，确定等量关系没有固定的模型，考虑的角度不同，所用的等量关系也不同，这就更增加了学生确定等量关系的困难。我从课堂练习和作业中发现学生分析应用题、寻找数量关系的能力较差，这是学生解答问题的一个突出弱点。在课堂上，尽管我把分析题意、寻找数量关系作为重点来进行教学，不断地对学生加以引导、启发，努力使学生理解、掌握解题的基本思路和方法，但很多学生在学习的过程中，却仍不能很好地掌握这一要领，出现了一些意想不到的错误。究其原因是这些学生不会找题目中的等量关系，不能正确地列出方程。

本文就如何遵循数学模型发展的一般规律，用模型的方法解决方程中的问题做些探讨，教学过程如下。

一、谈话引入，练后概括，引发自主编题

（1）呈现下面三道题（要求口答，只列方程，不计算）。

1. 甲数是 230，比乙数的 3 倍多 50。乙数是多少？设乙数是 x。

2. 甲地与乙地相距 200 千米，一辆轿车从甲地出发已行驶了 2 小时，距离乙地还有 40 千米，这辆轿车每小时行驶多少千米？

3. 苹果 4.8 元每千克，比橘子的 2 倍多 0.2 元，橘子每千克多少元？

（2）反馈方程，说说等量关系，再概括三道题的共同点。

得出：（　　）x +（　　）=（　　）。

接着，教师把以上 1，3 两题的“多”改为“少”，使学生将方程中的

“+”改为“-”，并把以上的模型改为（　　）$x\pm$（　　）=（　　）。

（3）针对以上的模型引导学生联系生活实际自主编题，并列出方程。

（4）根据学生编题和所列方程的情况，组织评讲。

评析： 如何解方程 $ax\pm b=c$？教师先让学生练习三组以不同等量为依据的方程，学生分别用三种不同的方法找具体的等量关系来解题，再通过观察比较发现这几道题都是以几个几加减几（$ax\pm b=c$）为等量关系的问题，发现殊途同归，然后总结出这样的模型，并以此为框架自主编题，巩固刚刚总结的模型与解题方法。这样有利于帮助学生在复杂的情境中抽象出数学模型。

二、呈现题组，练后概括，继续自主编题

（1）呈现下面题组。（要求列出方程）

1. 水果店里有6箱苹果和60千克橘子，苹果和橘子共有150千克。平均每箱苹果重多少千克？

2. 水果店里有6箱苹果和4箱橘子，共重150千克，而且每箱苹果和每箱橘子是一样重的，每箱橘子重多少千克？

3. 水果店有苹果和橘子共150千克，而且苹果的质量是橘子的1.5倍，橘子有多少千克？

（2）反馈方程，说说等量关系，找一找以上三道题的共同点。

得出：（　　）x +（　　）x =（　　）。

接着教师把以上第2，3题分别改为：

4. 水果店里有6箱苹果和4箱橘子，苹果的总质量比橘子重30千克，而且每箱苹果和每箱橘子是一样重的，问每箱橘子重多少千克？

5. 水果店苹果的质量比橘子重30千克，而且苹果的质量是橘子的1.5倍，橘子有多少千克？

得出方程后，把以上模型补充完整：（　　）$x\pm$（　　）x =（　　）。

（3）针对以上模型引导学生联系实际编题，并列出方程。

（4）组织反馈评讲。

评析： 这一环节教师选取的教学方式与上一环节基本相似，只是在呈现方式上有所不同，教师要求在（水果店里有6箱苹果和60千克橘子，苹果和橘子

共有150千克。问平均每箱苹果重多少千克?)即 $ax \pm b = c$ 这一基础上改编成 $ax \pm bx = c$。这样做到了上下自然过渡，学生在解决问题时因为有第一环节的基础，会自然地总结出 $ax \pm bx = c$ 的模型。这样做达到了既巩固知识，又巩固方法的目的。

三、组织练习，练后归类，提高灵活解题能力

（1）用方程解答下列各题，并想一想你用了怎样的等量关系。

1. 临海小学五（1）班有篮球18个，比足球的3倍少2个，那么足球有多少个?

2. 张大伯的果园里有桃树和梨树共180棵，已知桃树的棵数正好是梨树的4倍，梨树有多少棵?

3. 现有数量相同的鸡兔同笼，已知腿共有42条，笼子里的鸡和兔子各有多少只?

（2）选择题。

1.

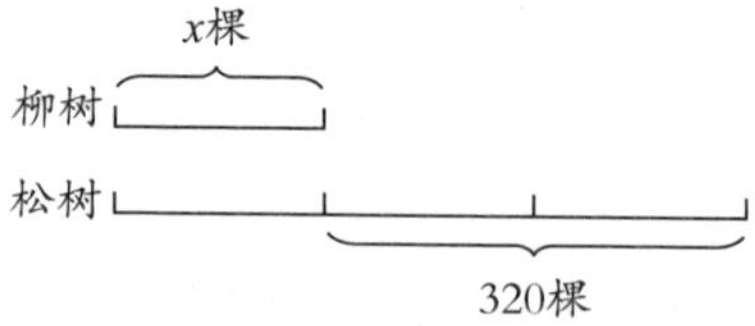

根据线段图列方程为（　　）。

① $3x - x = 320$　　② $3x = 320 - x$

③ $3x = 320 + x$　　④ $3x - 320 = x$

评析：做好后及时帮助学生比较这四道题的联系与区别，让学生感受如何用同一模式多角度地解决问题。

2. 6筐苹果和6筐香蕉共重210千克。如果平均每筐苹果重15千克，那么平均每筐香蕉重（　　）千克?设平均每筐香蕉重 x 千克。

① $6x + 6 \times 15 = 210$　　② $6x - 15 = 210$

③ $6x = 210 - 6 \times 15$　　④ $6(x + 15) = 210$

3. 这个图形的总面积为 y，方程是（　　）。

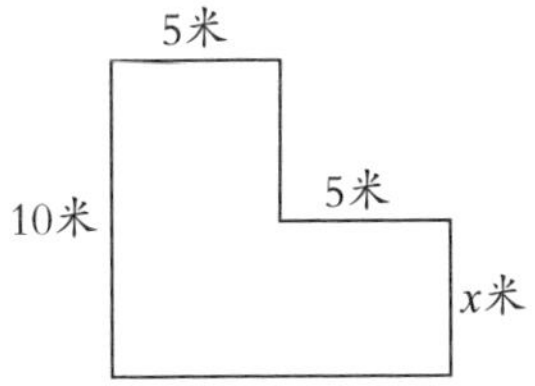

① $10\times5+5x=y$

② $10\times5-5x=y$

③ $10\times(5+5)=y$

④ $10\times(5+5)-(10-x)\times5=y$

评析：过上面几个环节的教学，学生用方程解决问题时能自觉主动地从模型的角度来解决问题了。到了这里，我们不仅要关注学生用模型来解决问题的方法，还要不忘对这些模型进行变式，即运用同一个模型，解决多角度的生活问题，做到建模坚固，解模及时，解模为更坚固地建模，同时更不忘记算术解与方程解的联系。

四、全课小结

（略）

总评：本课通过练习使学生熟练掌握列方程解应用题的方法，让学生能分析题中数量关系的特点。通过生活中的问题，学生概括数学模型，并能用同一模型解决多角度的生活问题，提高了学生灵活运用方程解决实际问题的能力，做到正逆互用，方程与算术互通。

从“厚”到“薄”　探寻复习真谛

——“倍数有关的问题”复习

用分数、比的知识，特别是用分数知识解决实际问题是小学阶段学生数学学习的难点，而实际上，分数、比的实质就是“倍”的关系——不到1倍说几分之几，其实就是“倍”；比表示几份与几份的比较，实质也是“倍”。于是我们特意在六年级下学期总复习中安排了一节课来梳理“倍数”“分数”“比”等应用问题的结构特征和解题思路，在相互转化中沟通三者的联系，将分数、比的问题归到倍数问题中去，最后统归到一个数量关系：一倍数×倍数=几倍数。同时，让学生从中感受复习的一些策略方法。经过教学实践，效果甚好，现将教学过程简要整理呈上。

一、题组列式，梳理联系转化

1. 有关倍数问题的梳理

出示题组一：

根据下面的信息写出算式或方程。

（1）六（1）班女生有12人，男生人数是女生的3倍，六（1）班男生有多少人？

算式：

（2）六（1）班男生有36人，男生人数是女生的3倍，六（1）班女生有多少人？

假设女生有x人，方程是：

（3）六（1）班女生有12人，男生人数是女生的3倍，六（1）班一共有多少人？

算式：

（4）六（1）班一共有48人，男生人数是女生的3倍，六（1）班女生有多少人？

假设女生有x人，方程是：

学生独立列式之后，教师指名学生汇报算式和怎么想的，再根据学生的回答引出数量关系，并逐步板书：

一倍数×倍数=几倍数　　12×3　　$3x=36$

↓

几倍数+一倍数=总数　　$12\times3+12$　　$3x+x=48$

接着教师引导学生比较以上四道题的相同点和不同点，使学生发现关键句“男生人数是女生的3倍”都是一样的，都是有关倍数的问题；同时发现第（2）题与第（1）题比较，刚好一个条件和问题调换了一下，第（4）题与第（3）题也刚好一个条件和问题调换了一下。

然后教师提出问题引发学生思考第（2）题和第（4）题为什么要写出方程，使学生明白第（2）题和第（4）题女生人数未知，也就是一倍数未知，原本要反过来逆向思考，但我们把一倍数设为x后，把未知数当已知数来列式，变逆向思考为顺向思考，使我们顺着条件直接写出方程。

紧接着教师引导学生思考第（1）题和第（3）题一倍数已知，用方程会怎么样，使学生体会一倍数已知不需要用方程，一倍数未知时才用方程。

评析：课始提供的题组具有代表性，求一倍数、几倍数和倍数等问题，很好地帮助学生在解答中梳理倍数问题的结构特征、数量关系及解题思路。第（2）题和第（4）题要求用方程解答，解答后让学生思考为什么要写出方程以及若第（1）题和第（3）题一倍数已知，用方程会怎么样，使学生体会方程的适用性及对于逆向思考类题目的便利性，同时为下面的逆向思考类问题的解答做好铺垫。算式或方程与数量关系的对应为下面数量关系的统一做好了准备。

2. 有关分数和比的问题梳理

师：男生人数是女生的3倍，如果倒过来又可以怎么说？

生：女生人数是男生的$\frac{1}{3}$。

师：还是倍数吗？怎么没“倍”字了？

如此使学生明白“$\frac{1}{3}$”其实还是倍数，只是小于1倍一般不说“倍”，而说“几分之几”。

师：女生人数是男生的$\frac{1}{3}$，如果说成“比”的关系又应该怎么说？

生：女生人数与男生人数的比是1∶3。

师：下面我们把以上四道题的关键句都改成分数关系或比的关系的题目。

教师呈现以下题组：

题组二：你觉得下面的四道题哪一道可以直接写出算式，哪一道应该写成方程，把算式或方程写下来。

(1) 六(1)班女生有12人，女生人数是男生的$\frac{1}{3}$，六(1)班男生有多少人?

(2) 六(1)班男生有36人，女生人数是男生的$\frac{1}{3}$，六(1)班女生有多少人?

(3) 六(1)班女生有12人，女生人数是男生的$\frac{1}{3}$，六(1)班一共有多少人?

(4) 六(1)班一共有48人，女生人数是男生的$\frac{1}{3}$，六(1)班女生有多少人?

学生独立列式之后，教师投影展示学生的作业（图4-2-25），引导学生评价完善［主要是第(3)题少了36+12=48（人），第(4)题少了48-36=12（人）］后，摘录其中的算式并板书。

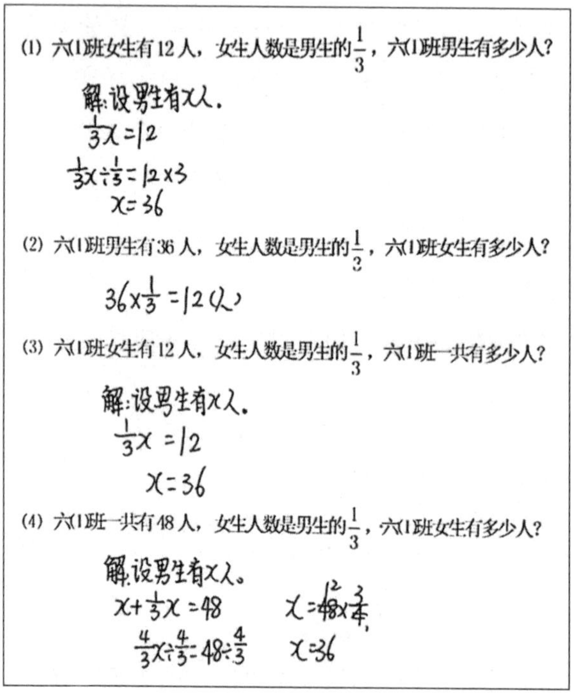
(1) 六(1)班女生有12人，女生人数是男生的$\frac{1}{3}$，六(1)班男生有多少人?

解：设男生有x人。
$\frac{1}{3}x=12$
$\frac{1}{3}x\div\frac{1}{3}=12\times3$
$x=36$

(2) 六(1)班男生有36人，女生人数是男生的$\frac{1}{3}$，六(1)班女生有多少人?

$36\times\frac{1}{3}=12$(人)

(3) 六(1)班女生有12人，女生人数是男生的$\frac{1}{3}$，六(1)班一共有多少人?

解：设男生有x人。
$\frac{1}{3}x=12$
$x=36$

(4) 六(1)班一共有48人，女生人数是男生的$\frac{1}{3}$，六(1)班女生有多少人?

解：设男生有x人。
$x+\frac{1}{3}x=48$
$\frac{4}{3}x\div\frac{4}{3}=48\div\frac{4}{3}$
$x=48\times\frac{3}{4}$
$x=36$

图4-2-25

师（手指板书第一行）：这一行都表示“一倍数×倍数=几倍数”，那“$\frac{1}{3}x=12$”这个算式可以写在这儿吗?

通过以上问题，学生明白“$\frac{1}{3}x=12$”其实就是“一倍数 × 倍数 = 几倍数”，只是这里的“一倍数”指男生人数，“几倍数”指女生人数。

接着教师板书其他几题的算式至相应位置（图 4 – 2 – 26），使学生明白这四道题还是根据同样的数量关系来列式的。

一倍数 × 倍数=几倍数	12×3	$3x=36$	$\frac{1}{3}x=12$ $x=36$	$36\times\frac{1}{3}$
↓				
几倍数+一倍数=总数	$12\times3+12$	$3x+x=48$ $x=12$	$36+12=48$	$\frac{1}{3}x+x=48$ $x=36$ $48-36=12$

图 4 – 2 – 26

师：你觉得哪些地方要提醒大家注意？

生：第（3）题和第（4）题，x 解出来了，但还不是要求的问题，还要接着算，这个大家要特别注意。

师：那可不可以设一共有 x 人，x 解出来就是所求的问题了？

生：如果设一共有 x 人，那要逆向思考，反而麻烦了。设一倍数为 x，思考起来才会比较直接。

评析：教师通过“这个算式可以写在这儿吗？”巧妙地将算式与黑板上的数量关系进行对应，使学生发现解答分数问题运用的还是与倍数问题相同的数量关系，分数问题其实就是倍数问题。通过“你觉得哪些地方要提醒大家注意？”“那可不可以设一共有 x 人，x 解出来就是所求的问题了？”引导学生思考，提高学生用方程解决问题的能力。

教师再出示学生作业（图 4 – 2 – 27）。

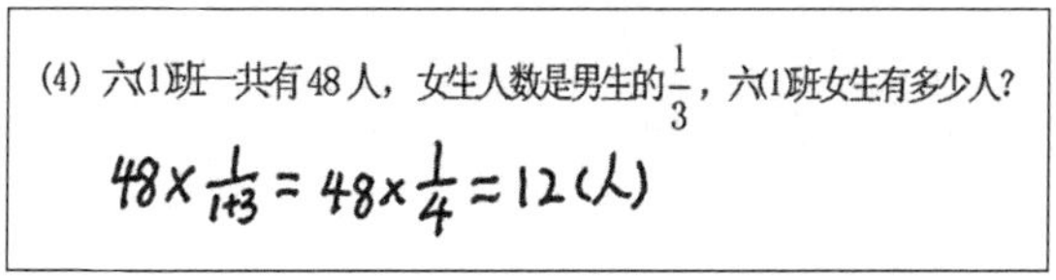

图 4 – 2 – 27

师：看得懂吗？谁来解释一下？

生：$\frac{1}{1+3}$表示女生人数是全班总人数的$\frac{1}{4}$，所以用全班人数乘$\frac{1}{4}$就是女生人数。

师：$\frac{1}{1+3}$表示女生人数是全班总人数的$\frac{1}{4}$，你是怎么看出来的？

生：女生人数是男生的$\frac{1}{3}$，那么女生人数看作 1 份，男生人数看作 3 份，总人数看作（1 +3）份，所以$\frac{1}{1+3}$表示女生人数是全班总人数的$\frac{1}{4}$。

师：大家听明白了吗？这个算式可以写在哪里？（师在第一行位置板书算式）写这个算式的同学很厉害，解释这个算式的同学也很厉害！他们把一道原本逆向思考的题目变成一道顺向思考的题目，使得一道原本解答起来挺麻烦的题变简单了，这都是因为把“女生人数是男生的$\frac{1}{3}$”转化成了“表示女生人数是全班总人数的$\frac{1}{1+3}$”。第（1）题我觉得解答起来也有点麻烦，能不能把“女生人数是男生的$\frac{1}{3}$”转化一下，使它解答起来更简单？

生：转化成“男生人数是女生的 3 倍”，只要用 12×3 就可以了。

师：大家同意吗？真不错！刚才是把“女生人数是男生的$\frac{1}{3}$”转化成了“表示女生人数是全班总人数的$\frac{1}{1+3}$”，现在把“女生人数是男生的$\frac{1}{3}$”转化成“男生人数是女生的 3 倍”。一会儿把$\frac{1}{3}$转化成$\frac{1}{1+3}$简便计算，一会儿把$\frac{1}{3}$转化成倍数简便计算，到底该怎么转化，这里面有什么诀窍吗？

生：单位“1”的量已知才能简便计算。

生：哪个数量已知，就以哪个数量为单位“1”的量。

师：第（3）题解答起来也很麻烦，能不能也转化一下？

……

评析：由于解答麻烦，有学生想到 $48\times\frac{1}{1+3}$，教师适时将之向全班学生展示，使学生初步体会“转化”带来的便捷。接着教师引导学生将解法麻烦的第

(1) 题和第 (3) 题也进行转化，并思考转化的诀窍，不断体验转化带来的便捷，逐渐引导学生想转化、会转化；同时通过转化使学生感受分数与倍数的关系。

出示题组三：

你觉得下面四道题，哪一道可以直接写出算式，哪一道应该写成方程？把算式或方程写下来。

(1) 六 (1) 班女生有 12 人，女生人数与男生人数的比是 1∶3，六 (1) 班男生有多少人？

(2) 六 (1) 班男生有 36 人，女生人数与男生人数的比是 1∶3，六 (1) 班女生有多少人？

(3) 六 (1) 班女生有 12 人，女生人数与男生人数的比是 1∶3，六 (1) 班一共有多少人？

(4) 六 (1) 班一共有 48 人，女生人数与男生人数的比是 1∶3，六 (1) 班女生有多少人？

学生独立列式后，教师展示学生的做法——学生有用比例方法做的，有转化成份数做的，有转化成“男生人数是女生人数的 3 倍”做的，有转化成“女生人数是男生人数的$\frac{1}{3}$”做的……

教师让学生说想法，并板书算式或方程至相应位置，引导学生说说自己喜欢哪种转化，为什么。通过交流，学生进一步体会同一关键句有不同的转化方法，转化方法不同，列式也不同。根据题目的情况合理选择转化方法，可以使问题的解答更加便捷。

接着，教师将刚才三组题的题目及解答汇总在一张幻灯片上呈现出来，引导学生小结：通过刚才的学习，你有什么收获？

生：分数可以转化成别的分数，也可以转化成倍数，比可以转化成分数、倍数、份数……

生：运用转化，可以使题目变得更简单。

生：同一个关系句有多种转化方法，要根据题目选择最适合的转化方法。

师：由倍数，我们可以想到分数，分数的问题可以用倍数去解，由分数也可以想到比，比的问题也可以用分数去解，比的问题还可以用倍数去解，倍数的问题也可以用比去解。要根据题目情况合理选择转化方法。

教师做如下板书：

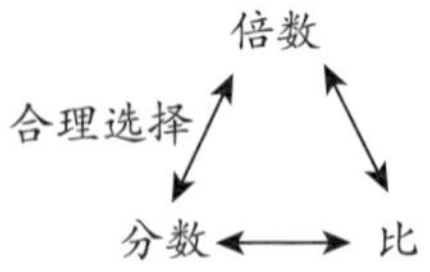

评析：关键句改成比关系的句子后，学生在练习中尝试运用转化解决问题。通过交流，学生对如何更好地转化有了进一步的体验，同时通过转化感受比与分数、倍数的关系。三组题目之后教师引导学生及时梳理，并运用直观的板书帮助学生理清三者之间的联系。

二、拓展练习，提高解题能力

课件重新呈现以下三句关键句：

男生人数是女生的 3 倍。

女生人数是男生人数的$\frac{1}{3}$。

女生人数与男生人数的比是 1∶3。

师：除了这三句互相转化之外，你还可以联想到什么？

从中引出：女生人数是全班人数的$\frac{1}{4}$；男生人数是全班人数的$\frac{3}{4}$；女生比男生少$\frac{2}{3}$，女生比总人数少$\frac{3}{4}$，男生比总人数少$\frac{1}{4}$，总人数比男生多$\frac{1}{3}$……

将上面题组里四道题的关键句换成男生人数是全班人数的$\frac{3}{4}$，出示题组四。

列出算式或者方程解答下面各题：

（1）六（1）班女生有 12 人，男生人数是全班人数的$\frac{3}{4}$，六（1）班男生有多少人？

（2）六（1）班男生有 36 人，男生人数是全班人数的$\frac{3}{4}$，六（1）班女生有多少人？

（3）六（1）班女生有12人，男生人数是全班人数的$\frac{3}{4}$，六（1）班一共有多少人？

（4）六（1）班一共有48人，男生人数是全班人数的$\frac{3}{4}$，六（1）班女生有多少人？

师：换成“男生人数是全班人数的$\frac{3}{4}$”后，是不是发现题目越来越难了？其实难题就是这样编出来的。不断变换条件，就会使题目越来越难，你们敢挑战这些题吗？

学生练习，教师巡视收集学生作业，展示交流：说说他是怎么想的。你喜欢谁的转化，为什么？（具体略）

师：有一个同学说，这节课这么多组题，不管哪组题，我用这4个算式（指黑板上的12×3，$3x=36$，$12\times3+12$，$3x+x=48$）全都能搞定，你们同意他说的话吗？

生：同意，因为后来每组题的关键句都是由“男生是女生的3倍”转化来的，如果把这些关键句重新转化成“男生是女生的3倍”，那么每组题都可以用这4个算式来计算了。

师：不断变换条件，就会使题目越来越难。如果你能把它改回去，还原它最初的模样，那就难不倒你了。数学无难题，关键看你能不能改回去。

评析：难题是怎么来的？改！难题怎么解？转化还原！上述环节寥寥数语道清了题目的演变及其来龙去脉，能使学生以后用新的视角审视遇到的那些“难题”，用新的思维去迎接挑战。同时，通过尝试练习与交流，学生对如何转化以及如何更好地进行转化有了更深的体会。

三、联系归纳，探寻复习真谛

教师让学生说说这节课主要复习了什么。这节课有倍数应用题、分数应用题，还有比的应用题，但为什么课题叫“倍数有关的问题”的复习？

通过交流，学生明白，其实分数、比都跟倍数有关——不到一倍说几分之几，实际就是倍；比表示几份与几份的比较，实际也是倍的关系。分数、比都可以归到倍数里面去，所以课题叫“倍数有关的问题”的复习，这些题都可以统一到一个基本的数量关系中：一倍数×倍数=几倍数。

师：不但数学，其他学科也一样，要复习的知识点很多，我们要学会将这些零碎的、繁杂的知识点进行比较、归纳、联系，提纲挈领，抓住其中最本质、最精要的东西。正如著名数学家华罗庚先生说：“书要能从薄读到厚，还要能从厚读到薄。”复习其实就是一个把书从“厚”读“薄”的过程。

题组：让复习更灵动有效

——“百分数（二）应用题”复习课教学设计与思考

教材在百分数的编排上，分为六年级上的“百分数（一）”和六年级下的“百分数（二）”。“百分数（一）”主要内容是百分数的认识以及用百分数解决一般性的问题；“百分数（二）”是在学生学习了“百分数（一）”的基础上进行教学的，主要涉及折扣、成数、税率、利率等百分数的特殊运用。所以本单元复习的要点是使学生建立“百分数（二）”与“百分数（一）”的联系，理解“百分数（二）”是百分数在不同生活场景中的运用，并理解不管百分数以哪种具体形式出现，都可以把百分数一般性问题中的等量关系迁移过来，使学生在头脑中对运用百分数解决问题形成一个完整的知识结构。那么，复习课上如何通过有效的练习，进行整体、系统、关联的复习呢？带着这样的思考，我对此课做了尝试，供大家教学时参考。

一、题组引入，回忆相关知识

1. 直接出示4个问题

提问：请你快速列出下面4道题的算式，分别说一说它们是什么类型的问题，解答时用了怎样的数量关系。

（1）某商场里一种自行车的原价是200元，如果按八折出售，那售价是多少元？

（2）某市去年小麦收成大约200万吨，今年比去年增长了一成，今年比去年多收成小麦多少万吨？

（3）某商场三月份的营业额是200万元，如果按营业额的5%缴纳营业税，这个商场三月份缴纳营业税多少万元？

（4）李叔叔3月20日把200万元钱存入银行，今年银行的年利率是1.75%，两年后他能得利息多少万元？

2. 学生独立尝试，同桌交流

（略）

3. 学生汇报，教师板书

题（1）：200×80%＝160（元），折扣问题，原价×折扣＝现价。

题（2）：200×10%＝20（万吨），成数问题，去年的收成×成数＝增加的收成。

题（3）：200×5%＝10（万元），税率问题，营业额×税率＝应纳税额。

题（4）：200×1.75%×2＝7（万元），利率问题，本金×利率×存期＝利息。

4. 沟通联系

提问：观察刚才的这4道题，它们之间有什么联系与区别？

得出结论：它们都是用百分数解决问题，都运用了单位“1”的量×分率＝分率对应量，只是应用于不同的生活场景。

5. 揭示课题

师：对，这就是我们今天复习的百分数的应用。（板贴课题）

思考：这一环节设计了具有典型性的4道题，既回顾了本单元的4个问题，又沟通了它们之间的联系，把知识连成线，使学生感悟到，这4个问题看似独立，实际上都是百分数的问题，都运用了同一个等量关系，只是应用于不同的生活场景。

二、沟通联系，构建知识网络

提问：这4个问题是我们本学期所学习的“百分数（二）”的知识，除了在这里见过百分数，我们还在哪里也学过呢？

1. 课件出示“百分数（一）”的课本内容，回顾相关知识

内容1：学习了什么是百分数。百分数表示一个数是另一个数的百分之几。

内容2：例2是已知总人数是750人，患牙病的人占总人数的20%，求患牙病的人数，也就是求一个数的百分之几是多少，运用了“总人数×患牙病率=患牙病的人数”这一等量关系。

内容3：例4是已知原图书的册数和增加的分率，求增加后的册数，运用了“单位1的量×分率=分率对应量”这一等量关系。

2. 沟通联系

提问：“百分数（二）”和“百分数（一）”到底有什么联系和区别呢？

课堂上学生通过讨论交流后明晰：

联系1：都是求一个数的百分之几是多少，都运用了“单位‘1’的量×分率=分率对应量”这一等量关系。

联系2：折扣、成数、税率、利率等其实就是百分数，应用的场景不同，名称不同。

区别：“百分数（一）”是学习百分数的意义以及基础的应用，“百分数（二）”是更深入的应用。（学生边说，教师边完善板书，图4－2－28）

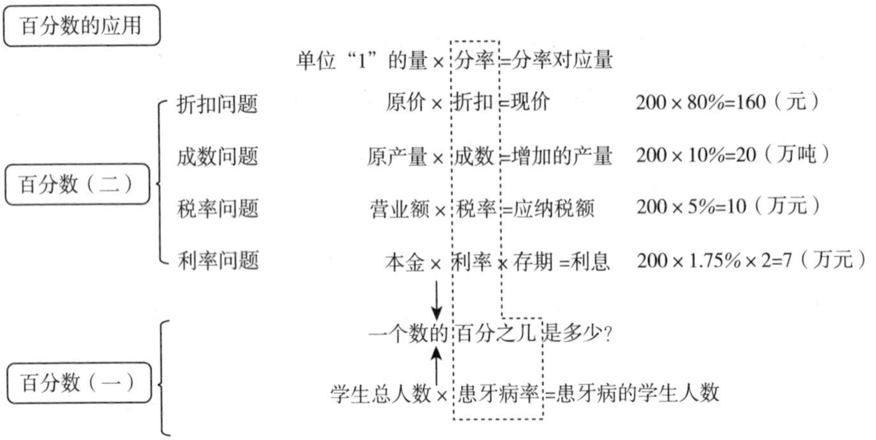

图4－2－28

3. 小结

师小结：它们都是百分数的问题，用在不同的场景之中。

思考：为什么学习了“百分数（一）”又要学习“百分数（二）”呢？它们之间到底有什么联系与区别呢？通过回顾相关知识、沟通交流，学生真切地感受到“百分数（一）”是基础，“百分数（二）”是百分数在不同生活场景中的运用。比如，在打折时称百分数为“折扣”，在农业收成时称百分数为“成数”，在纳税时称百分数为“税率”，等等。但它们都是求一个数的百分之几是多少，运用的等量关系都是单位“1”的量×分率=分率对应量，这是百分数解决问题的方法之轴，这样的对比，便于学生从本质上理解、建立百分数解决问题的模型。

三、分块延伸，深化知识体系

师：这4个问题是“百分数（二）”最基本的问题，在实际生活中，问题可能会稍复杂一些。比如，利率问题，可能会出现怎样的情况呢？

（一）利率问题

1. 课件出示4道题，写出综合算式（不计算）

（1）李叔叔3月20日把200万元钱存入银行，今年银行的年利率是1.75%，两年后取回多少万元？

（2）李叔叔3月20日把一笔钱存入银行，今年银行的年利率是1.75%，两年后他获得利息7万元，李叔叔当时存入了多少万元钱？

（3）李叔叔3月20日把一笔钱存入银行，今年银行的年利率是1.75%，两年后他共取回207万元，李叔叔当时存入了多少万元钱？

（4）李叔叔3月20日把200万元钱存入银行，存3个月的利率是1.35%，3个月后取回多少万元？

学生独立完成。

2. 汇报

整体呈现，整体汇报。

收集不同学生的作品，组织学生交流。

3. 沟通联系

提问：请你仔细观察比较这4道题，它们有什么区别和联系呢？

全班一起讨论交流，总结归纳得出：

联系：运用的等量关系相同，都是本金×利率×存期=利息，也就是单位“1”×分率=分率对应量。

区别：有些是已知本金求利息或取回多少，有些是已知利息求本金。

思考：以利率问题为例，巧设题组练习，促进学生思考、感悟实际利率问题中有些是单位“1”已知，是顺向的，有些是单位“1”未知，是逆向的，由浅入深，由易到难，让学生在对比中巩固知识，建立知识网络，并为后续学生编题做铺垫。

（二）成数问题、税率问题

1. 学生自主编题

提问：让你自己来改编问题你会吗？请你从成数问题或税率问题中选择一个改成稍复杂的题组，并写出综合算式（不计算）。

2. 独立完成，同桌交流，汇报评价

根据收集来的学生作品组织学生交流。以下面两名学生的作品为例（图 4－2－29）。

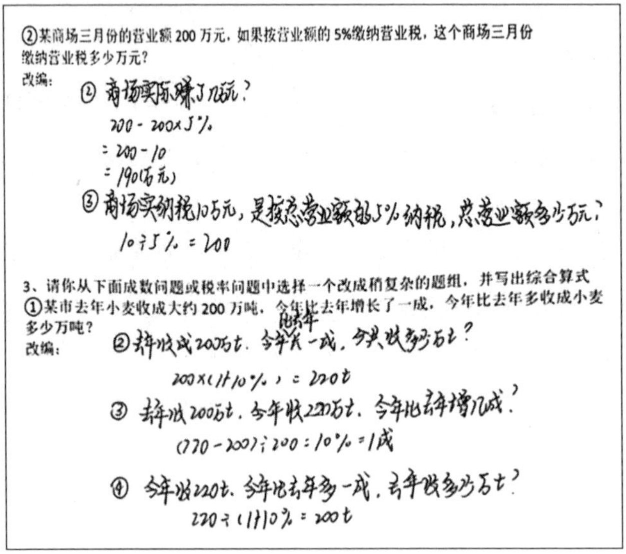
②某商场三月份的营业额 200 万元，如果按营业额的 5%缴纳营业税，这个商场三月份缴纳营业税多少万元？

改编：

② 商场实际赚了几万元？

200－200×5%

＝200－10

＝190（万元）

③ 商场实纳税10万元，是按总营业额的5%纳税，总营业额多少万元？

10÷5%＝200

3、请你从下面成数问题或税率问题中选择一个改成稍复杂的题组，并写出综合算式

①某市去年小麦收成大约 200 万吨，今年比去年增长了一成，今年比去年多收成小麦多少万吨？

改编：

② 去年收成200万t，今年比去年长一成，今共收多少万t？

200×（1＋10%）＝220t

③ 去年收200万t，今年收220万t，今年比去年增几成？

（220－200）÷200＝10%＝1成

④ 今年收220t，今年比去年多一成，去年收多少万t？

220÷（1＋10%）＝200t

图 4－2－29

师：这两名同学所编的题比较典型、全面。

学生汇报后，教师引导学生再次对比题组，从而总结出在百分数的问题中，都是运用“单位‘1’×分率＝分率对应量”这个基本的等量关系，只是应用在不同的生活场景之中，有些是顺向的，有些是逆向的。

思考：学生通过自主编题，经历从一步到两步、从顺向到逆向、从简单到

复杂的过程，学会更深入地思考，感悟到解决问题都围绕着单位“1”的量×分率=分率对应量，只是情境在变，从而形成良好的认知结构。知识的体系化，在这样的变式练习中自然生成。

（三）折扣问题

师：刚才我们把成数、税率都改成了稍复杂的问题，其实生活中的折扣问题花样更多，比如：

有3个商场卖一种自行车的原价都是200元，这个月搞大促销活动。有5个人合起来各买一辆，你觉得到哪个商场去买更合算？

甲商场推出：按八折出售。

乙商场推出：买四辆送一辆。

丙商场推出：每满400元减100元。

学生独立完成并汇报。

汇报后提问：你有什么发现吗？（折扣都是八折）那折扣是不是所有情况下都会一样呢？什么时候一样？什么时候又去哪一家呢？说说你的想法。

思考：折扣问题的类型非常多，本环节教师选择了综合性较强的一道题，在学生交流汇报后，及时引导学生对结果进行再思考，促进学生的思维发展，增强学生的应用意识。纵观整个第三环节，学生通过分块的变式练习、编题，循序渐进，使知识自然结成网。

复习课的功能是查漏补缺、沟通联系、构建知识网络，本节课以四道题为知识复习的“串联点”，通过有效的题组练习来达到这个目标。第一组练习设计了具有典型性的4道题，回顾了解决问题的基本方法，沟通了知识之间的联系；第二组练习回忆了“百分数（一）”的相关知识，使学生感受到“百分数（一）”和“百分数（二）”之间的联系和区别——“百分数（一）”是基础，“百分数（二）”是百分数在不同生活场景中的运用；第三组练习以第一组练习为出发点，起到承上启下的作用，通过题组练习和自主编题的方式，让学生经历可逆的过程，进而抽象出解决百分数问题的模型。有效的练习让整节课一气呵成，形成一个整体，达到了复习的目的。总而言之，想要有效复习，需要教师以“联系”的方式进行知识的沟通和模型的再现，找到知识的本源之处，织好知识的关联之网，练好解题方法之轴。

在联想举例中边练边理

——“比和比例”复习课课堂实录及说明

“比和比例（总复习）”是人教版数学六年级下册的教学内容，本节课的目标是通过本节课的复习使学生进一步理解比和比例的意义及基本性质，弄清两者的联系与区别，进一步理解比与分数、除法的关系，掌握求比值和化简比的方法及判断正比例、反比例的方法，能正确运用比例的方法解决实际问题。

复习好这部分的内容能帮助学生进一步理解本单元的知识概念，沟通知识间的联系，完善学生的认知结构，同时提高学生综合运用知识解决问题的能力。

本节课的内容从知识类型上看属于交叉缠绕型，即各个知识间有联系，但是又不能进行某一维度的分类。这样的知识用联想举例的方式进行复习比较合适。本节课进行了如下教学流程：揭示复习课题，回忆罗列知识；选择某一知识，展开举例联想；组织反馈交流，形成整体联系；针对重难点，提供变换训练。这样的复习方式，效果不错，现整理如下。

一、揭示课题，回忆罗列

师：同学们，今天我们来复习比和比例。（板书课题）翻一翻课本，本单元的知识点有哪些呢？

根据学生回答板书如下知识点。

比的意义	化简比	比与分数、除法的关系
求比值	解比例	比例的意义、解决问题
正比例	反比例	比例的基本性质

比的基本性质与商不变性质、分数基本性质的联系

评析：直奔主题回忆知识点，内容清晰，目标明确。

二、自主练习，联想沟通

（一）商定复习方式

（1）这么多内容，我们怎么复习？从哪儿开始复习？

（2）在联想联系中梳理比的意义。

根据板书上的“比”展开复习：看到比你想到了什么？

根据学生的回答随机板书4∶10。

师：由这个比，你又会想到什么？

① 复习什么是比、比的意义及比的各部分名称。

② 根据学生的回答随机板书：$4\div10$，$8\div20$，$\frac{4}{10}$，$\frac{2}{5}$，0.4，2∶5。

（3）根据以上回忆的材料继续引发学生联想：根据这些有联系的算式和数，你能想到哪些知识？这些知识之间又有什么联系呢？小组交流一下。

（4）集体交流中复习比与分数、除法的关系，并完成如下表格（表4－2－4）。

表4－2－4

名称	联系				
除法	被除数	除号	除数	商	商不变的性质：被除数和除数同时乘或除以相同的数（0除外），商不变
分数	分子	分数线	分母	分数值	分数的基本性质：分数的分子和分母同时乘以或除以相同的数（0除外），分数的人小不变
比	前项	比号	后项	比值	比的基本性质：比的前项和后项同时乘以或除以相同的数（0除外），比值不变

（5）初步感受复习方法。

① 师：刚才我们是怎样来复习比的意义的呢？

生1：我们先写一个比，回忆什么是比及比的意义。

生2：再回忆比与其他知识有什么联系。

生3：接着我们也可以按照刚才回忆是什么，怎么样，和谁有联系的方式进行复习。

② 总结出如图4－2－30所示的复习路径。

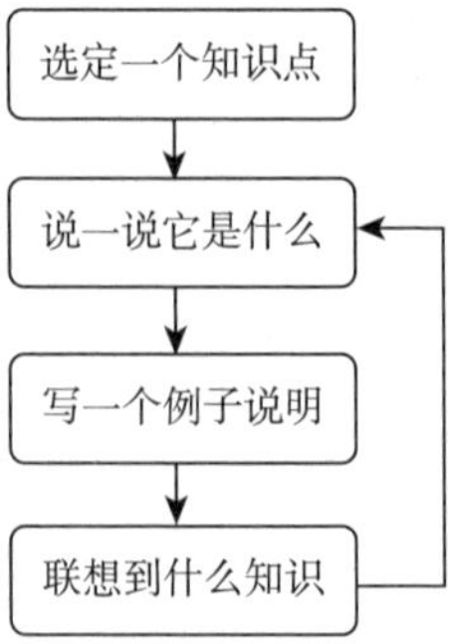

图 4－2－30

评析：这一环节，教师跟学生一起进行联想举例，复习比的意义及比与分数、除法的关系，而且一起总结出复习方法。这里的复习方法是学生自己总结的，因此在下一环节应用时学生就会得心应手。

（6）用同样的复习方法进行其他知识的复习。

师：复习了比的意义以及比与分数、除法的关系后，你们又会想到什么知识呢？

生：化简比和求比值。

（二）在联想练习中复习化简比和求比值

（1）复习化简比、求比值的方法。

分别化简下列比和求下列各比的比值。

化简比：$\frac{75}{15}$，$0.25:\frac{5}{4}$。

求比值：$\frac{75}{15}$，$\frac{2}{3}:6$。

独立练习后组织学生交流：化简$\frac{75}{15}$的结果是5∶1，求比值$\frac{75}{15}$的结果是5。

提出问题：我们在做化简比和求比值的时候，你觉得要特别注意什么？

生：化简比的结果是一个比，求比值的结果是一个数。

（2）复习课化简比和求比值后让学生进行联想使学生说出两个比相等的式子就叫比例，从而复习有关比例的知识。

（三）继续在联想中复习比例的意义、解比例

（1）提问学生：联系“比例”如何进行复习呢？

学生按上面的复习路径先回忆了比例的意义：表示两个比相等的式子叫作比例。然后学生举出两个比相等的式子 $4:10=2:5$，$2:5=8:20$，复习了比例式，在此基础上自然想到了比例的基本性质。

（2）解下列比例，并回忆解比例的方法及比例的基本性质。

$2:5=x:7$　　$0.25:y=3:7.5$

（3）跟进练习巩固易错处。

（1）如果 $3a=5b$（a，$b\neq0$），那么 $a:b=$（　　）:（　　）。

（2）如果 $\frac{2}{3}a=\frac{1}{4}b$（$a$，$b\neq0$），那么 $a:b=$（　　）:（　　）。

（3）在比例 $\frac{1}{3}:a=0.5:b$ 中，两个外项的积是最小的质数，则 $a=$（　　），$b=$（　　）。

（4）在比例 $\frac{1}{3}:a=0.5:b$ 中，两个外项的积是1，则 $a=$（　　），$b=$（　　）。

（5）在比例 $\frac{1}{3}:a=0.5:b$ 中，两个外项的积是最小的合数，则 $a=$（　　），$b=$（　　）。

评析：这一环节的复习一气呵成，是上一环节复习方法的应用。

（4）引导学生：复习了比例你又会联想到什么？

生：正比例、反比例，用比例解决问题。

（四）阶段性完善知识网络

用边联想边梳理的方式，逐步完善本节课的知识网络。（图4-2-31）

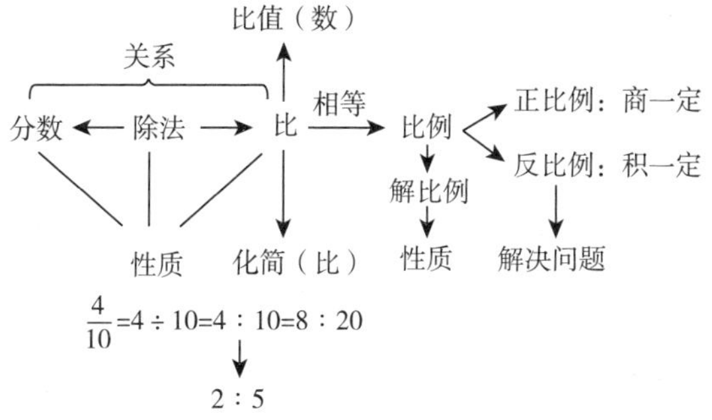

图4-2-31

评析：几个环节的自主梳理不仅使学生再次学习了每一环节的概念，知识间的联系也跃然纸上，知识结构便成了学生的认知结构，达到了沟通联系的效果。

三、在变换练习中梳理巩固

1. 继续复习用正、反比例解决问题

出示练习：

找出下列各题中相关联的两个量，并判断它们成什么关系。

（1）修路队修一条长1800米的公路，前5天修了600米，照这样计算，一共要修多少天？

（2）小明妈妈带了一些钱可以买6千克苹果，每千克5.8元；如果改为买橘子，已知橘子每千克2.9元，小明妈妈带来的钱可以买几千克橘子？

（3）学校会议室地面要铺地砖，如果买面积是25平方分米的地砖需要360块，如果买面积是36平方分米的地砖需要多少块？

评析：在判断后引导学生总结方法——关键是找出相关联的两个量，再来判断这两个量之间什么一定，从而确定这两个量之间的关系。

2. 用比例解决问题（上面3道题）

它们成什么关系，你会解答吗？独立解答以上3道题。

3. 情节变换

在解答了第（1）题后继续呈现（4）（5）两题，学生独立解答。

（1）修路队修一条长1800米公路，前5天修了600米，照这样计算，一共要修多少天？

（4）甲乙两地相距1800千米，李叔叔前5小时行驶了600千米，照这样的速度，一共要行驶几小时？

（5）王阿姨带了1800元钱买水杯，5个水杯要600元钱，照这样计算，一共可以买几个这样的水杯？

解答后比较，找出这3道题的联系，课件呈现如下：

（1）修路队修一条长1800米公路，前5天修了600米，照这样计算，一共要修多少天？

解：设一共要修 x 天。

$$\frac{1800}{x}=\frac{600}{5}$$

工作总量 ÷ 工作时间 = 工作效率（一定）

（4）甲乙两地相距 1800 千米，李叔叔前 5 小时行驶了 600 千米，照这样的速度，一共要行驶几小时？

解：设一共要行驶 x 小时。

$$\frac{1800}{x}=\frac{600}{5}$$

路程 ÷ 时间 = 速度（一定）

（5）王阿姨带了 1800 元钱买水杯，5 个水杯要 600 元钱，照这样计算，一共可以买几个这样的水杯？

解：设一共可以买 x 个水杯。

$$\frac{1800}{x}=\frac{600}{5}$$

总价 ÷ 数量 = 单价（一定）

生：数据一样，方程一样，都用正比例解。

生：数据一样，并且都是商一定。

生：这 3 道题的情境不同，第（1）题讲的是工作效率一定，工作总量与工作时间的问题。第（4）题是速度一定，路程和时间的问题。第（5）题是单价一定，总价和数量的问题。

生 4：它们讲的都是“总数 ÷ 份数 = 每份数（一定）”的问题，所以我们都可以用正比例来解决。

小结：虽然它们是不同的问题情境，但是都讲总数和份数这两个相关联的量。商一定的问题，都可以用正比例方法来解决。

评析：像这样的变换，我们通常称它为情节变换，这样的练习便于学生自主沟通知识之间的联系，形成数学模型。

4. 扩缩变换

将上一环节的第（3）题进行扩展变化如下：

（6）学校会议室地面要铺地砖，如果买面积是 25 平方分米的地砖需要 360

块，如果买面积是 36 平方分米的地砖需要多少块？

（7）学校会议室地面要铺地砖，如果买面积是 25 平方分米的地砖需要 360 块，如果买边长是 6 分米的地砖需要多少块？

第（3）题的方程是如果是 $6\times6\times x=5\times5\times360$，题目应该怎么改？请出示：

（8）学校会议室地面要铺地砖，如果买边长 5 分米的正方形地砖需要 360 块，如果买边长是 6 分米的正方形地砖需要多少块？

练后继续引导学生观察发现：

（6）学校会议室地面要铺地砖，如果买面积是 25 平方分米的地砖需要 360 块，如果买面积是 36 平方分米的地砖需要多少块？

解：设需要这样的地砖 x 块。

$36x=25\times360$

每块方砖的面积 × 块数 = 总面积（一定）

（9）学校会议室地面要铺地砖，如果买边长是 5 分米的地砖需要 360 块，如果买面积是 36 平方分米的地砖需要多少块？

解：设需要这样的地砖 x 块。

$36x=5\times5\times360$

每块方砖的面积 × 块数 = 总面积（一定）

（8）学校会议室地面要铺地砖，如果买边长 5 分米的正方形地砖需要 360 块，如果买边长是 6 分米的正方形地砖需要多少块？

解：设需要这样的地砖 x 块。

$6\times6\times x=5\times5\times360$

每块方砖的面积 × 块数 = 总面积（一定）

数据在变，解题的步骤在增加，但是它们的数量关系不变，都是讲每块方砖的面积 × 块数 = 总面积（一定）的事情。因此都用正比例的方法来解决。

评析：本环节的练习设计比较精心，精心在它的变换。第一组题在情节变换中发现正比例解决的问题特征及解决方法。第二组题在扩缩变换中发现反比例解决问题的特征。最后发现用比例解决问题的关键是找出相关联的两个量成什么关系，选用正确的方法，从而达到练中梳理的目的。

四、畅谈收获，提升认识

师：同学们，今天我们复习了什么？你有什么收获？

学生在畅谈复习中既回忆了本节课的知识，又总结回顾了联想举例、联想练习的方法，实现了知识学习与方法学习双丰收。

总之，本节课营造了丰满的数学课堂。一边联想一边举例，让学生在练习中回忆概念，矫正了易错点，在联系梳理中将知识的联系自然融为一体，建构了知识网络。学生在边理边练中一方面回忆了知识点，另一方面掌握了复习方法。整个课堂结构简单，思路清晰，学生的自主学习能力得到了充分培养。

第五章

结构化视域下“图形与几何”复习

第一节 “图形与几何”复习教学策略

在“图形与几何”的复习课设计中，首先要关注变式，凸显知识本质，在适当的基本训练后，应侧重于做足变式文章，在蕴含变化的信息中，训练学生“拨开迷雾，聚焦本质”的数学洞察力。其次要关注操作，发展空间观念。“图形与几何”的复习离不开操作，教师要组织学生运用知识、动手操作、放飞想象、提升能力。最后要关注综合促进问题解决。教师要将“图形与几何”复习的知识与其他知识进行整合设计习题，以提高学生灵活应用知识解决问题的能力。具体从以下几个层面来展开。

一、恰当制订图形与几何领域复习课的教学目标

1. 明晰“图形与几何”各领域目标

教学“图形与几何”时，教师要先把握“图形认识”“图形测量”“图形与变换”和“图形与位置”这四个模块的内容特征、价值定位及相互之间的关系（图 5 - 1 - 1）。教师要清楚每一模块的内容特征及价值定位并依此来设计教学目标。

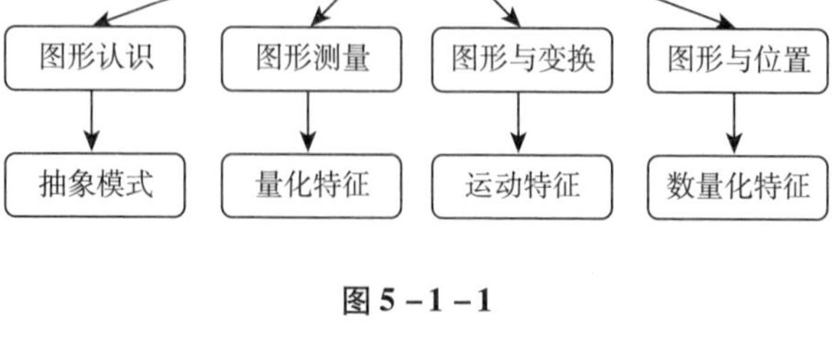

图 5 - 1 - 1

2. 确切定位“图形与几何”领域复习课每一课时的教学目标及关注点

教师要关注学生学习本课时知识的逻辑结构，关注学生学习本课时的学习起点，关注本课时学习的难点，融入自己的思考，确保教学目标的创新性。

二、精心设计“图形与几何”领域复习课的复习素材

1. 多角度收集素材

（1）收集相互之间存在联系的素材

复习“图形与几何”时，我们要善于根据知识间的内在联系，把零散的碎片化知识串成线、连成片，帮助学生形成清晰、完整的知识结构，加深学生对所学知识的理解。

例如，在不计算找体积相同的圆柱、圆锥的过程中让学生观察思考高、底和体积的关系，无形之中也培养了学生的空间想象能力。这样一组结合数形变换的材料轻易、形象地解决了教学难点。

不计算，请你在下面找出体积相等的图形，并说明为什么。

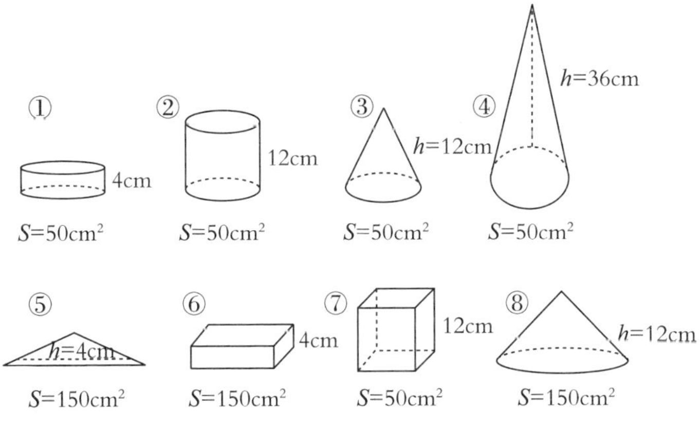

（2）收集有助于发展空间观念的素材

空间观念的培养贯穿“图形与几何”学习的全过程，无论是新授课、练习课还是复习课，都承载着培养学生空间观念的任务。在进行图形与几何的复习时要充分利用各种条件，引导学生通过观察、操作、比较及实际应用等各种活动，形成几何形体的表象，培养学生的空间观念，提高学生正确运用所学知识解决实际问题的能力，如下面一道题。

从这 4 个点中任选 3 个作为顶点，你都能画一个三角形吗？你有什么体会？

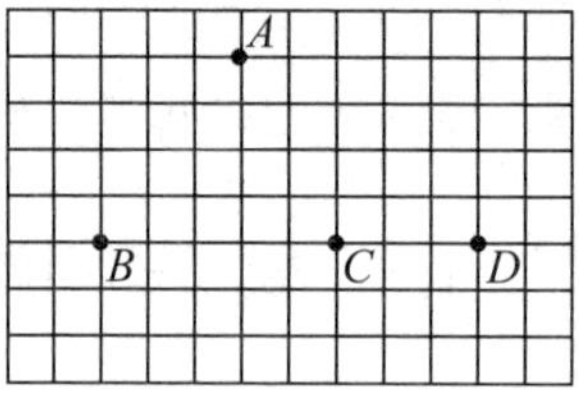

（3）收集有助于提升解题策略的素材

在复习课上应设计一些在解题策略上有多种选择、方法多样的练习题，如下面的两道题，解法一个比一个简单，一个比一个吸引学生。学生在这样的情境中能深深地感受到努力思考带来的好处。这样才能激发学生自觉积极的思考。经常这样训练，培养学生创新意识的目标才能得以实现。

在长 10 米，宽 8 米的长方形绿化区里有一些宽 1 米的小路，草地的面积是多少？

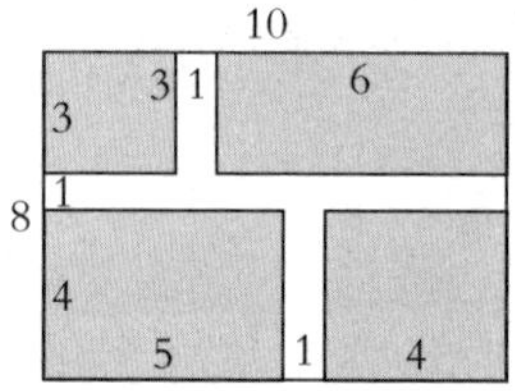

试一试：连接长方形四条边上的点，得到四边形 EFGH，求它的面积。

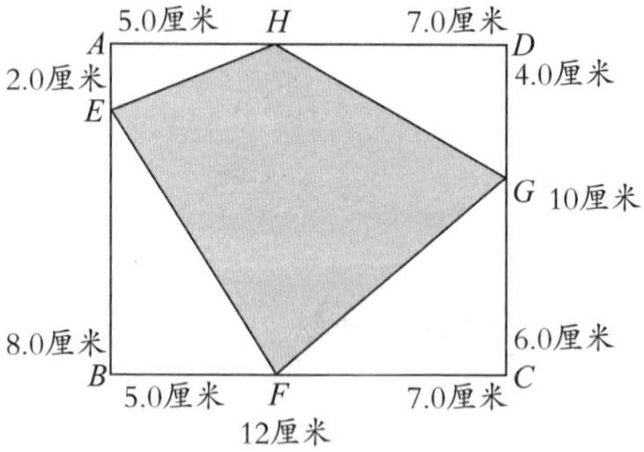

2. 多视角加工素材

（1）整合视角

整合是指将不同种类、不同性质的事物组合在一起。

学生在用一种知识解决问题时，因为指向明确、策略清晰，往往感觉容易。而当需要运用多种知识解决问题时，学生往往感觉困难。因为题中指向哪些知识，需要由学生自己决定。这些困难需要教师设计出相应的练习，让学生有机会模拟从而降低应用难度。我们组织复习课练习时，应设计具有针对性、开放性，多种知识点集中的问题，引导学生有条理、有针对性地选用相应知识解决实际问题，如下面两道题。

这是一个长方体形的物体，你觉得可能会求它的什么？如果这是一个鱼缸，那么可能会求什么呢？试着提出问题并解决。

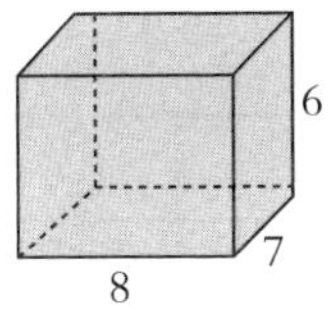

单位：分米

生活中有一个这样的圆柱形物体，我们又能解决关于它的哪些问题呢？你能仿照刚才的题目，发挥你的想象，设计一些解决实际问题的题目吗？

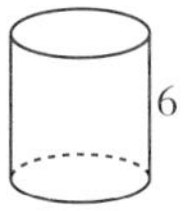

（2）运动视角

在几何图形概念的学习过程中，由于学生的思维大多是形象思维，所以外部的显性特征比内部的隐性特征对学生的吸引力更强，从而使学生所学习的东西都是表面的，并不能对几何概念的本质特征进行深刻的理解。这时教师需要进行动态化处理，将隐于表面的本质进行呈现，最终使学生对几何概念的本质有深刻的理解，如下面一道题。

先请同学们计算下面一组图形的面积，再想一想，这些图形的面积计算方法存在着怎样的联系？（单位：cm）

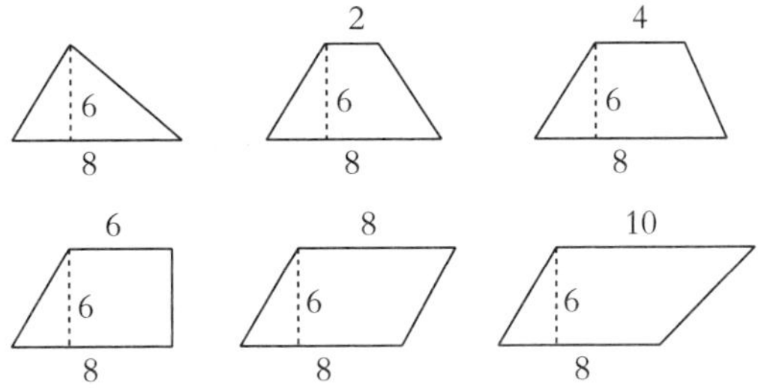

（3）想象视角

空间想象力是指人们对客观事物的空间形式（空间几何形体）进行观察、分析、认知的抽象思维能力。想象是好手段，在教学中，教师要重视在学生形成表象后发展学生的空间想象力，充分发挥学生的想象力，让学生通过有目的的想象，在头脑中清晰、准确地再现图形，从而发展学生的空间观念，如下题。

如果已知一个图形中的两条互相垂直的线段长度分别是8cm、5cm，就能计算出它的面积，你能想象出这是一个怎样的平面图形吗？请在格子纸上画一画，并计算它的面积。（格子的每一小方格边长为1cm）

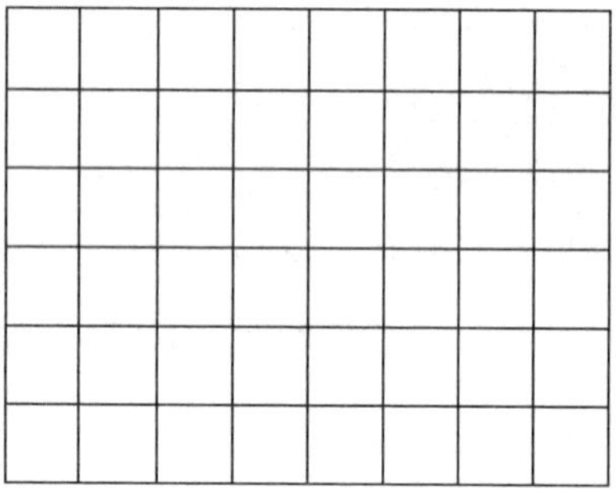

（4）开放视觉

我们可以将素材加工成条件、问题、解法、答案等具有多样性和不确定性的素材，这样的素材具有开放性、灵活性、多变性、新颖性、趣味性等特点。例如，上文中出示的一个长方体形物体，让学生想象可能会求什么，自己提出问题并解决，这是问题开放。再如，上文中让学生根据一个图形中两条互相垂直长度分别为 8 厘米、5 厘米的线段，自己想象图形并计算面积，这是解法开放。

三、总结“图形与几何”领域复习课的教学方法

1. 在知识的连接点处求同、求异、求联来梳理知识

在复习“图形与几何”知识时，我们要站在整体的视角下，引导学生抓住知识的内在联系，通过分析、比较把知识串联在一起，达到复习一点懂得一片、理解一片贯通一面的目的。

（1）抓图形要素的共性来联想梳理

组成图形的三个基本要素是点、线、面。同是点或线，在不同图形中的名称却可能不同；同为线，通过不同的组合就可构造不同的图形……分析这些要素的共性，可为我们的复习梳理提供思路。

从图中你看到了什么点？你还想到哪些数学中的点？由（　　）点，你还想到什么图形？

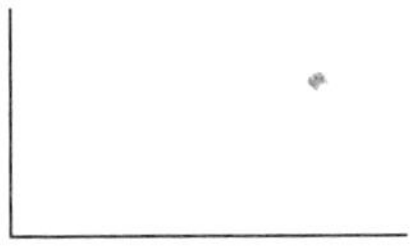

（2）抓图形特征的共性来分类梳理

每个图形都有自己的特征，这些特征中有些是独有的，人无它有；有些是与别人相同或相似的，人有它也有的……从众多特征中分析共性，也可为我们的复习梳理提供思路。

哪些立体图形可以和圆柱分为一类？比比谁的想法多。

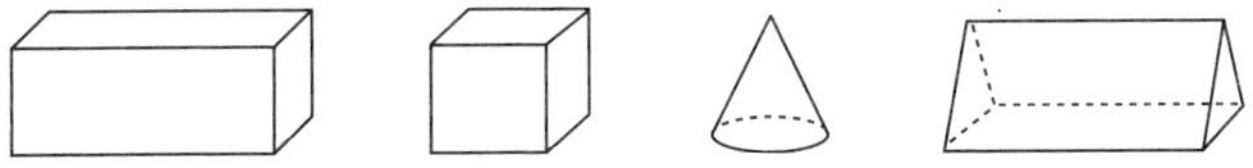

①　②　③　④

（3）抓图形特征的关系来梳理

许多图形有共同的特征，这些特征之间又有着错综复杂的联系，学生在学习“图形与几何”知识时特别难以厘清它们的关系，如果让学生通过记忆的形式学习，很容易混淆。通过分一分、理一理，学生就容易把它们之间的关系梳理清楚了。

想一想，小学六年我们学过哪些图形？在学过的图形中，你能再找出具有右图这样关系的两个或几个图形吗？把它们用这样的集合图表示出来。

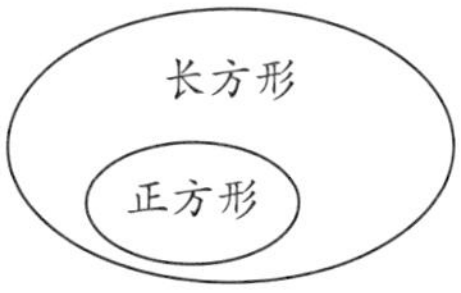

（4）抓计算方法的联系来转化梳理

图形的测量方法有着千丝万缕的联系，复习时我们要利用好关系建立起方法群，形成自己的知识结构，如图5－1－2所示。

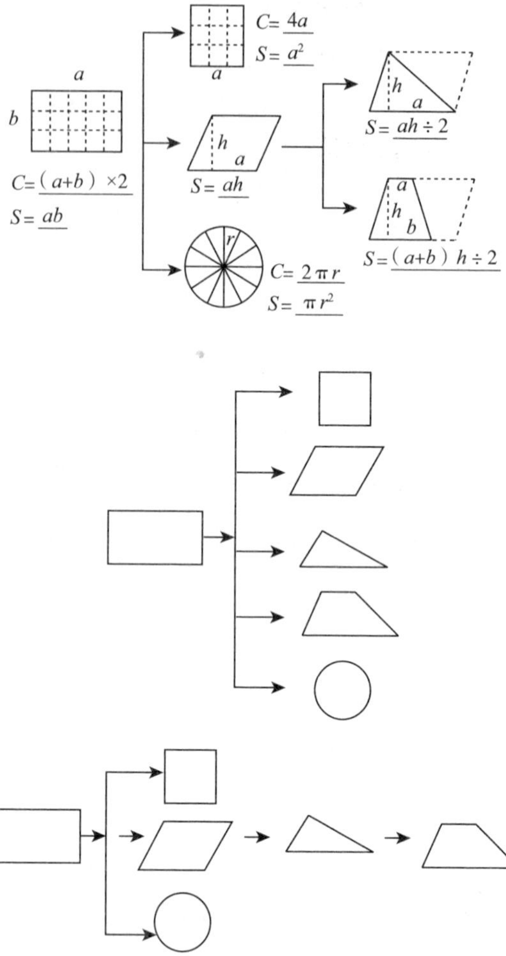

图 5－1－2

2. 在思维的生长点处求变、求联来发展空间观念

“图形与几何”教学的核心魅力在于“变”，有“变”才有“用”，有“变”才能“活”。在实施“图形与几何”复习课教学时，教师应适当设计灵活的问题变式，在巧妙的变式中，在错综复杂的变化中，培养学生研究探索问题的能力，发展学生的空间观念。

（1）在组合变换中沟通

有些习题看上去没有联系，方法与解题思路各不相同，我们通过变换想象与联想可以将它们进行方法上的沟通、思考方式上的连接，如图 5－1－3 所示。

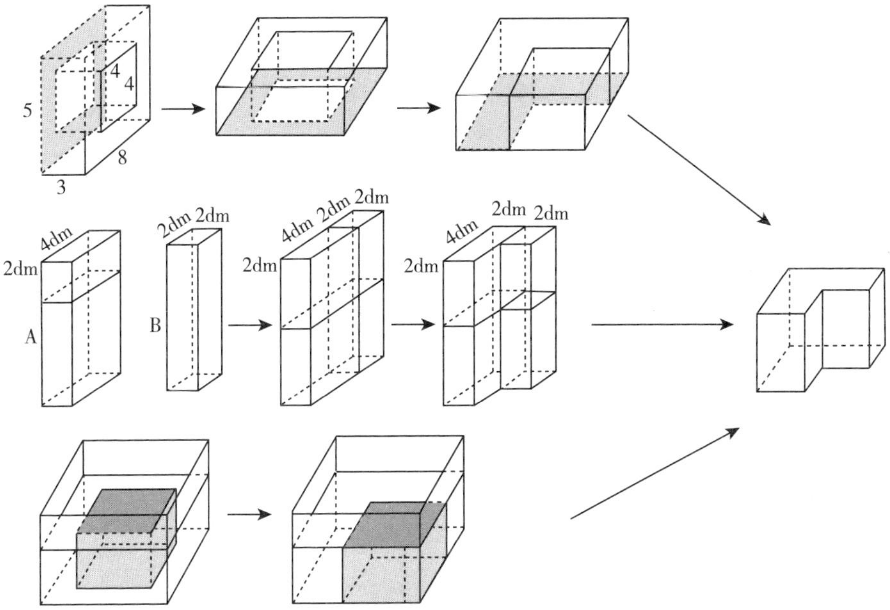

图 5-1-3

（2）在分割变换中沟通

在分割的过程中通过联想、想象问题之间的联系，让学生从同一变化方式在不同对象中的应用发现相同的思考形式与解决问题的路径，从而在变中发现不变的思想，让方法融会贯通，如下题组。

① 一个长方体，如果加了 2 厘米就变成一个正方体，表面积增加了 56 平方厘米，原来长方体的体积是多少立方厘米？

② 一个长方体，如果锯短 2 厘米就变成一个正方体，表面积减少 56 平方厘米，原来长方体的体积是多少立方厘米？

③ 一个长方体，长 2 米，如果锯短 4 厘米，体积减小 56 立方厘米，原来长方体的体积是多少立方厘米？

（3）在“形体互逆”中发展

“形体互逆”指通过想象建立可逆的“形”“体”关系，建立空间观念，使学生能根据物体特征抽象出几何图形，还能根据几何图形想象出所描述的实际物体，能在“形”与“体”之间建立可逆的转换关系，实现“三维”和“二维”间的自由转换，如图 5-1-4。

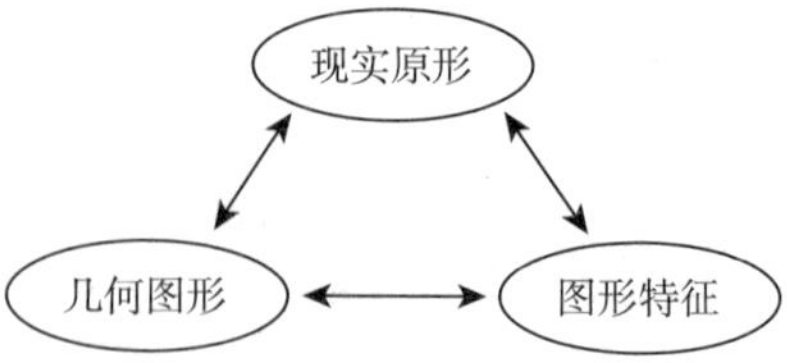

图 5－1－4

（4）在联想想象中发展

想象活动是培养空间观念的重要途径，教师在“图形与几何”领域的教学过程中，要经常在观察、操作活动的基础上给学生提供想象活动的空间。想象的形式可以是由操作到想象、用语言描述来想象、从想象到想象。

3. 在解决问题处求策略的多样化来提升能力

（1）方法策略多“见面”

测量计算的方法很多，要让学生合理灵活运用。我们要让学生多接触方法策略，学生有过练习的经验，才能在下次的情境中合理选择。常用的方法策略如图 5－1－5 所示。

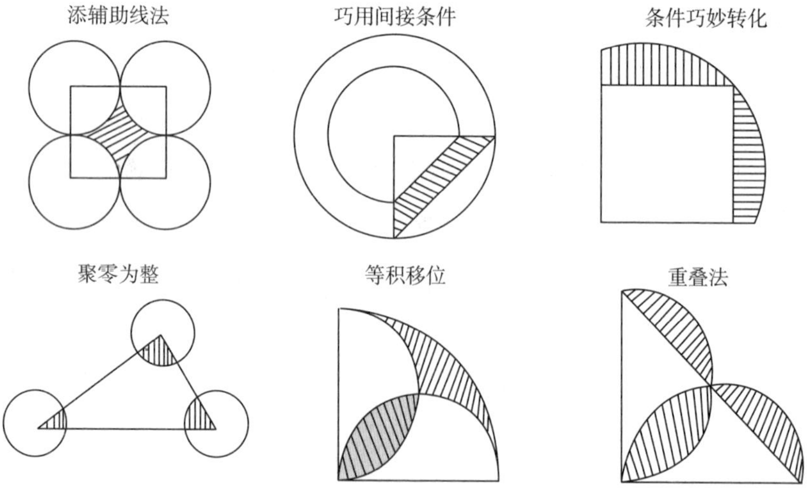

图 5－1－5

（2）方法策略的综合运用

许多时候解决问题要综合运用多种策略，这就要求我们设计综合运用的素材加以训练。

大长方形中的阴影部分是一个正方形，求整个大长方形的周长是多少厘米。

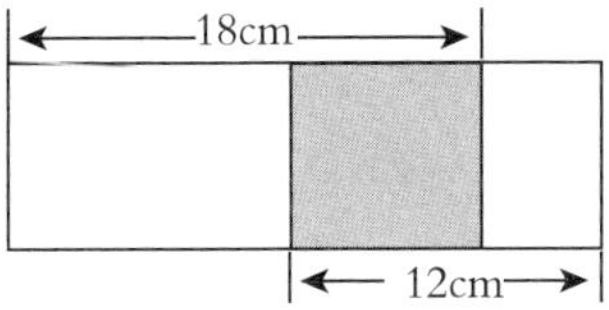

学生若能通过想象，描述出把“18”和“12”各自包含的重复的那条线段（正方形边）看作大长方形的宽，则能轻易求出大长方形的周长为（18 + 12）×2。这就综合考查了学生较高水平的观察、平移、想象、周长公式运用等多种策略的运用。

（3）方法策略的自主迁移

我们要引导学生感悟解决问题策略方法的形成过程，获得迁移性的数学活动经验。学生只有掌握了迁移的方法、策略，才能将思想迁移到新知识学习、新问题探索之中。

总之，复习时只有在不断的应用与选择中积累活动经验，自主复习才会成为可能。

第二节　“图形与几何”复习课教学案例介绍

创设自主整理路径　精心组织梳理交流

——六年级下“平面图形的认识总复习”教学实录与评析

六年级下“平面图形的认识总复习”所涉及的知识点非常多，内容包括小学阶段的直线、射线、线段、两条直线的平行与垂直、角，以及三角形、四边形、圆等平面图形的概念、特征、关系等。因为内容较多，所以大部分教师在复习时采用的是问答式的方法去介绍、罗列知识点，虽然面面俱到，但学生趋于被动回忆，做不到自主梳理。即便有教师采用开放的形式让学生自己先梳理，结果学生又无从下手，即使学生有梳理，也只是罗列图形名称而已，梳理的效率不高。通过分析这些问题，我们觉得“平面图形的认识”的复习应该回归到图形的形成角度去思考，图形的形成是从点到线、从线到面、从面到体的过程。同时，我们认为小学所学的平面图形可以按一条线、两条线、三条线、四条线……构成的图形进行复习，如一条线就有线段、直线和射线，甚至是曲线（圆）等；两条线构成了平行、垂直、角等。由此，我们创设了表 5－2－1，让学生课前根据这张表的提示做好预先梳理，课上再组织学生交流梳理。我们几次在不同班级试教都收到了理想的教学效果，现把教学过程简要整理如下，供大家复习时参考。

表 5－2－1

<table>
<tr><th>分类</th><th colspan="2">你想到哪些图形</th><th>它们各有什么特征</th><th>写写或画画它们的关系</th></tr>
<tr><td>一条线</td><td colspan="2"></td><td></td><td></td></tr>
<tr><td>两条线组成的</td><td colspan="2"></td><td></td><td></td></tr>
<tr><td rowspan="3">三条线组成的</td><td rowspan="2">三角形</td><td>可以分成：</td><td rowspan="2"></td><td rowspan="2"></td></tr>
<tr><td>也可以分成：</td></tr>
<tr><td colspan="2">你还想到什么图形？</td><td></td><td></td></tr>
<tr><td>四条线组成的</td><td colspan="2"></td><td></td><td></td></tr>
</table>

一、揭示课题，明确复习目标

师：这节课我们来复习平面图形的认识。小学阶段我们学过的图形很多，课前老师发给大家一张表格（投影上呈现一张空白表格），要求大家按一条线、两条线、三条线、四条线的思路去回忆整理我们学过的图形，并从它们的名称、特征、关系三个方面去整理。（教师随手在黑板的相应位置板书出以上关键词）

教师在投影仪上逐一播放部分学生整理的表格，并向学生指出：课前我看了同学们的独立整理，都很认真，这是我从同学所填表格中选取的一部分，有的写的内容相同而写法不同，有的写的内容不同，各有差异。这节课我们就要在同学们独立整理的基础上继续整理。

二、组织交流，分步梳理知识

1. 呈现学生由一条线所想到的整理作品，并组织质疑交流

教师先呈现第一个学生的作品（图 5－2－1）。

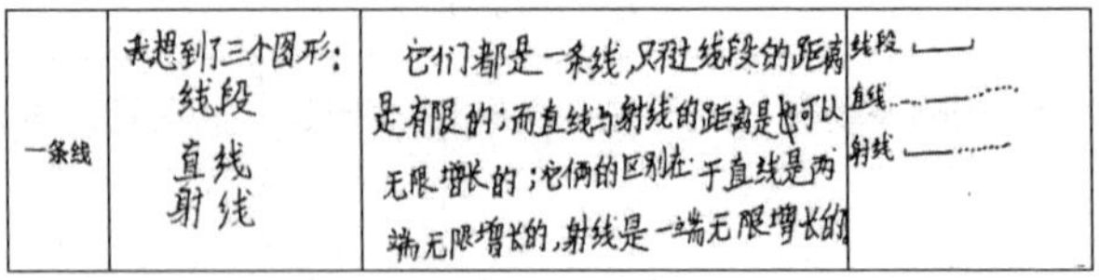

图 5－2－1

师：这名同学想到了线段、直线、射线，先来看一看他写出的三种线的特征，你们有什么意见吗？

生 1：我觉得他写的“直线与射线的距离是可以无限增大的”这里的“可以”两个字要拿掉，因为这两种线一定是无限延长的。

师：你们觉得有道理吗？（学生都赞同）再来看一看这名同学画的图，你有什么意见吗？

生 2：我认为他画的图不够好，他的点点（省略号）表示延长，不能画弯了。

教师问画的学生：是呀！直线与射线都是直的线，你为什么画弯了呢？

生：我的意思是直的，由于没有用尺子，所以画弯了。

师：他知道直线向两端直直地延长，射线向一端直直地延长，由于没用工具，所以画弯了。这名同学心里想得很清楚，这是最重要的。他的梳理只要把“可以”两个字去掉，把线画得直直的就更好了。

接着教师呈现第二个学生的作品（图 5－2－2），让学生观察。

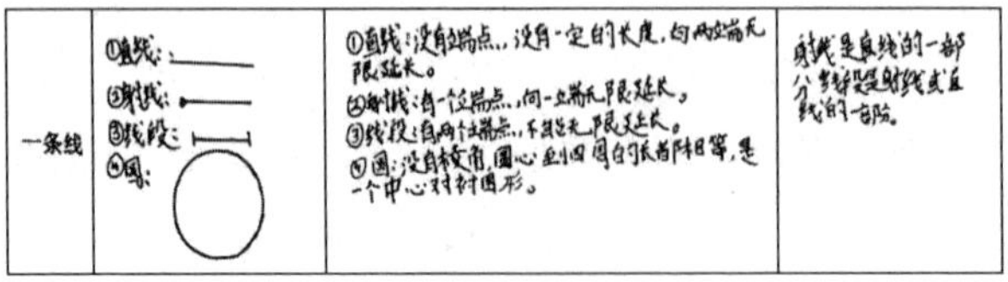

图 5－2－2

师：这名同学与上一名同学的梳理又有什么不同呢？

生 1：这名同学增加了“圆”。

教师问画的学生：你为什么把圆也放入一条线来思考呢？

生：我觉得圆可以看成由一条曲线围成的。（这时其他同学都表示赞同）

师：那好，你们再仔细看看他所写的内容，有什么话想说吗？

生2：我知道圆是轴对称图形，他写的是中心对称图形。

师：你们觉得呢？（这时有部分学生表示两种写法都正确）

师：圆是轴对称图形肯定正确，实际上圆也是中心对称图形，只是在我们小学里还没介绍什么叫中心对称而已。这名同学写了中心对称应该怎样？（这时全班学生以掌声表示赞同）

师：“关系”这一栏是同学们在整理的时候觉得最难的地方。我们看以上这名同学的整理，他说“射线是直线的一部分，线段是射线或直线的一部分”，大家同意吗？

生：同意，因为直线可以向两端无限延伸，射线只能向一端无限延伸，所以射线是直线的一部分；线段不能向两端无限延伸，所以线段是射线或直线的一部分。（这时学生纷纷表示认同）

师：那你们觉得射线长还是直线长？

生：直线长，因为直线可以向两端无限延伸，射线只能向一端无限延伸。

师：那射线有多长？直线又有多长？

生：都是无限长。

生：老师，我觉得射线和直线的长度不能比较，因为它们都是无限长。

师：既然它们都是无限长，是无法比较出它们长短的。那你们觉得“射线是直线的一部分”这个说法合适吗？

生：不合适，但是说“线段是直线或射线的一部分”是可以的。

师：大家同意吗？（这时学生都表示赞同）

评析：由于学生之间的差异，他们整理的情况各种各样，如何针对学生的整理情况在课堂上进行有效的反馈引导，是本课教学的一个难点。教师考虑到由一条线所构成的图形还是比较简单的，所以就选择了两个有代表性的整理情况，让学生从中提出一些想法，通过这样的质疑交流过程进一步实现对线段、直线和射线的深入认识。对于学生写到的“射线是直线的一部分”，大多数学生都认为很有道理，如果教师直接说这种说法是错误的，学生是不会接受的，所以在这里教师采用比较巧妙的反证对话方式，向学生提出：你们觉得射线长还是直线长？射线有多长？直线有多长？既然它们都是无限长的，是无法比较它们的长短的，那你们觉得“射线是直线的一部分”这个说法合适吗？几个问题逻辑严密、步步推进，不但暴露了学生的问题，又使学生明白“射线是直线的一部分”的不合理性，促进了学生对射线、直线特征的理解，也使学生的思维得到训练。

2. 呈现学生由两条线所想到的整理作品，并组织质疑交流

教师出示四名学生的整理作品（图 5－2－3），先一张一张放大呈现，让学生静静地看，思考：他们想到了什么图形，写了什么特征、关系？

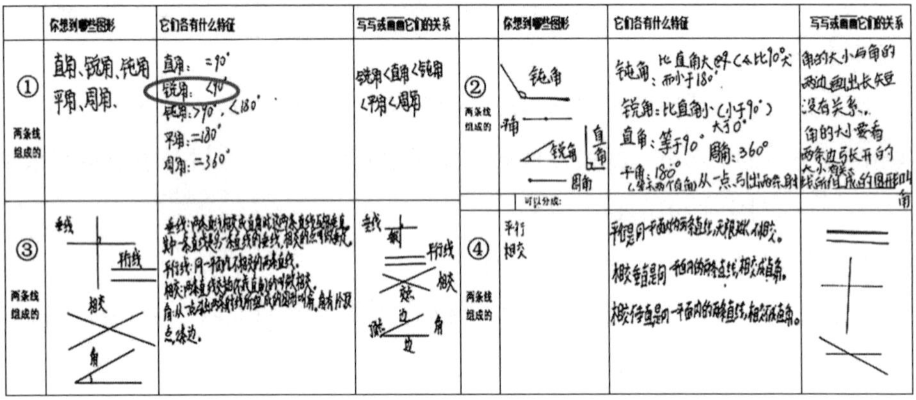

图 5－2－3

交流时教师将 4 个作品放在一起呈现，让学生说说这些同学想到了哪些图形。学生看到第三、第四两名同学想到了由两条直线构成的两线关系，即一般的相交和特殊相交（垂直）、不相交（平行）；另外两名同学想到由两条射线构成的各种角。［教师根据学生的观察、交流，及时板书（平行、相交、垂直、角），并及时纠正第一名学生写的锐角的度数要大于 0 度而小于 90 度］

接着教师提出：你们能看懂第一个同学和第二个同学整理的图形关系吗？

生：第一个同学写了这些角的大小关系，而第二个同学把角的大小与边的长短无关写出来了。

师：第三个同学与第四个同学写的图形特征，你们能看懂吗？

学生表示看懂了，这时教师在投影上又出示图 5－2－4，并提出：你能否判断出每幅图中的两条线是否互相平行？

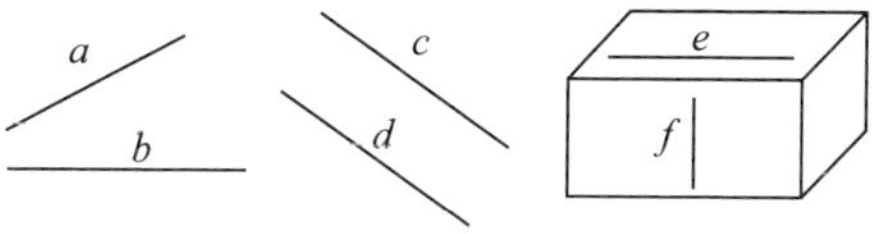

图 5-2-4

生：直线 a 和 b 是相交，直线 c 和 d 是平行，直线 e 和 f 既不平行也不相交。

师：为什么说直线 a 和 b 是相交呢？

生：因为直线可以向两端无限延长，这两条直线延长后会相交。

师：那你怎么知道直线 c 和 d 延长后不会相交？（学生沉默）可以用什么方法验证？

生：可以在两条平行线之间画几条垂直的线段，看看这些线段的长度是不是相等。

这时课件呈现几条垂线段，量出它们全都相等，引出这是根据“平行线之间的距离处处相等”来验证的。

师：直线 e 和直线 f 肯定永远不会相交，怎么又不是平行的呢？

生：平行要在同一平面内，因为这两条线不在同一平面内。

生：同一平面内，不相交的两条直线才叫平行线。

在交流垂直的特点时，引出“垂直是特殊的相交”的关系。在交流角的大小关系时，教师又肯定了第一个学生用排列大小的方法表示关系，同时通过排列，进一步明确五种角的度数及度数范围。

最后，教师手指第二个学生整理的平角、周角图形问学生：平角就是一条直线对吗？

这时有许多学生认为是对的，这时教师又指出：什么叫角？请你在图上指出角。

学生通过在图上直观地表示角后，明白角的特征：不管什么角，都是由一个顶点引出两条射线组成的图形。

评析：以上环节教师继续针对由两条线组成的图形的名称、特征、关系进行观察、质疑、交流、补充，并注意让学生对知识中的关键点、模糊点、易错点进行梳理。例如，教师在这里提出“这些图形是由两条什么线组成的?”帮助学生抓住图形的本质。在利用学生呈现的图形的同时，教师增设了三组图，让学生针对每个图中的两条直线判断是否平行，从而更加完善了学生对平行、相交概念的理解。

3. 呈现学生由三条线所想到的整理作品，并组织质疑交流

教师出示四个学生整理的作品（图 5 –2 –5），先一张一张放大呈现，让学生静静地看。交流时将四张放在一起呈现。

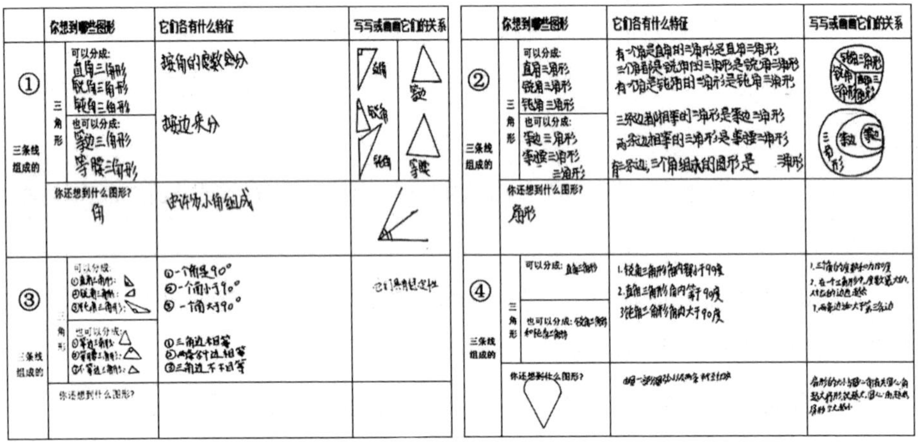

图 5 –2 –5

师：在这四个同学所想到的图形和图形特征中谁整理得更好一点呢?

生 1：我觉得第二个同学写得最好。他把三角形按角、按边分得很清楚，特征写得也很具体。而第一个同学在按边分时没有把一般三角形写出来。

生 2：第一个同学还想到由三条射线所组成的图，第二个同学和第四个同学还想到了扇形，而我都没有想到，只想到了三角形。

师：是啊！由三条线构成的图形其实还有很多，这几个同学给我们提供的这两个图形非常好。为什么说扇形可以看成由三条线围成的呢?

生 3：扇形是由两条半径和一条曲线围成的。（师：这条曲线又叫作弧）

生 4：第三个同学在三角形的整理中把图形都画上了，而在说特征时对于锐角三角形应该写三个内角都小于 90 度。

师：在“写写或画画它们的关系”这一栏中又是哪个同学整理得更好一些?

这时全体学生都赞同第二个同学的图。教师再次强化了三角形两种分类方法用图表示的区别。

教师又提出：第三个同学在“写写或画画它们的关系”一栏虽然没有写，但他写了“它们具有稳定性”，这给我们补充了一个知识——“三角形的稳定性”。

教师又提出：第四个同学在“写写或画画它们的关系”一栏中也没有写各种三角形的关系，但他写了什么呢？

生：他写出了三角形三边的关系。

师：是啊！实际上三角形的任意两边之和大于第三边。

教师接着问：实际上三角形三个内角还有一个知识大家都没有写出来，你们应该知道是什么。

生：三角形三个内角和等于180°。

评析：我们让学生整理由三条线构成的图形，重点是想让学生回忆三角形有关的知识。从学生预先整理的情况来看，大部分学生都能整理出各类三角形及它们之间的关系。也许是我们设计的表格的原因，要学生写出三角形的三边关系，以及三角形内角和等其他知识的可能性不大。因此，教师有意识地呈现了第三个同学和第四个同学的作品，通过以上反馈评价来促使学生把相关的知识很好地带出来，达到了较好的回忆与整理的效果。

三、增设练习，加深理解概念

师：根据课前和课中学生的整理，我分别针对由一条线、两条线、三条线构成的图形，设计了以下练习，请大家以最快的速度解答一下好吗？（投影呈现下面题组）

下面的七句话都是错误的，请你在括号里分别写出它们的错误原因。

① 用放大镜看一个角，这个角就会变大。（　　）

② 一条直线长5千米。（　　）

③ 有一个角是锐角的三角形是锐角三角形。（　　）

④ 不相交的两条直线叫作平行线。（　　）

⑤ 把一个大三角形分成两个小三角形，每个小三角形的内角和是90°。（　　）

⑥ 一个等腰三角形，其中两条边长分别为8厘米和4厘米，这个等腰三角

形的周长是16厘米。(　　)

⑦ 一条凳子的两只脚松动，凳子在摇晃。小明在两条凳脚之间钉了一条横档（下图），他说这样凳子的两只脚一定不会摇晃了。(　　　　　)

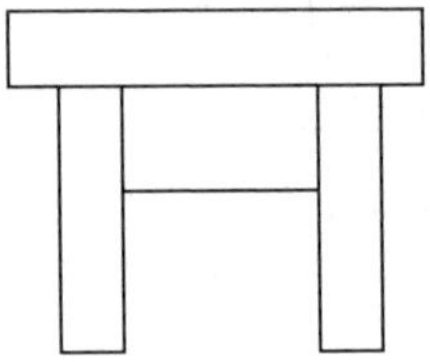

评析：以上这七句话都是围绕本课所整理、交流的知识给出的，也是学生平常最容易产生混淆、出现错误的。因此，教师在本课知识的梳理后及时让学生进行改错，关键是让学生写出错误的原因，这样显然对进一步澄清概念起到了很好的作用。例如，以上的第③小题，学生会改为三个角都是锐角的三角形是锐角三角形。我们还可以在评讲时让学生说出“最大的一个内角是锐角的三角形是锐角三角形”，并让学生进一步说一说为什么。这不仅又一次结合了三角形内角和的知识，而且提高了学生的推理能力。再如，以上的第⑥小题考查学生对三角形三边关系的灵活运用。

四、总结反思，提升学习能力

纵观全课，之所以能达到比较理想的教学效果，关键在于课前的表格设计。平面图形虽然多，但也有构成的特点和规律。我们就是抓住这样的特点，按一条线、两条线、三条线、四条线所构成的图形层次，让学生从图形的类型、特征、关系进行梳理，使梳理后的知识更加清晰。另外，能达到这样的教学效果还取决于教师课堂上对素材的选择和评价过程的把握。课中教师精心选择了学生整理的典型素材（有整理得比较好的，有比较有个性的，也有出现错误的），利用投影尽量展示学生更多的整理结果，并尽量采用整体对比的方式，引导学生自主评价交流，从而让学生对概念做进一步梳理；同时，通过一些知识的适当联想，并结合相关问题的思考，提高了学生复习整理和思维推理的能力。

创设素材促想象　动态变化拓思维

——“平面图形的周长和面积”复习课教学实录与评析

本课是六年级总复习的一个内容，要求针对长方形、正方形、平行四边形、三角形、梯形和圆这六个基本图形的周长和面积的计算进行一次整理复习。通常教师在复习这一内容时都比较关注对公式的整理和对推导过程的回忆，并且许多教师认为，通过复习，只要让学生能熟练地计算出它们的周长和面积就可以了，忽视了对学生空间想象能力的培养。因此，我们为了上好这节复习课，课前对两个班 94 名学生进行了一次平面基本图形计算能力的调查，发现有 93.6% 的学生能熟练地运用公式进行计算。所以我们在思考：如果在复习时再一味地重复已知相关边的长度，运用公式去计算面积，学生一定会感到枯燥，其思维能力也无法得到进一步提升。我们认为，在复习这部分内容时，教师除了引导学生自己去梳理计算方法和回忆公式的由来之外，更重要的是通过这部分知识的复习，让学生进一步提升思维想象能力，提高解决问题的能力。出于这样的思考，我们对本课的复习素材做了改变，采用的主要方法是给学生提供图形中部分线段的长度，要求学生从这些线段逆向地去想象应该是怎样的平面图形。通过实践，我们获得了很好的教学效果，现把过程整理如下，供大家教学时参考。

一、回忆公式，思考方法由来

1. 回顾整理

教师让学生针对教材（人教版）中的图，写出各图形的周长和面积的计算公式（用字母表示），并想一想书上“小精灵”给大家提出的问题：这些计算公式是怎样推导出来的？它们之间有什么联系？

当学生经过思考写出公式后，教师先在投影上呈现出图 5－2－6，让学生对照检查；接着让学生针对“小精灵”提出的问题，在小组内交流自己的想法。

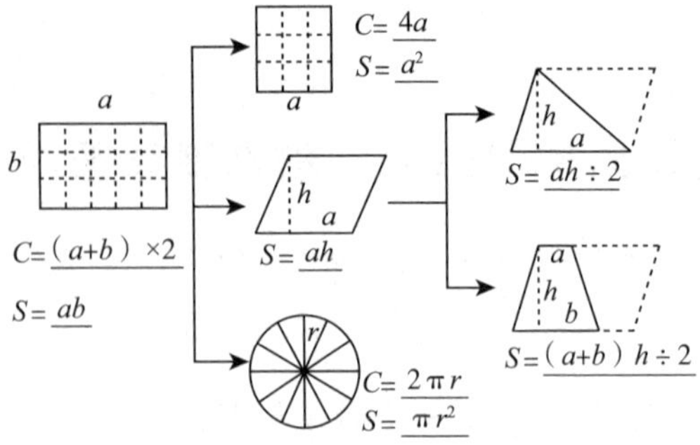

图 5－2－6

教师根据学生的交流，组织反馈评讲，使学生进一步理解这几个图形，每个图形的周长就是各条边的长度相加的和，而圆的周长是这个圆的直径的π倍。对于面积公式的推导，教师根据学生的回忆表述，借助媒体动态演示，帮助学生回忆面积公式的推导过程以及图形之间互相转化的联系。（过程和图示略）

2. 基本练习

计算下面各图形的周长和面积。

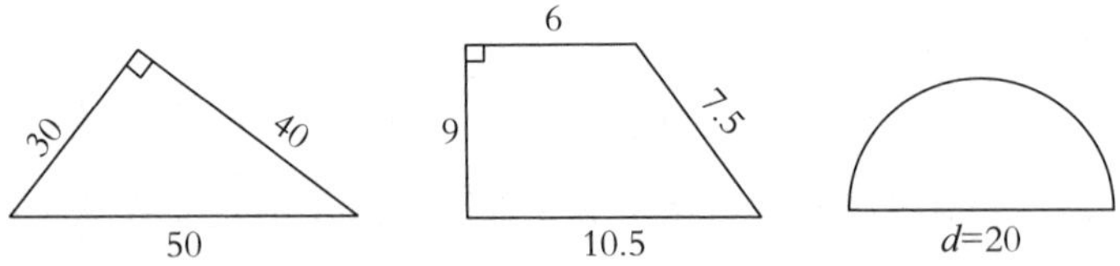

（学生计算和反馈评讲过程略）

评析：在以上的教学过程中教师先让学生独立思考，再组织学生小组交流梳理。接着，教师根据学生的回忆表述，配合投影的演示，直观地揭示了图形与图形之间的转化过程，使学生进一步理解每一个图形面积计算方法的由来。当学生完成公式的梳理后，教师马上让学生分别计算直角三角形、直角梯形和半圆的周长和面积。显然这三个图形也刚好弥补了上图中没有出现的图形的周长计算公式。学生通过这三个图形周长的计算，进一步明确了图形的周长计算无须死记公式，而是要根据图形的特点和各边的长度灵活运用计算方法。

二、巧设素材，想象图形计算

1. 引发第一次想象

师：通过刚才的回忆和计算，我知道同学们对这些基本图形已知相关边的长度，计算它们的周长和面积都比较熟练了。下面我们来一次思维的逆向挑战，好吗?

学生异口同声回答：好的！（此刻学生情绪高涨）

师：现在先不告诉你们是什么图形，而只告诉你们已知这个图形的几条线段的长度，就能计算出它的面积。请大家拿出预先发的练习纸，先独立完成“思考一”的想象，再在小组内交流。

思考一：

如果已知一个图形中两条互相垂直的线段长度分别是8厘米、5厘米，就能计算出它的面积，你能想象出这是一个怎样的平面图形吗？请在格子纸上画一画，并计算它的面积。（注：格子的每一小方格边长为1厘米。）

当学生明白要求后，很快就进入了想象和思考。教师在巡视中发现大部分学生先想到的是长和宽分别是8厘米、5厘米的长方形，或者是直角边分别8厘米、5厘米的直角三角形；还有部分学生想到了底是8厘米、高是5厘米的其他三角形。

这时，教师利用投影展示部分学生的作品，确认学生所画的图形的确能通过这两条互相垂直的线段，计算出它的面积。接着教师向学生提出：除了长方形和三角形之外，你们还能想象出其他图形吗?

此刻学生又一次静悄悄地思考着，又过了几分钟，有许多学生想到了平行四边形。

教师又利用投影展示学生的作品，确认这些平行四边形的面积都是$8\times5=40$（平方厘米）。

接着教师又提出：除了三角形、平行四边形之外，你还会想到什么图形呢?

学生又一次进入了沉思，在学生疑惑之时，教师在黑板上画了两条互相垂直，而垂足不在线段的端点上的线段。学生看到此图豁然开朗，他们在格子纸上马上画出了如图 5－2－7 所示的四边形，并且很快计算出了这个四边形的面积 $8\times3\div2+8\times2\div2=8\times(3+2)\div2=20$（平方厘米），发现这个四边形的面积与以上想到的所有三角形的面积是相等的。

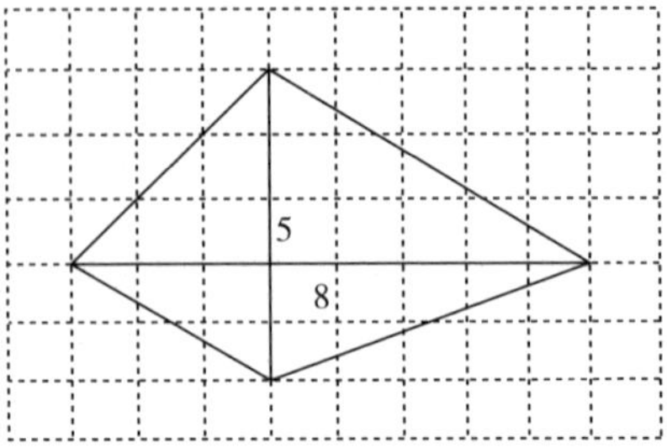

图 5－2－7

接着教师利用投影仪，先呈现一个底是 8 厘米，高是 5 厘米的三角形，并向学生提出：你们能继续想到与这个三角形面积相等的三角形吗？你们是通过怎样的方法想到的？

学生再一次小组交流后，教师组织反馈评讲、演示。

生 1：我是把三角形的一个顶点平移，就想到许多面积相等的三角形了。

生 2：我把三角形 5 厘米的高进行平移，每移一次就得到一个三角形，这样可以得到无数个面积相等的三角形了。

教师根据学生的想象描述，在投影上演示（图 5－2－8）。图形的动态演示，使学生进一步理解同底、等高的三角形有无数个。

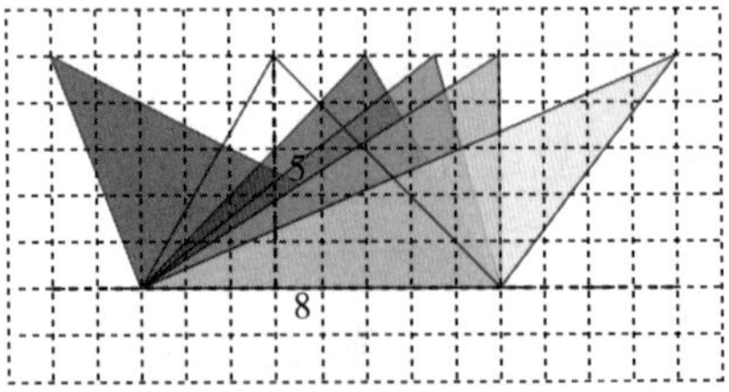

图 5－2－8

然后教师以同样的方式，引导学生对同底、等高的平行四边形做出想象变化（图 5－2－9）。

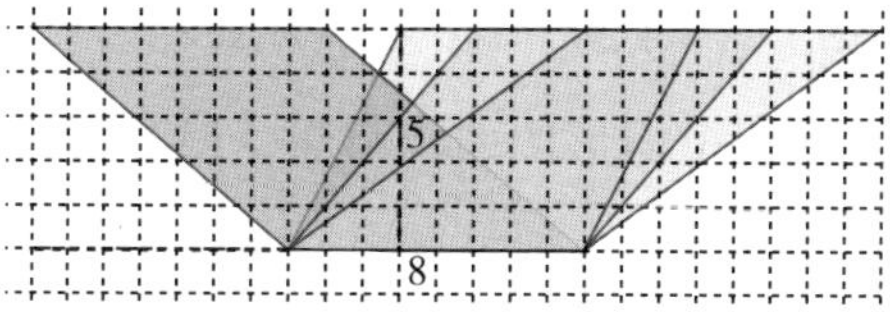

图 5－2－9

再接着教师出示两条对角线互相垂直的四边形，如图 5－2－10 中的图形①，并提出：观察这个四边形，你还能想象到更多的面积相等的四边形吗？你是通过什么方法想到的？

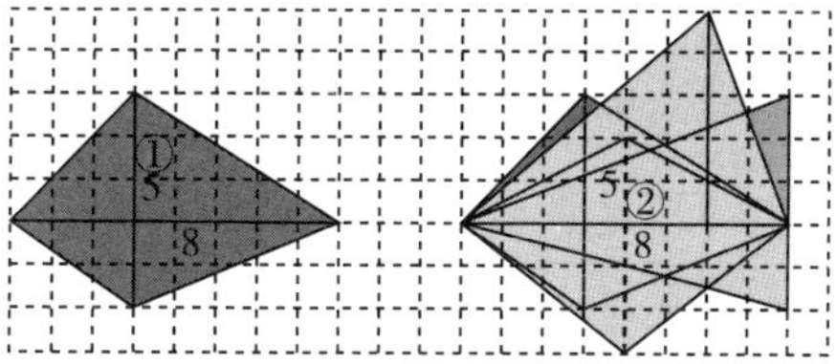

图 5－2－10

学生再一次小组交流后，教师组织反馈评讲、演示。

生：我把垂直于 8 厘米的这条线段做上下、左右平移，就会得到许多与图形①面积相等的四边形。

教师根据学生的描述，利用投影做出动态演示，如图 5－2－10 中的图形②。

学生观察以上的动态演示，又领悟到了面积相等的四边形也有无数个。在观察中，有细心的学生还发现，当这条 5 厘米的线段平移到在端点垂直时，刚好这个四边形变成了三角形了。

接着教师投影展示出图 5－2－11 中含有上、下两个平行四边形的图形，让学生计算这个图形的面积。

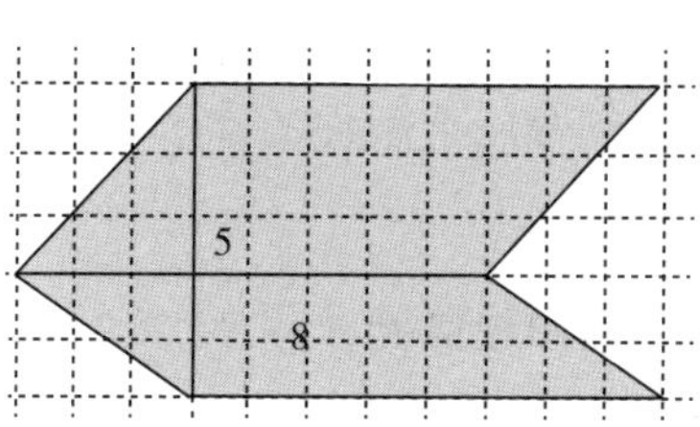

图 5－2－11

生：8×3+8×2=8×（3+2）=40（平方厘米）。

通过计算，学生发现这个图形的面积与底、高分别是8厘米、5厘米的一个平行四边形的面积是相等的。教师继续引发学生想象，并再次利用投影的动态演示，使学生观察验证自己的想象——像这样的图形也有无数个。

接着教师借助投影，呈现以5厘米的线段为底，8厘米的线段为高的三角形和平行四边形，以及其他图形，并进行一定的动态演示，让学生再次观察。

评析：这一环节，我们给学生提供的条件只是已知长度且互相垂直的两条线段，并且通过这两条线段就能计算出这个图形的面积，要求学生把符合这样条件的图形重新想象出来，画在格子纸上。显然这样的想象素材不仅仅是让学生再次计算这些图形的面积，更重要的是让学生在想象中再次认识到计算这些图形面积的相关条件，同时梳理出同底、等高的三角形或同底、等高的平行四边形都有无数个。学生在想象中还延伸到对角线互相垂直的四边形，并且知道这样面积相等的四边形也有无数个。我们采用这种想象方式的主要目的是给学生创设更大的思维空间。学生通过对图形动态的想象、观察，达到了最佳的梳理和训练效果。

2. 引发第二次想象

师：刚才大家根据两条互相垂直的线段进行想象，下面你们还能根据三条线段对图形进行想象吗？请大家继续拿出练习纸，先独立完成“思考二”，再在小组内交流。

思考二：

如果已知一个图形中三条线段的长度分别是8cm、6cm、4cm就能计算出它的面积，你能想象出这是一个怎样的平面图形吗？请在格子纸上画一画，并计算它的面积。（注：格子的每一小方格边长为1cm。）

学生很快想象到这是一个梯形。

师：你们能想出多少个符合以上条件的梯形？请你画一画，再在小组内互相说一说。

学生经过交流后，回答出两种情况。

生1：有无数多个梯形。

生2：只有三个面积不等的梯形。

师：应该是三类面积不等的梯形。

教师针对学生的作品进行反馈评价，将学生所画的梯形按面积分成三类，并借助投影分别进行动态演示，如图 5－2－12 所示。

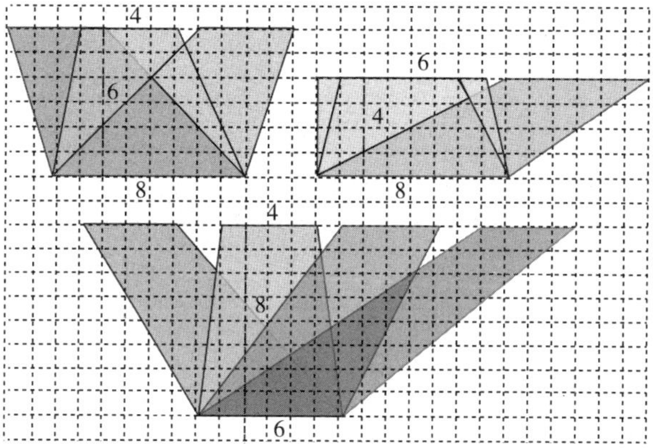

图 5－2－12

评析：已知三条线段长度就能计算出面积的图形当然还有很多，但现阶段学生受认知范围的局限，想象到梯形就可以了。由于有了上一环节的想象训练，学生自然会从不同角度想象出以这三条线段分别为高的三类梯形，而且知道面积相等的同一类梯形有无数多个。教师再次利用投影的演示，使学生直观地感受“等积变形”的动态过程。

3. 引发第三次想象

师：刚才我们又通过三条已知长度的线段想象到许多梯形，下面我给你们的条件非常简单，就是给你们一条已知长度的线段去想象图形。请大家继续拿出练习纸，先独立完成“思考三”，再在小组内交流。

思考三：

如果已知一个图形中一条线段的长度是 6cm 就能计算出它的面积，你能想象出这是一个怎样的平面图形吗？请在格子纸上画一画，并计算它的面积。（注：格子的每一小方格边长为 1cm。）

这时学生很快想到了边长是 6cm 的正方形，直径是 6cm 的圆和半径是 6cm 的圆。教师先投影呈现如图 5－2－13 所示的学生想到的三个图形（图形①②③）。

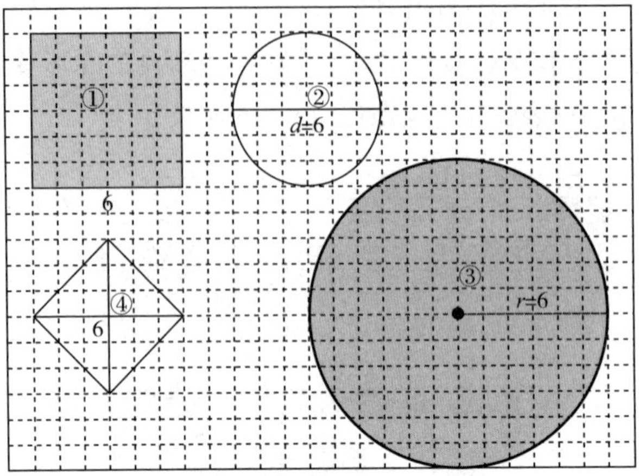

图 5－2－13

师：你们还能继续想象出其他图形吗？

此刻学生感到一点困惑，教师在屏幕上出示了两条互相垂直且等分的线段（每条 6 厘米），再向学生提出：通过这两条互相垂直的线段，你们会想到怎样的平面图形呢？

生：把四个端点连起来，又是一个正方形。［屏幕上把学生所描述的正方形（图 5－2－13 的图形④）画完整］

师：你能计算出这个正方形的面积吗？

学生经过独立思考后，得到多种解法，教师评讲：

看成两个三角形的解法：$(6\times3\div2)\times2=18$（平方厘米）。

看成四个直角三角形的解法：$(3\times3\div2)\times4=18$（平方厘米）。

评析：教师非常清楚地知道学生通过一条线段的想象，一定会很快想到正方形和圆，并且知道学生计算它们的面积应该是比较熟练的，但要想到对角线的长度是 6 厘米的正方形有一定困难。所以在以上教学过程中，教师要做到详略有度，通过先呈现两条互相垂直的线段，引发学生进一步思考。当学生想出对角线是 6 厘米的正方形时，教师就让学生针对这个正方形计算它的面积。

三、组合变化，提高解题能力

1. 动态变化出组合图形

师：刚才我们又通过已知一条线段，想象出了正方形和圆。下面请大家继续想象，你们能把这些基本图形组合成新的图形吗？

学生再次开始想象如何去组合，教师根据学生的描述，利用投影演示组合的过程。屏幕上呈现如图 5-2-14 所示的三个组合图形。

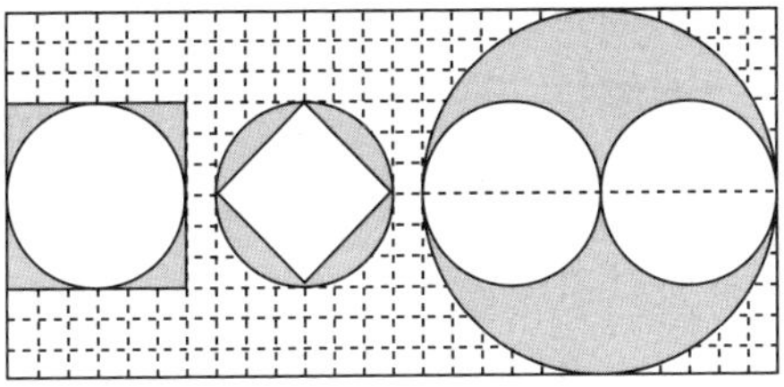

图 5-2-14

2. 列式计算

（1）图 5-2-14 中每一小方格的边长表示 1 厘米，请你分别计算出每个图形阴影部分的面积。

学生独立计算后，教师组织反馈评价。接着教师再次利用投影，把图中的第三个图形的下半部分去掉，呈现出组合图形，并提出以下计算要求。

（2）计算下图中阴影部分的面积和周长。

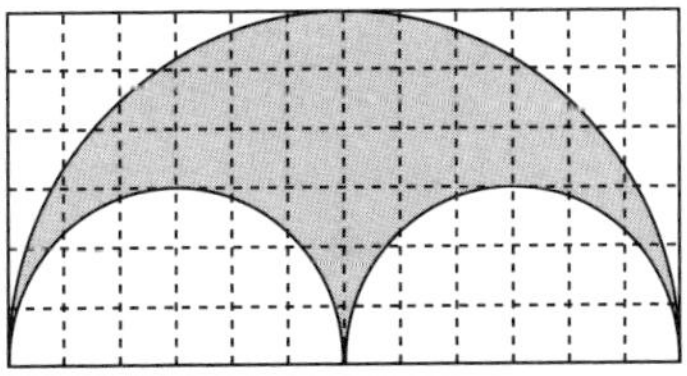

通过独立计算，反馈交流，学生进一步理解以下计算方法。

阴影部分的面积：半径是 6 厘米的大半圆面积，再减去一个直径是 6 厘米的小圆面积。

阴影部分的周长：半径是 6 厘米的大圆周长的一半，再加上一个直径是 6 厘米的圆的周长。

评析：以上环节，教师巧妙地利用上一环节的素材，继续引发学生对组合图形的想象。通过想象和投影的动态观察，学生直观地看到这几个组合图形是如何从两个或几个基本图形组合而来的。这一过程看似简单，但它动态地揭示了每一个组合图形的特征，从而拓展了学生的想象空间，激发了学生对组合图形计算的兴趣。最后，教师还利用上一题的图形，引出由一个大半圆和两个小半圆组合而成的阴影，并要求计算阴影部分的周长和面积。通过这一题，学生把周长与面积的计算方法又做了很好的比较。

综观以上教学，我们更加坚信一个观点："图形与几何"的教学除了要求学生掌握图形的特征，以及测量、计算它们的周长和面积外，更重要的是让学生认识到图形的动态变化，尤其要在头脑中建立"等积变换"的转化思想。为达到这样的目的，应如何设计教学？上述的教学给了我们很好的启示。从上述教学过程中，我们看到了每一个学生兴致盎然地投入想象，达到这样的效果，最重要的是我们创设了能促使学生想象的素材。这样的素材看似简单，却给学生带来了丰富的活动空间，较好地拓展了学生的思维。

归类重组，沟通联系

——"圆柱和圆锥的体积"复习课的教学实录和思考

圆柱和圆锥体积的计算是比较枯燥的内容，也是立体图形体积计算中学生容易出错的内容之一。学生之所以容易出错，不仅是因为计算复杂，更主要的是因为求圆柱、圆锥的体积练习题材变化多端，如果教师不断地给予各种练习，学生会觉得越练越难，越练越没有信心。那如何对这部分内容进行有效复习呢？我认为，圆柱和圆锥体积这部分内容结构比较单一，主要是弄清圆柱、圆锥的计算公式和圆柱、圆锥体积之间的关系。我们让学生经历这些题型的梳理过程，自主理清题目类型，效果很好，现整理如下。

一、归类比较，理清计算方法之间的联系

课件出示：

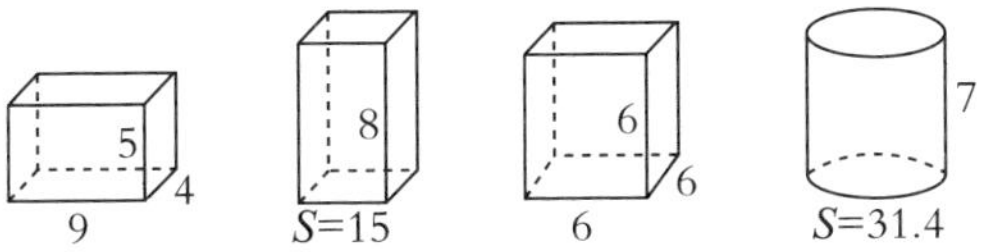

师：这四个图形的体积，你们会计算吗？谁来说说算式。

学生汇报计算各个图形体积的算式。

师：它们在计算的时候有什么共同的地方？

生：它们的体积都可以用一个公式来表示，即 $V=$ 底面积 × 高。

师：这四个图形都叫作柱体，它们的体积都可以用一个公式来表示，即 $V=$ 底面积 × 高。

课件出示：

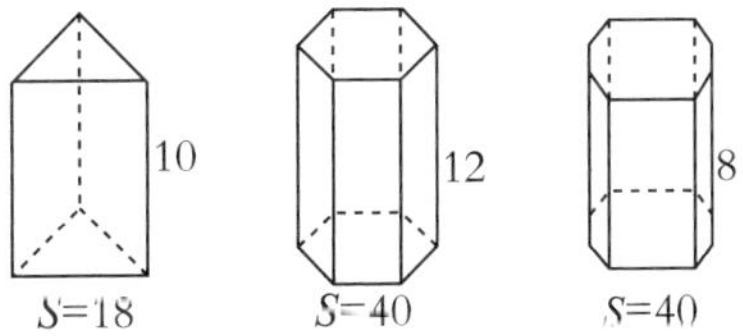

师：像这样的柱体还有很多，如三棱柱、六棱柱、八棱柱等。这些图形的体积你会计算吗？

学生汇报计算各个图形体积的算式。

课件出示：

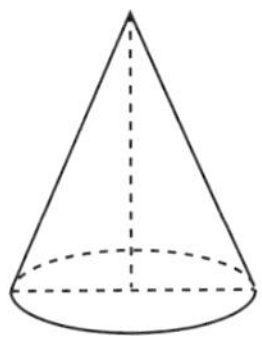

师：圆锥的体积用公式怎么表示？底面积乘高表示什么？为什么要乘 $\frac{1}{3}$？

生：$V=$ 底面积 × 高 × $\frac{1}{3}$，圆锥的体积是与它等底等高的圆柱体积的 $\frac{1}{3}$。

师小结：圆锥的体积是与它等底等高的圆柱的体积的$\frac{1}{3}$，反过来，圆柱的体积是与它等底等高的圆锥的体积的3倍。

教学思考：圆柱、圆锥的体积计算内容比较单一，如果仅仅让学生会计算，那只要记住公式即可。但作为复习课仅仅这样做是不够的。圆柱和圆锥的体积计算公式其实也分别是柱体和锥体的体积计算公式。因此在本环节中先呈现已学过的长方体、正方体和圆柱体，让学生通过计算自主感悟这些图形体积计算的共同点。然后出示一组柱体，将柱体的体积计算公式从已学过的柱体拓展到没有学过的柱体。这样既对所学的柱体体积进行了归纳梳理，又对知识进行了延伸，让学生感受到复习课不仅仅是回忆旧知，更有新的收获。最后出示圆锥，让学生通过复习回忆，理清圆锥、圆柱体积计算的关系。

二、自主编题，理清条件之间的联系

1. 有一个圆柱和圆锥等底等高，__________，圆柱和圆锥的体积分别是多少？

师：要求圆柱、圆锥的体积，你觉得需要补充什么条件？有哪些不同的补法？

学生小组进行讨论，充分思考后进行汇报，教师根据学生汇报课件出示补充的条件。

一个圆柱和一个圆锥等底等高，①底面积是______，高是______
②半径是______，高是______
圆柱和圆锥的体积分别是多少？③直径是______，高是______
④底面周长______，高是______
⑤侧面积______，高是______
⑥两体积之和是________
⑦两体积的差是________

在学生列式计算后，教师让学生对补充条件分类：请你先独立思考，想好了把你的想法跟你的同桌互相交流。

小结：像①②直接告诉我们底面积、半径的，是直接利用公式计算的；

③④⑤告诉我们直径、底面周长、侧面积，我们都要先求出半径，间接利用公式来计算；而⑥⑦告诉我们两个体积的和、体积的差是需要利用公式之间的关系来计算的。

2. 如果有一个圆柱和一个圆锥等底等体积，__________，圆柱、圆锥的高分别是多少？

师：要求圆柱、圆锥的高，你觉得可以补充什么条件？

学生汇报并列式计算。

师：请同学们回忆一下，刚才我们都有哪些不同的补法？你能不能也给它们分分类？

一个圆柱和一个圆锥等底、等体积，①体积是______，底面积是______

②体积是______，半径是______

圆柱和圆锥的高分别是多少？ ③体积是______，直径是______

④体积是______，底面周长是______

⑤两图形高的和是__________

⑥两图形高的差是__________

教学思考：等底、等高的圆柱与圆锥体积之间的关系是本单元的重要知识点，也是一部分学生的学习难点。已知圆柱与圆锥等底、等高，那么圆柱的体积就是圆锥的3倍。要想求出圆柱、圆锥的体积，只要求出其中一个图形的体积即可。解决的题型无非有3种：直接利用公式、间接利用公式、利用圆柱和圆锥体积之间的关系。因此在充分理解了等底、等高的圆柱与圆锥的关系之后，让学生自主编题，并思考“要求圆柱、圆锥的体积，需要已知什么样的条件”，这样无形之中，学生编出了所有教师能想到的题目，提高了编题的能力，同时通过计算、归类，将以往课堂上的一系列练习由易到难地梳理成一条线。

三、动态想象，理清图形变换后的关系

课件出示图5-2-15，让学生想象一下，这2个长方形围绕一条边旋转，会得到什么样的图形？

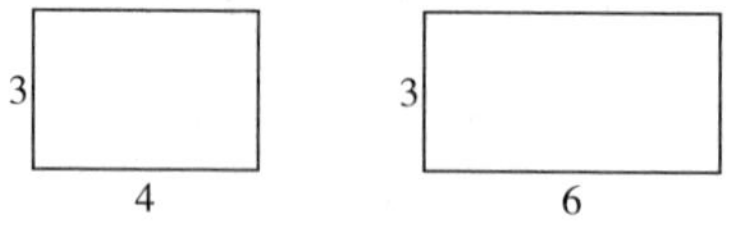

图 5－2－15

学生想象并描述长方形旋转后的图形，教师出示图 5－2－16。

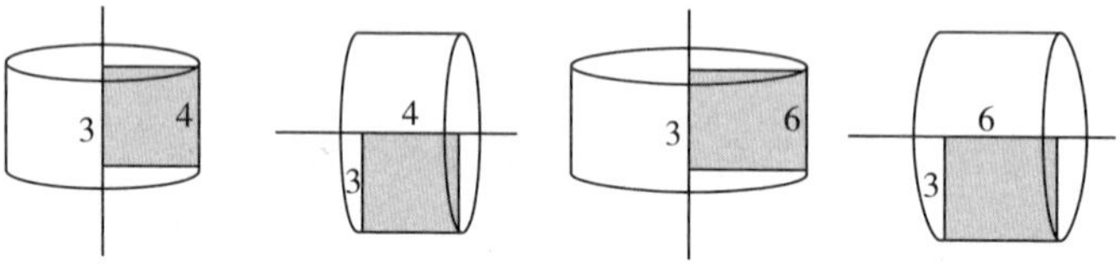

图 5－2－16

课件出示图 5－2－17，想象一下，这 2 个三角形形围绕一条直角边旋转，会得到什么样的图形？

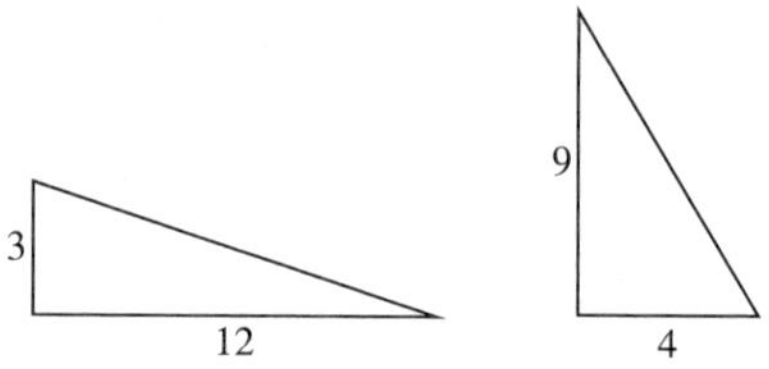

图 5－2－17

学生想象并描述三角形旋转后的图形，教师出示图 5－2－18。

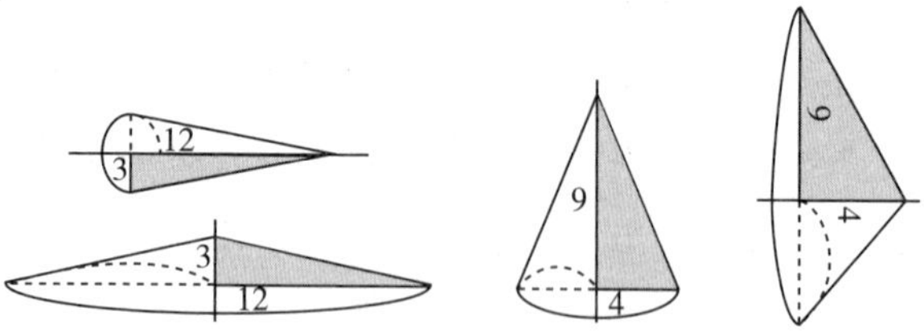

图 5－2－18

比较长方形、三角形旋转后的图形，你能看出哪些圆柱和圆锥的体积是相等的吗？哪些你一眼就能看出来？一眼看不出来的请你算一算。

教学反思：本节课的复习，除了要帮助学生进一步掌握圆柱、圆锥的体积计算，更主要的是在教学中培养学生的空间想象能力。教师首先出示长方形和三角形，让学生充分想象它们旋转后的立体图形，并用自己的语言进行描述，再通过图片进行展示验证，然后让学生找一找这些旋转后的圆柱和圆锥的体积哪些是相等的（可以让学生通过计算的方法找，也可以让学生通过圆柱、圆锥高或者底的关系来找）。在这个环节中不仅在想象中培养了学生的空间观念，而且在不计算找相同体积圆柱、圆锥的过程中让学生观察高或底的关系，无形之中也培养了学生的空间想象能力。

画中梳理，练中提升

——“图形与运动”复习课教学设计

一、教学目标

（1）通过复习，进一步掌握对称、平移、旋转、放大与缩小等图形变换的特征，会用对称、平移、旋转、放大与缩小等方式进行图形变换。

（2）经历观察、操作、分析、想象等数学活动，进一步发展空间观念。

（3）通过欣赏图形变换所创造的美丽图案，进一步感受各种变换方式在现实生活中的广泛应用，并能运用图形变换知识解决数学问题。

二、教学重点

进一步掌握对称、平移、旋转、放大与缩小等图形变换的特征。

三、教学难点

按要求画出一个基本图形旋转后的图形。

四、教学过程

1. 出示课题，激活认知

（1）今天这节课我们复习图形的运动，回忆一下，我们已学过哪些关于图形的运动的知识？

（2）观察这三幅图（图5－2－19），它们分别是采用哪种图形的运动来设计的？

图5－2－19

① 学生独立观察、思考、想象，教师指名回答。

② 随着学生的回答，教师用课件动态演示运动过程。

③ 思考：四种图形的运动方式各有什么特征？

设计意图：开门见山，出示课题，直接引导学生回忆图形运动的相关知识。回忆不完整也没有关系，再出示三幅图，引导学生观察、想象，借助图形引导学生回忆小学阶段学过的平移、轴对称、旋转、放大或缩小这四种图形运动的方式，并通过观察、想象、动态演示，让图形在学生头脑中动起来，发展学生的空间观念。最后，学生带着问题进入下一环节的学习。

2. 画中建构，梳理提升

分别画出三角形 ABC 采用四种运动方式运动后的三角形 $A'B'C'$。（图5－2－20）

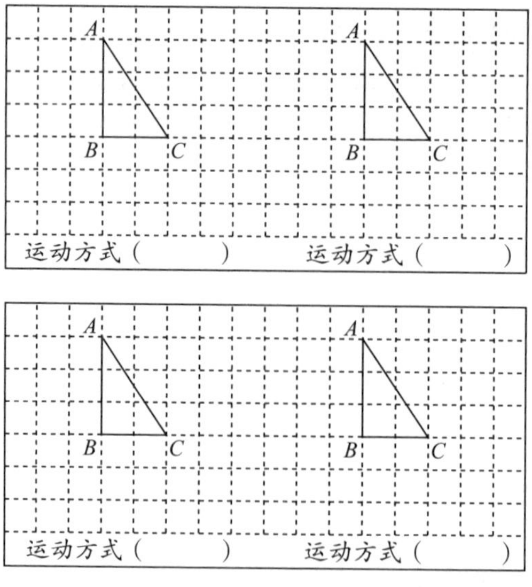

图5－2－20

反馈：谁来说一说三角形 ABC 是怎样运动得到三角形 $A'B'C'$ 的？

概括四种运动基本要素：轴对称——对应点到对称轴之间的距离相等，平移——方向和距离，旋转——旋转中心、角度、方向，放大和缩小——对应边长度的比值相等。

比较：仔细观察变化后的图形和原图形，想一想，这四种运动方式有什么相同的地方，又有什么不同的地方？

小结：这四种运动方式的共同点是变化前后图形的形状没有发生变化，这些都是我们以后要进一步学习的相似变换；用轴对称、平移和旋转进行变换时，不但形状不变，大小也不变，这叫作全等变换。

设计意图：带着上一环节的问题，学生一边作图一边思考，既复习了相应的作图技能，又在画图的过程中思考这四种图形运动方式各自的特征。教师借助作图形成的学习材料，引导学生观察、表达，学生在教师的追问中，整理出四种运动的基本要素。最后教师引导学生整体观察、比较，发现这四种运动方式的相同点和不同点，理清这四种运动方式之间的关系。

3. 变式应用，内化提升

1. 书本第 92 页做一做：图中 $A\to B\to C\to D$ 是怎样变过来的？

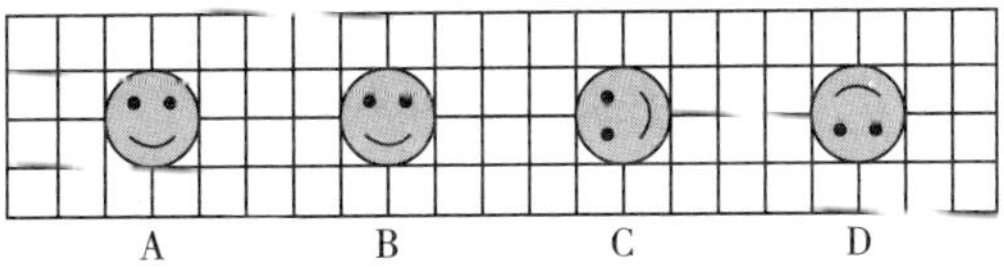

2. 作图：

（1）把长方形绕 D 点顺时针旋转 90°。

（2）画出图形 G：向右平移 9 格后得到图形 H；然后以 EF 为对称轴，画出 H 的轴对称图形。

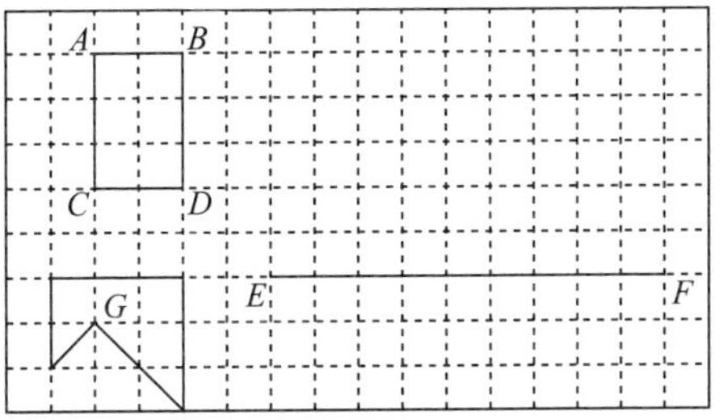

3. 书本第93页第4题：下面4个图形的涂色部分面积相等吗？为什么？

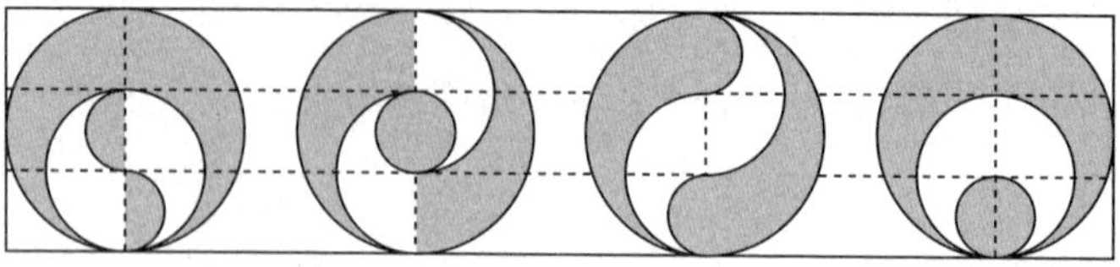

4. 利用图形运动的知识，想一想，阴影部分的面积可以怎么求？

已知正方形边长为8米，求图中阴影部分面积。

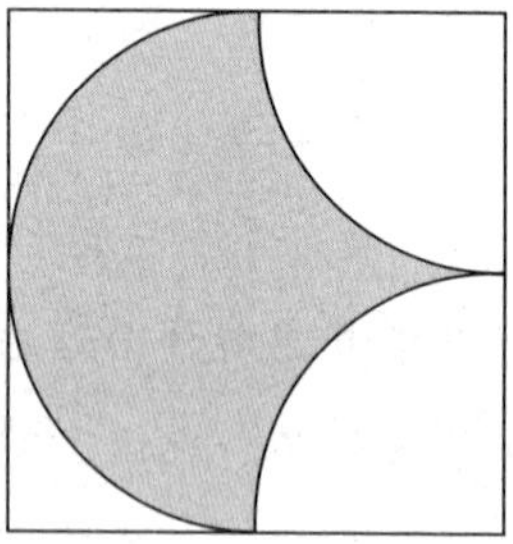

设计意图：设计有针对性的练习才能有效地帮助学生巩固数学知识，提高教学效率。练习1是基本题，通过数学的口头表达来巩固复习效果；练习2的作图，将学生平时作业最容易错的“长方形按指定点旋转”设计进来，以达到查漏补缺的效果，将平移和轴对称综合起来运用，提高学生应用能力；练习3将辨析与练习结合起来，以发展学生的空间想象能力；练习4运用图形的运动方式解决阴影面积的计算问题。这样的练习设计，有助于学生对知识的拓展延伸，发展了学生的思维。

4. 课堂小结

这节课都复习了什么？你有什么收获？

（略）

整合材料，练中沟通

——“图形与位置”总复习课教学设计

一、教学目标

（1）复习、整理确定位置的两种方法，进一步明确每种方法的要素和特点，沟通联系、熟练运用。

（2）在图形与位置、图形与变换等知识的综合应用中，感受数学知识间的联系。

二、教学重点

熟练运用数对、方向（角度）距离两种不同的方法描述平面图中物体的位置。

三、教学难点

理解与掌握两种方法间的联系以及图形变换与图形位置间的联系。

四、教学过程

（一）知识再现，整理归纳横向沟通、理清要点

出示：

以学校为中心，表示出小芳家、小西家和小红家的位置。

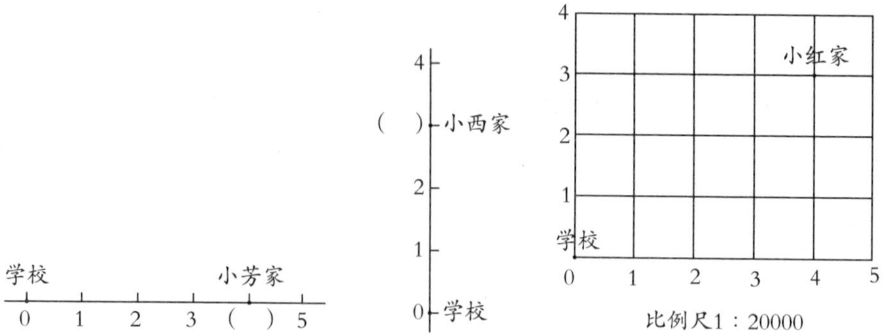

你还有别的方法表示小红家的位置吗？

（1）先让学生独立完成。

（2）学生汇报，适时追问：小红家的位置可以用（4，3）表示吗？用数对表示位置要注意什么？（强调要先看行，再看列）

通过交流，学生明白可以用数对、方向和距离两种方法表示位置。

（3）依次出示小明、小兵、小军、小吴、小华家的位置（图 5 –2 –21），请学生表示，指名学生说说。

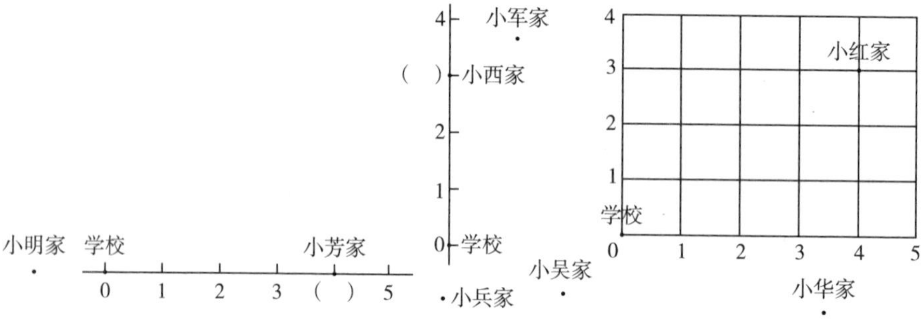

图 5 –2 –21

（4）教师用课件呈现用数、数对表示位置的方法，引导学生思考：这三幅图中表示点的位置区别在哪里？

师：一条线也就是我们平时说的一维空间，可以用一个数来表示上面每个点的位置；平面图也就是我们平时说的二维空间，需要用两个数来确定平面上一个点的位置。那么，大家可以大胆地推想一下，如果要在三维的立体空间中确定一个点的位置，可能需要几个要素来确定呢？

（5）师：刚才大家用了两种不同的方法来表示小红家的位置。请同学们想一想，这两种方法有没有相同的地方呢？（师生对话交流，得出：都要先确定标准，结果都用两个要素来表达）

教师引导质疑：只有方位角或者只有距离一个条件，点的位置能确定吗？会出现怎样的情景？（图 5－2－22）

学生讨论、交流后得出：只有方位角时，一条射线上的点都符合条件，只有距离一个要素时，一个圆周上的点都符合条件，所以就不能确定位置了。

教师配合学生回答，结合课件（图 5－2－22）进行演示，与学生共同交流。

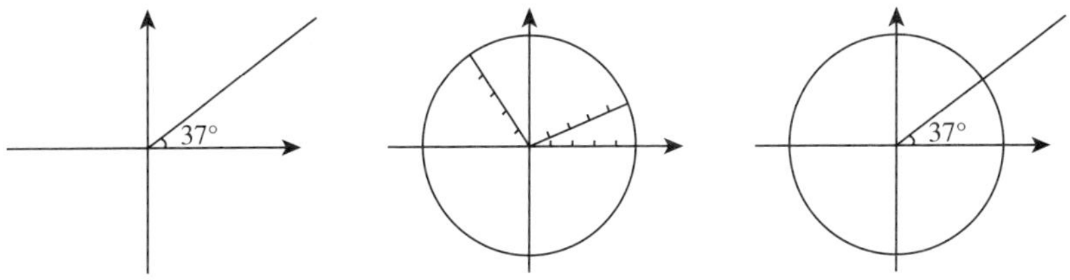

图 5－2－22

（6）师：要精确定位，至少有两个要素，即方向与位置。那么你们能不能在数对中看出方向和距离呢？

（二）纵向沟通，练中提升

1. 数对与运动变换的联系

按要求画图。

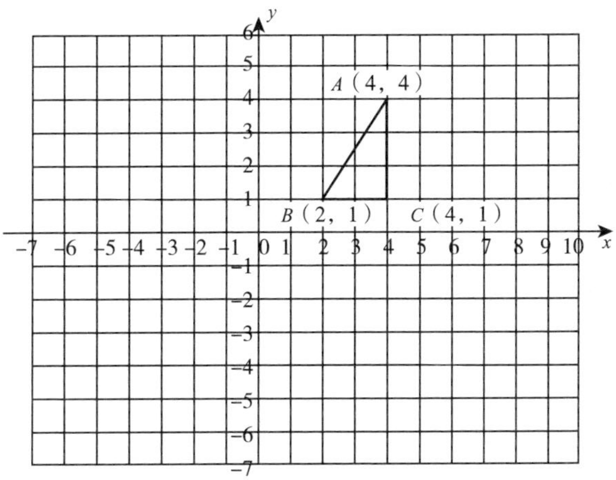

（1）画出三角形 ABC 向下平移 8 格后的图形。

（2）以 y 轴为对称轴，画出与三角形 ABC 对称的图形。

（3）画出三角形绕 C 点按顺时针方向旋转 $90°$ 的图形。

2. 数对与图形的联系

有点 A（6，1），B（2，1），C（x，y），连接这三点，可能是什么图形？一定是三角形吗？

（1）当 C 在哪个位置时，这个三角形是直角三角形？

（2）当 C 在哪个位置时，这个三角形是等腰三角形？同桌讨论。

（3）当 C 在哪个位置时，这个三角形是钝角三角形？

（4）当 C 在哪个位置时，这个三角形的面积为 4。在你的格子纸上找到这个点，写一写，画一画。

想一想，以上各题你觉得用数对描述 C 的位置好，还是用方向（角度）距离描述 C 的位置好？

（三）回顾全课并小结

师：通过今天这节课的复习，你有什么新的收获？还有什么疑问？

（略）

第六章

结构化视域下“统计与概率”复习

第一节 “统计与概率”复习教学策略

一、知识梳理：求联求变

数学对象不是孤立存在的，而是数学结构整体的一部分，“统计与概率”这部分知识点也是如此，各知识点散落在各册教材之中，复习课的任务之一就是要跳出知识点教学中“散点”式的认知框架，把零散的碎片化知识串成线、连成片，进行条理化、系统化，帮助学生形成清晰、完整的知识结构。

1. 多维比较，联系沟通

小学“统计与概率”这部分知识中，统计图表占了很大的比重，包括单式、复式统计表，单式、复式条形图，单式、复式折线图，扇形统计图。面对这么多图表，在学习的各个阶段，我们可以适时安排复习课，引导学生及时梳理它们之间的联系与区别。比如，学了复式统计表后，梳理单式统计表与复式统计表的联系区别；学了复式统计图后，梳理统计表与统计图之间的联系，如单式统计表可以画成单式条形图或单式折线图，复式统计表可以画成复式条形图或复式折线图；学了扇形统计图后，引导学生对各种统计图进行比较，梳理各自的应用范围及相互联系与转化，如条形图与折线图的相互转化，条形图、折线图与扇形图的转化，还有统计知识与概率知识的联系，等等。

六年级下学期总复习时，教师可以引导学生对统计过程与方法进行深度梳理，疏通脉络，帮助学生建构更完善的知识结构，如图 6－1－1 所示。

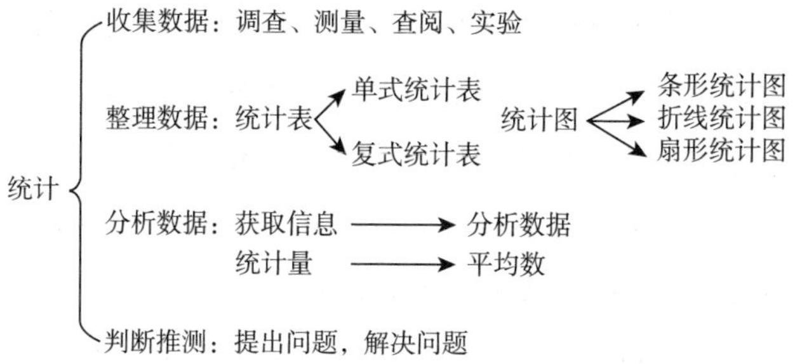

图 6－1－1

2. 利用变式，题组比较

看懂统计图表是学习“统计与概率”必备的一个能力。看懂统计图看似简单，好像不用教学生也能看懂。但实际上，统计图表里的元素很多。那么我们是不是都让学生关注到了呢？有时忽略某个要素很可能就看不懂图表了。为什么会忽略？因为有些看起来不起眼的元素学生没有关注到。为此，我们复习时设计一些题组，进行变式比较，向学生展现那些容易被忽略的要素的重要性。比如下面两幅条形图。

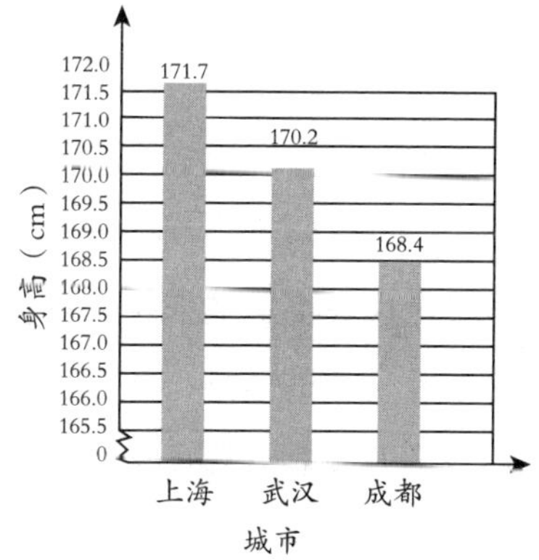

2021年5月三城市18~25岁男青年
平均身高统计图

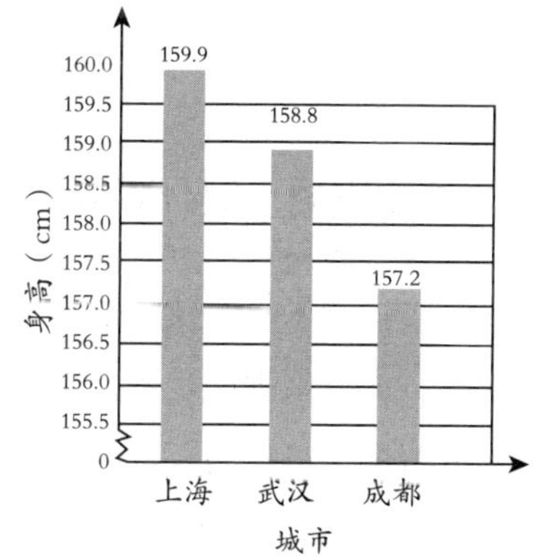

2021年5月三城市18~25岁女青年
平均身高统计图

（1）从图中你能获得哪些信息？

（2）在地图上找到三个城市的位置，你发现从东往西男、女青年的平均身高有什么变化规律？

（3）你还能提出什么问题？

这两幅图不仅有助于学生感悟看图先读标题的必要性（学生习惯于先看横

轴上的项目，而此题不看标题，就不知道统计了三个城市的什么数据），而且让学生感受到统计图有时会给人视觉上的误导。比如，由于刻度不统一，看上去好像两地女青年平均身高比男青年还高。而且从图上看，三个城市男女青年的平均身高相差很大，而看数据只相差了一点点。比如，上海和武汉男青年的平均身高 171.7 厘米减去 170.2 厘米，差是 1.5 厘米。

此外，我们还可以同时向学生呈现图 6－1－2 的两幅统计图，通过比较，让学生明白看懂纵轴的重要性。

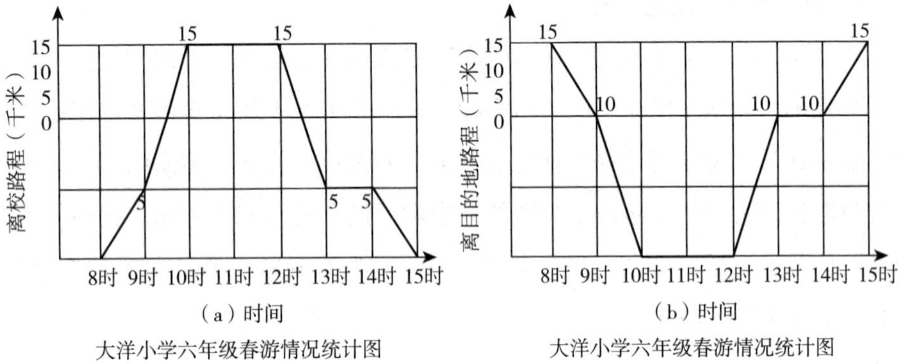

图 6－1－2

二、关注数据，提升素养

大数据时代的来临，使得人们的生活、学习比过去都更加依赖来自各方面的数据信息，人们根据问题收集数据，从中获取有价值的信息，并做出合理决策的数据分析能力已成为一项基本素养。统计教学其实就是要让学生用数据来“说话”，努力实现三个提升。

1. 素材设计：凸显问题解决

数据分析观念的形成，有赖于统计过程的经历：数据收集＋数据整理、描述＋数据分析判断。一般来说，统计活动较为理想的状态是呈现如图 6－1－3 所示的过程。

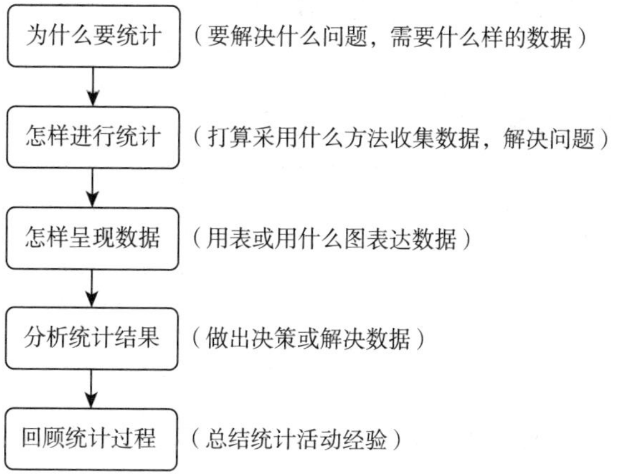

图 6－1－3

相对而言，明确统计目的、感知收集数据的需要与选择统计方式常常被忽视。

比如，与其直接出示教材中的问题“每个月有几个人过生日”，不如提议：“如果我们班搞一次集体过生日活动，安排在几月份比较好?”如此改进，尽管问题还是由教师提出，却能让学生自己进行问题转换：几月份集体过生日？→哪个月过生日人数最多？也就是由问题联想到数据，从而明确统计的目的，产生收集数据的需要。

2. 数据分析：关注开放，适度引领

在平时的新课教学中，我们要引导学生会看图表，从统计图表中获取信息，可从这些方面入手：①引导学生读从统计图中能直接看到的信息，如统计什么内容，单个数据的多少，统计图的名称和图标。②引导学生读经过简单推理能得到的信息，包括数据的比较（多少、倍数、百分比等）和数据的整体变化（最大、最小、平均情况、变化情况、偏差、极端数据）。③引导学生对数据进行解释和预测。数据是蕴含着信息的，仅看见了还不够，还要去思考、去解释、去判断、去预测，包括统计数据能否回答开始提出的问题、能否解决其他问题、能否进行预测，为什么数据会呈现这种情况，等等。④引导学生对统计图中的指标、收集数据的方法、是否合理使用统计图、得出的结论是否有道理等进行评价。

复习课中，教师可以设计问题放手让学生自己尝试分析数据，用数据来说话。例如：

近几年甲乙两家驾校创造利润情况见下表。

年份	2016	2017	2018	2019
甲驾校利润（万元）	120	130	150	190
乙驾校利润（万元）	100	110	130	170

① 你觉得这两家驾校中哪家创造利润的情况更好一些？说说你的理由。

② 2021 年甲驾校利润可能为多少万元？请说明理由。

对于问题①，本题至少提供了四种处理数据的角度，即每年的绝对数据比较、每年的增加值比较、相对于前一年的增量百分比比较、相对于 2017 年的增量百分比比较，让学生体会到采用不同的角度处理分析数据，得到的结论会有所不同。

对于问题②，学生的回答常常脑洞大开。例如，有的说汽车降价，学开车的人可能翻倍；有的表示反对，驾驶证考试更严格了，学开车的人肯定减少……这些五花八门的预测不能说没有道理，但都是脱离统计数据的、想当然的猜测。

鉴于此，教学时应当让学生用数据来说话，根据统计数据进行预测，而不是寻找其他理由随意猜想。例如，可以将上一年的增长数乘 2，即预测 2021 年 $190+40\times2=270$；也可以按照上两年增长推测，即 $190+(190-130)$。必要时，还可以设计如下问题加以引导：

（1）2019 年比 2016 年增加了多少万元？

（2）这 3 年间，平均每年增加多少万元？

（3）照这样计算，2014 年的利润可能达到多少万元？

3. 渗透思想，升华观念

比如，让学生先统计四（1）班一个小组学生的身高情况，接着让学生猜测四（1）班全班学生的身高情况，再展示全班、全校以及全镇四年级学生的身高情况，如图 6－1－4 所示。

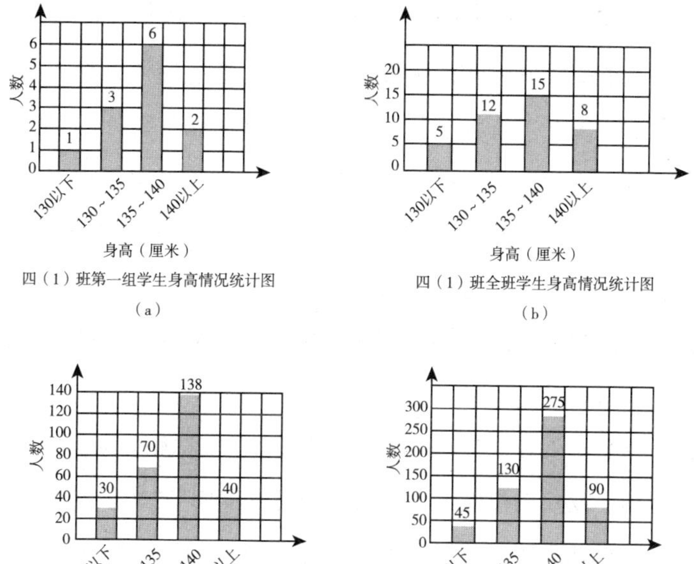

四（1）班第一组学生身高情况统计图（a）

四（1）班全班学生身高情况统计图（b）

全校四年级学生身高情况统计图（c）

全镇四年级学生身高情况统计图（d）

图 6－1－4

引导学生观察这四幅图，发现无论是一个组、一个班、一个年级还是一个镇，四年级学生身高的分布情况都具有相同的趋势。

然后让学生推测全市四年级学生身高的分布情况并展示，如图 6－1－5 所示。

全市四年级学生身高统计图

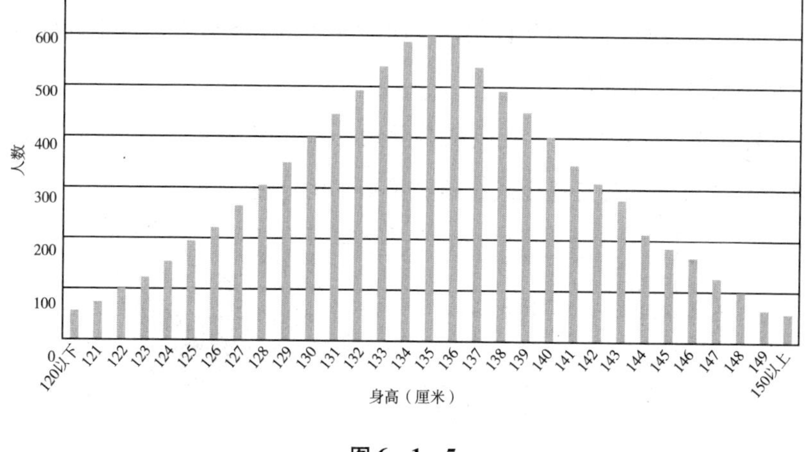

图 6－1－5

进而推测浙江省、全国的四年级学生身高情况，使学生体会用小范围的数据可以推测出大范围数据分布的大概情况，这里渗透估计思想，即让学生通过样本对未知事物或未发生事物进行估计推测，从而感受统计的魅力。面对不同的预测结果，教师追问："如何使预测更合理?"学生经交流得出：要使预测更合理，需要收集更多地区四年级学生身高的数据。这里其实渗透了随机思想，旨在让学生通过数据分析体验随机性，认识不确定性的普遍存在，对于同样的事情每次收集到的数据可能不同。同时让学生明白只要有足够的数据就可能从中发现规律。

此外，事物总是处在发展、变异的过程中，因此统计具有时效性，用发展的眼光看待运动、变化的事物，也是相对思想的题中之义。学生即使经历了统计的全过程，如果缺失"思想"，则统计过程的"经历"并不能自动转化、升华为数据分析观念。

三、多维整合、提升能力

学生在学习具体的统计与概率的知识和技能时，通常是相对独立地学习，在进行总复习时，教师应该进行适当的综合，培养学生的综合运用能力。

1. 统计内容本身的综合

我们可以将统计图、统计表、统计量等知识进行整合，如可以设计下面的素材，通过练习，让学生明白同样的内容可以用不同的统计图或统计表来描述，统计图和统计表之间可以相互转化，不同的统计图、表有着各自不同的优缺点，我们应根据需要合理选择。

"低碳生活，绿色出行"是我们倡导的一种生活方式，有关部门抽样调查了某单位员工上下班的交通方式，绘制了如下统计图：

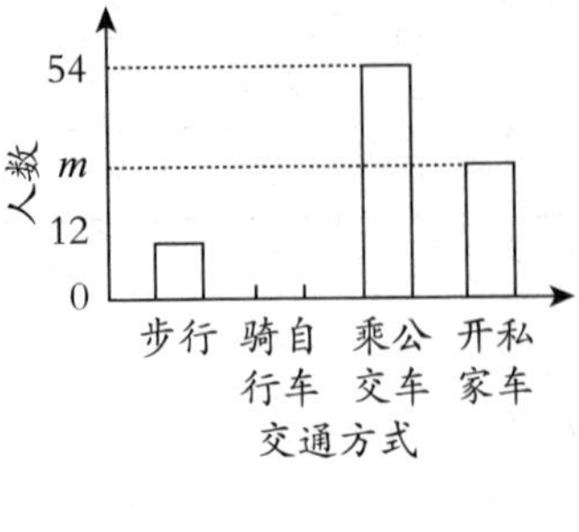

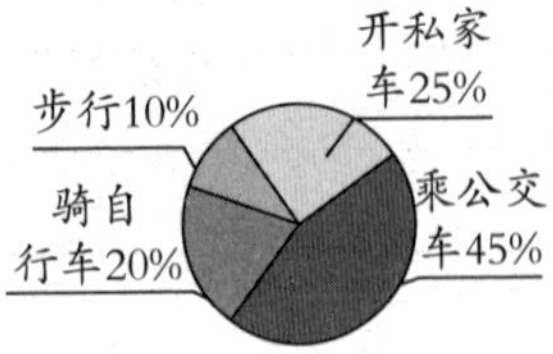

（1）调查的总人数为（　　）人。

（2）开私家车的人数 $m=$（　　）人。

（3）补全条形统计图。

2. 统计与概率之间的综合

我们还可以将应急的知识与概率的知识进行整合，出示图 6－1－6，告知学生：学校里四年级共有 5 个班，每班人数都在 32 人左右，你能推想出全年级喜欢航模的人数吗？

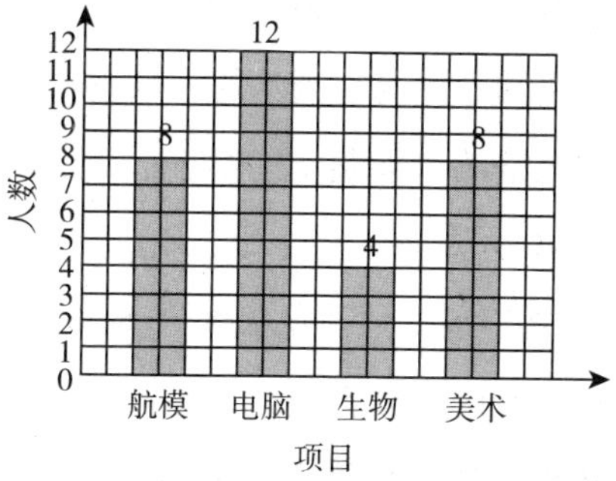

四（1）班同学喜欢四项拓展课人数统计图

图 6－1－6

教师让学生分组进行讨论，然后组织集体质疑。

生 1：我认为全校四年级喜欢航模的应该有 40 人。

师：为什么？

生 1：因为一个班航模的有 8 人，那 5 个班就应该是 40 人。

师：一定是 40 人吗？

学生思考片刻后，有的说是一定的，有部分学生说是不一定的。

师：有同学说不一定是 40 人，这到底又是怎么回事呢？

学生分小组进行讨论后，再组织汇报。

生 1：我们班喜欢航模的是 8 人，不能保证其他班喜欢航模的都是 8 人。

生 2：我想其他班喜欢航模的人有可能比 8 人多，也可能比 8 人少，但合起来可能是 40 人吧。

生 3：我想其他班喜欢航模的人也有可能都比 8 人多得多，这样就远远超过 40 人了。

生4：也有可能其他班喜欢航模的人都没到8人，这样就没有40人了。

师：大家听明白这几位同学说的意思了吗？

学生又思考了片刻后，慢慢地领悟到了一些道理。

师：要精确地统计5个班喜欢航模的人数，最好的方法是对每个班进行统计。而现在只能通过对一个班的统计来推测全年级喜欢各项的人数，可能性最大的应该在多少人左右？

生：可能性最大的应该在40人左右。

师：是的，大家都是四年级，每个班可能喜欢各个项目的人数差不多，那你们还能推测全年级喜欢电脑、生物、美术的人数吗？

学生说：全年级喜欢电脑的可能是60人左右，喜欢生物的可能是20人左右，喜欢美术的可能也在40人左右。

师：从一个班去估测全年级，估测的数据出现的可能性很大，但实际中，也有可能真实数据与我们估测的相差很大。

要求学生从一个班喜欢参加各拓展课的人数去推测全年级喜欢各拓展课的人数，目的是让学生通过这样的推测领悟从小样本推测大样本，需要与对可能性大小的推测相结合，使统计与概率达到很好的融合。

3. 统计概率与其他知识的综合

我们还可以将应急的知识与概率的知识进行整合。例如，下题将折线统计图与行程问题进行整合。

兵兵和聪聪进行800米赛跑情况如下图，看图完成下面各题：

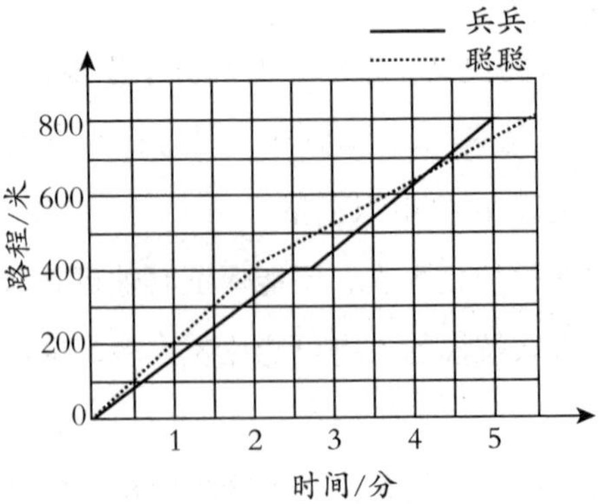

① 这是一张（　　）统计图。

②（　　）先到达终点，一共用时（　　）分。

③ 请用“快”“慢”来描述聪聪的比赛情况：先（　　）后（　　）。

④ 乒乒的平均速度是（　　），聪聪的平均速度是（　　）。(得数均保留整数)

⑤ 比赛进行到（　　）分钟时乒乒开始赶超聪聪。

⑥ 比赛进行到 2 分半时可能发生了什么事情？

用统计图解决行程问题，需要知道折线上每个点的意思，这就要明确横轴表示什么，纵轴表示什么，随着横轴上数值的变化，折线上的点发生了怎样的变化……，使学生感受看纵横轴的重要性。第②③等小题让学生明白要用数据说话，不能想当然地胡来。从这个图中能看到每个时间点的赛况，让学生身临其境，未在赛场却如同在赛场观战，感受到统计图的神奇。

再如，下题将统计图与平移、面积计算进行整合。将三角形的移动过程用折线统计图表示出来，学生需要看图寻找移动过程中的一些关键数据来解决问题。通过练习，引导学生学会关注统计图中的折点、最值等关键数据。

在两条平行线之间放着如图的一个直角三角形和一个长方形的纸片。先把三角形以每秒 2 厘米的速度向右平移，直到三角形移出长方形。根据三角形盖住长方形的面积变化情况，画出下边的统计图。这个长方形的面积是多少平方厘米？

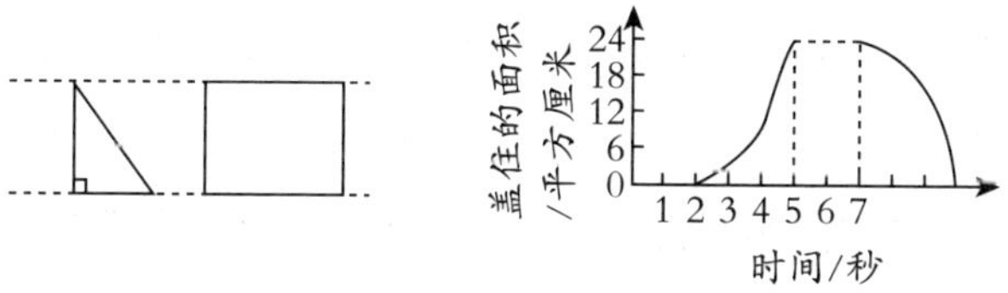

总之，在进行统计与概率的复习时教师应以数学核心内容和基本思想为主线，以培养学生综合运用所学知识和方法解决实际问题的能力为目标，根据不同学段学生特点，循序渐进设计情境真实、较为复杂的问题，引导学生综合运用数学学科和跨学科的知识与方法解决问题。

第二节　“统计与概率”复习课教学案例介绍

创设多样素材，提升数据分析，感悟统计价值

——“条形统计图”复习课教学实录与反思

条形统计图是人教版四年级上册第7单元的内容，它将分散在第一学段不同年级的条形统计图的知识重新梳理、整合。本单元主要让学生经历数据收集、整理、描述和分析的过程，挖掘数据蕴含的信息，真正体会到统计在现实生活中的作用。条形统计图是小学阶段真正接触统计的起始点，在整个统计过程中起着承上启下的作用。本节复习课首先通过核心问题引领，快速地聚焦教学重点，将本单元知识的重点内容和关键内容进行有机的梳理整合；其次引导学生从不同角度提取有用的信息，读懂数据本身和数据之间的信息，挖掘数据背后隐藏的信息，最终进行相应的推断和预测；再次让学生在多层次的练习中充分体验数据分析的过程，培养学生数据分析的意识；最后结合生活中各种实例，让学生感受到统计是因为实际需要，是为了解决生活中的问题而进行的，从而真正体会到统计的价值。

一、问题引领中，梳理重构知识脉络

教学片段1：带着问题梳理知识

（1）出示材料：

四（1）班第一组学生身高情况统计表

身高（厘米）	130 以下	130 ~ 135（不包含 135）	135 ~ 140	140 以上
人数	1	3	6	2

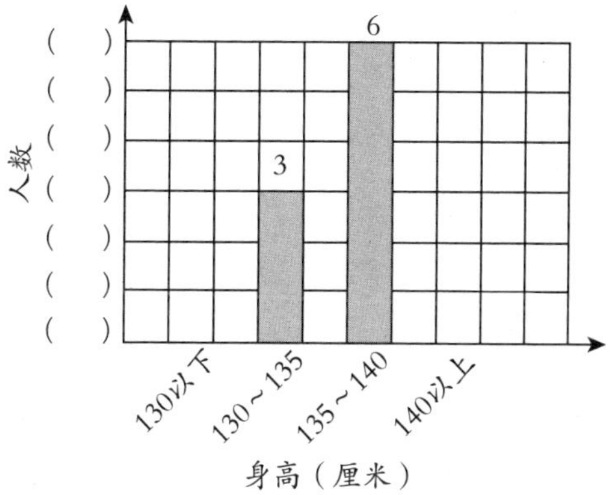

四（1）班 _____ 同学身高统计图

（1）根据表中的数据把条形统计图补完整。

（2）同桌交流。

① 一幅完整的条形统计图是由哪几部分构成的？

② 你能从图中获得哪些数学信息，它有什么优点？

（2）学生独立补图，完成之后同桌相互交流。

（3）选取学生作品反馈评价。

生 1：横轴、纵轴、标题、条形。

生 2：身高 130 厘米以下有 1 人，身高 130 ~ 135 厘米有 3 人，身高 135 ~ 140 厘米有 6 人，身高 140 厘米以上有 2 人。

生 3：身高 135 ~ 140 厘米的人数是身高 130 ~ 135 厘米人数的 2 倍，身高 140 厘米以上人数是身高 130 厘米以下的 2 倍。

生 4：直观、便于比较……

小结：统计图和统计表都能表示出数量的多少，但是统计图更直观、形象。

评析：教师通过精心准备的问题，有效地将学生引入相关知识点的复习，使数学知识体系自身的逻辑性和复杂性简单化、条理化，引导学生将原有的知识体系进行梳理、还原，也可以进行搭配、重构。

教学片段2：带着问题复习读图画图

1. 读懂条形统计图

（1）出示材料：

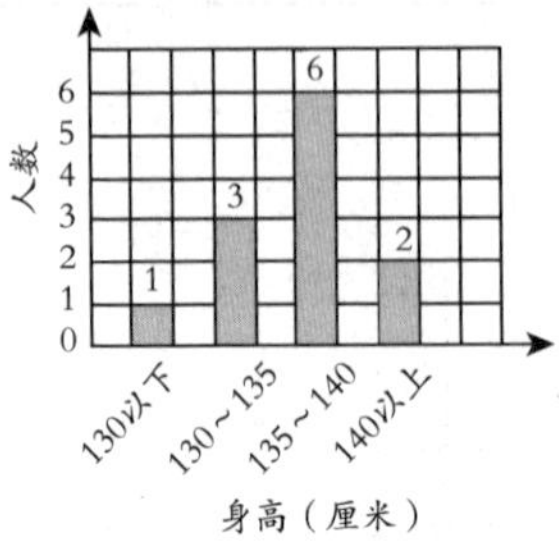

四（1）班第一组学生身高情况统计图

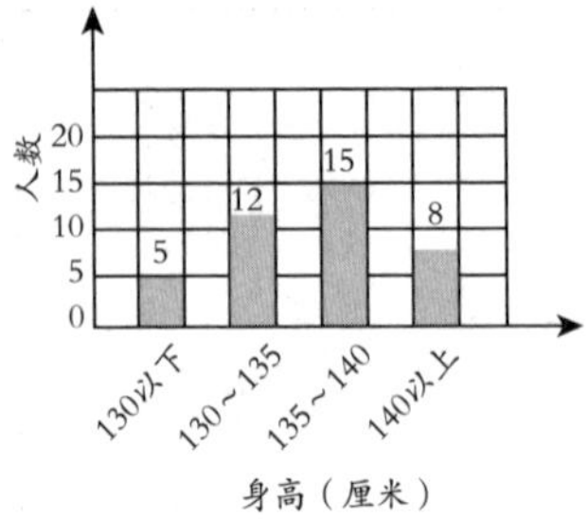

四（1）班全班学生身高情况统计图

（2）你能猜测一下四（1）班全班学生各段身高大概有多少人吗？

（3）仔细观察这两幅图，你有什么发现？

生1：左边一格代表1，右边一格代表5。

生2：都是135～140厘米人最多，130厘米以下人最少。

小结：看来我们在观察图形时要注意看清一格代表几个单位，还要学会用联系的眼光看问题。

评析：统计的核心就是数据分析。数据分析前提是读懂数据，在本节课中即指读懂条形统计图，通过猜测四（1）班学生的身高情况，观察对比第一组和全班学生的身高情况的统计图，培养学生识图、看图的能力，使学生尽可能多地从统计图中发现更多有用的信息。在读图的过程中渗透数据分析的预测功能，让学生初步感知数据分析的价值。

2. 制作条形统计图

（1）出示材料：

请选择下面一个统计表整理的数据制作条形统计图。

全校四年级学生身高情况统计表

身高（厘米）	130以下	130～135（不包含135）	135～140	140以上
人数	30	70	138	40

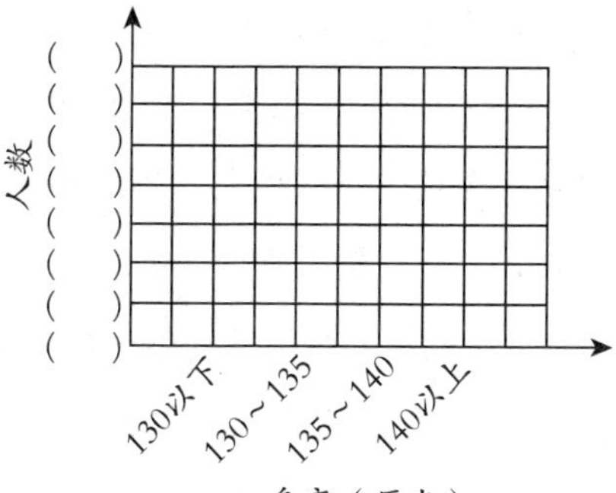

全校四年级学生身高情况统计图

全镇四年级学生身高情况统计表

身高（厘米）	130 以下	130～135（不包含 135）	135～140	140 以上
人数	45	130	275	90

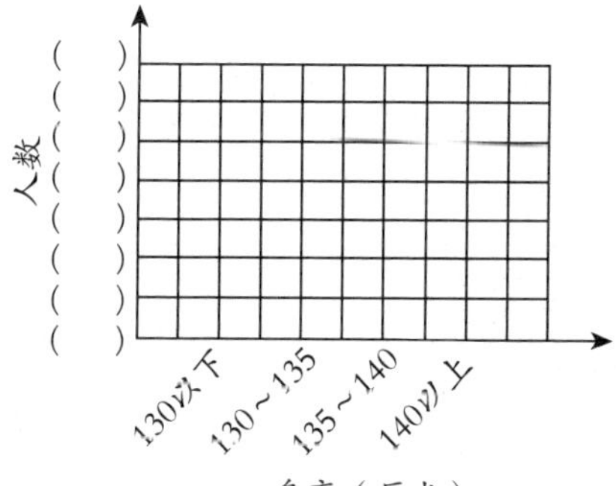

全镇四年级学生身高情况统计图

（2）学生画图。

（3）整体呈现反馈。（收集不同的一格代表几，进行优化）

① 老师收集了这几个同学的作品，他们画对了吗？

② 它们有什么不一样呢？到底一格代表几比较合适，为什么？

生 1：左边一格代表 20，右边一格代表 30。

生 2：一格代表 30 上面空的比较多，一格代表 20 刚刚好。

生 3：既可以选择一格代表 40 也可以选择一格代表 50。

（4）在画条形统计图时要注意什么？

小结：我们要根据具体情况，合理地选择一格代表几。

评析：对数据的描述也是本单元的重点知识之一，通过制作条形统计图，呈现不同的表示方法，进一步引导学生思考“到底一格代表几比较合适”，让学生在观察、比较、交流中体会确定一格代表几不仅要观察数据的大小，而且与给定纵轴的长短和版面的大小有关，直观地体验如何合理确定一格代表几以及确定一格代表几的必要性，使学生能够具体问题具体分析，培养学生思维的灵活性。

本环节通过核心问题引领，快速聚焦教学重点，将本单元知识的重点内容和关键内容进行有机整合，从简单梳理条形统计图的各部分名称及优缺点，到基本的读图和画图知识的复习及能力的培养过程，始终让学生作为问题的解决者直面问题，积极主动地参与知识的复习与重构。

二、观察联系中，经历数据分析过程

教学片段3：读懂条形统计图挖掘数据信息

出示材料：

（1）你能从这两幅图中分别获得哪些数学信息？

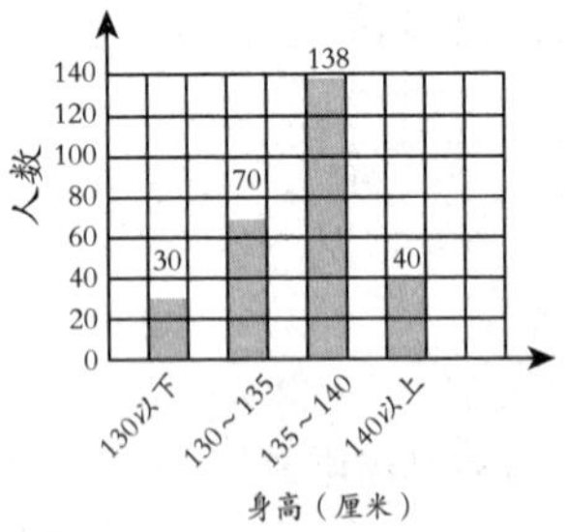

全校四年级学生身高情况统计图

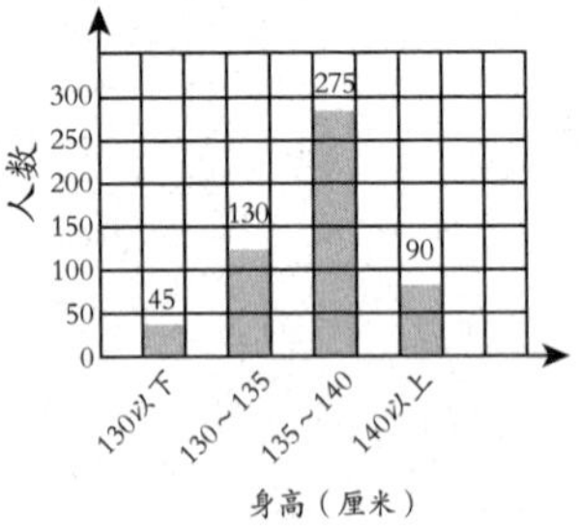

全镇四年级学生身高情况统计图

（2）仔细观察这四幅图，你有什么发现吗？他们身高分布的情况有什么相似的地方？

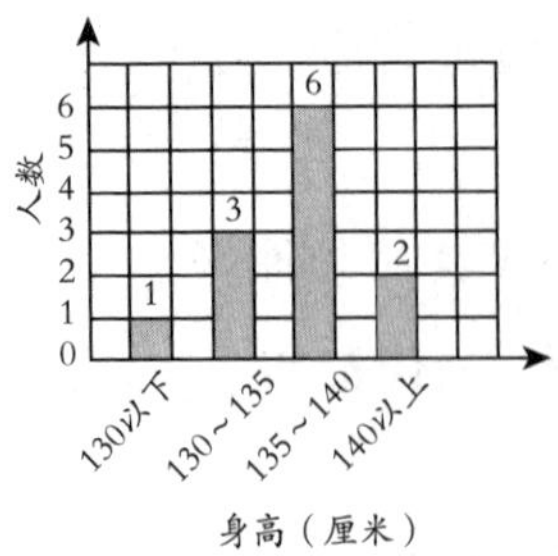

四（1）班第一组学生身高情况统计图

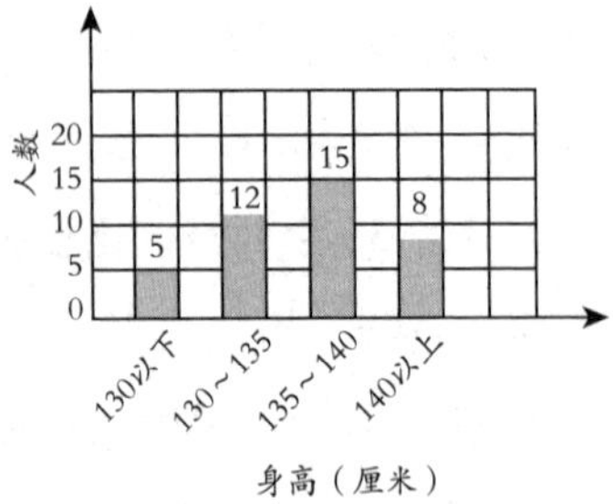

四（1）班全班学生身高情况统计图

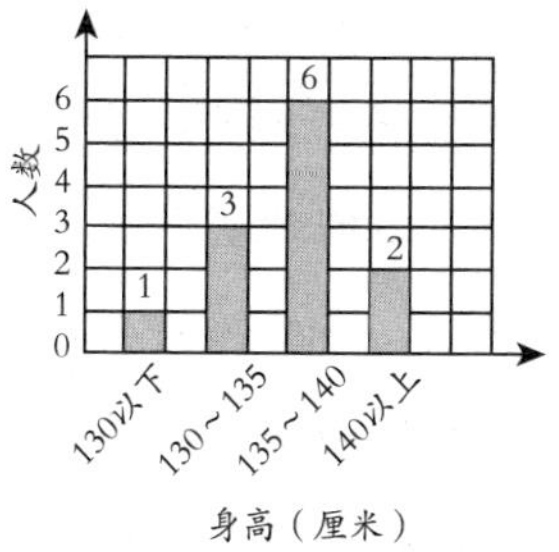

四（1）班第一组学生身高情况统计图

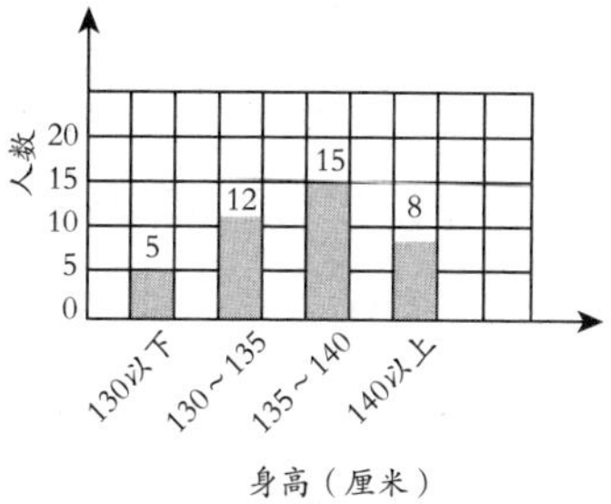

四（1）班全班学生身高情况统计图

生1：都是身高135～140厘米人数最多，身高130厘米以下的人数最少。

生2：身高130～135厘米人数排第二，身高140厘米以上的人数排第三。

生3：他们都是先低后高再低。

小结：无论是一个组、一个班、一个年级还是一个镇，四年级学生身高的分布情况都具有相同的趋势。

评析：数据分析的前提是读懂数据，不仅读懂数据本身的信息，而且发现数据之间的联系，更要挖掘超越数据本身的信息。通过不同条形统计图的对比可以挖掘出其内在的联系和规律，引导学生从不同角度提取有用的信息，逐步提高学生从统计图中获取数据信息的能力。

教学片段4：利用数据信息进行合理预测

出示材料：

（1）根据我们的发现，你能预测一下全市四年级学生身高的分布情况吗？

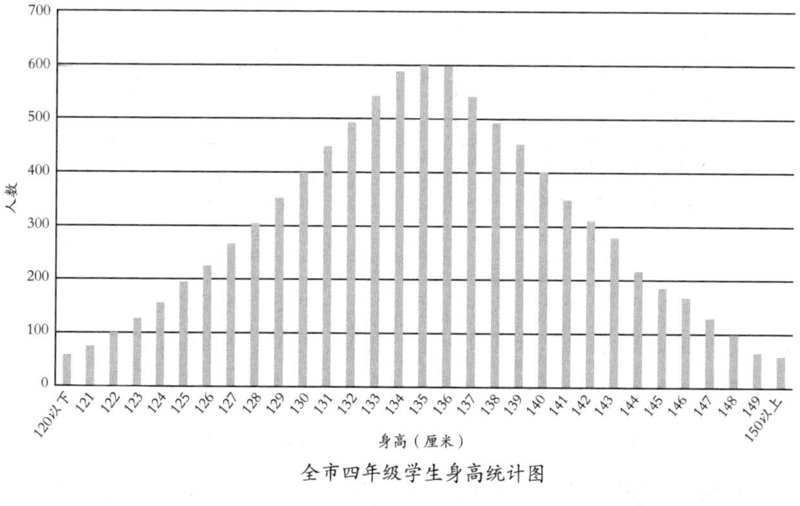

全市四年级学生身高统计图

（2）你能预测一下浙江省、全国四年级学生身高的分布情况吗？

评析：预测是一个过程，整个过程的前后关系中包含了许多信息，这些信息就需要通过读懂数据本身和挖掘数据之间的联系不断地进行数据分析，最终进行相应的预测。本课从一个组、一个班、一个校、一个镇的小样本数据中寻找趋势，以此为依据预测全市、全省、全国大样本的趋势，让学生体会到统计不是简单的获取信息、描述信息，而是通过不断分析数据，挖掘其最本质的联系，进行合理的预测，从而体会到统计真正的魅力。

三、多层练习中提升数据分析观念

教学片段5：利用数据信息进行推断

（1）出示材料：

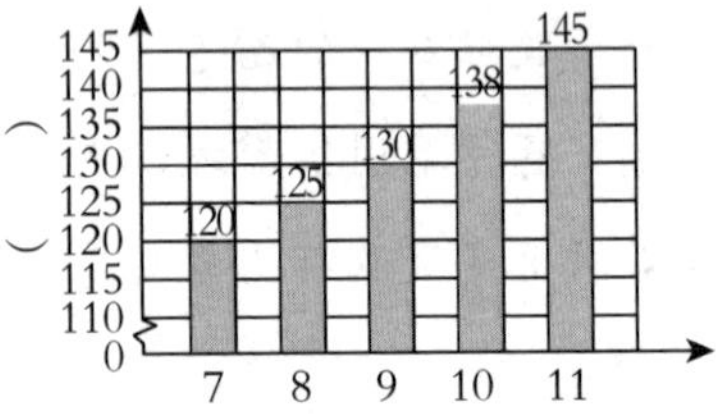

（　　）

乐乐______统计图

1.选一选：
给每张统计图选上合适的标题。
A.乐乐7～11岁身高统计图
B.乐乐7～11岁体重统计图
C.乐乐五次成绩统计图
2.标一标：横轴、纵轴分别表示什么？

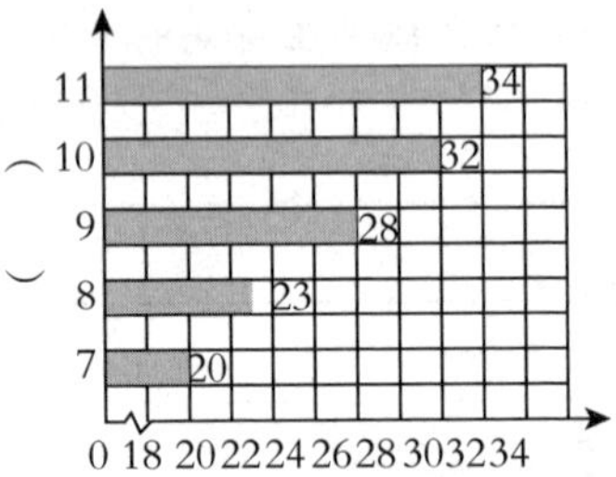

（　　）

乐乐______统计图

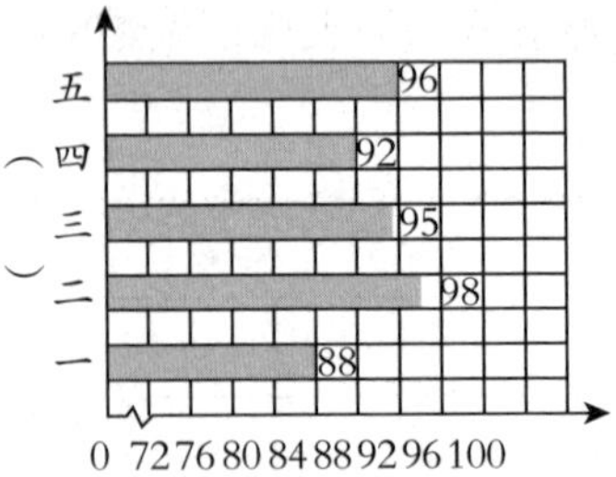

（　　）

乐乐______统计图

（2）老师也了解了有关乐乐的三条信息，上面三张图反映了乐乐的有关情况，怎么下面这两幅和上面的图画得不太一样呢？

生：下面两幅图是横向统计图，上面一幅图是纵向统计图。

（3）右边这幅图统计了乐乐的五次成绩，你觉得乐乐哪次成绩最好？哪次成绩最差？确定吗？（追问）第一次比较难，最高分 88 分，第二次比较简单最低分 96 分，你还觉得吗？

小结：有时候我们要把数据放在整体中比较才有意义。

评析：数据分析是一个复杂的思维过程，在设计练习时要选择合适的素材不断地诱发学生思考。通过选标题以及横、纵轴分别表示什么，借助图形的直观比较，用数据来说理，合理地做出判断，引导学生发现三个条形统计图之间的联系与区别以及五次成绩统计图之间的区别与联系，进一步发展学生的数据分析观念，培养学生的开放思维，同时使学生体会到有时要把数据放到整体中比较才有价值，数据分析还应用于生活的各个方面。

教学片段 6：利用数据信息进行预测

出示材料：

（1）知道乐乐 7～11 岁的身高，那他明年的身高会是多少呢？15 岁呢？25 岁呢？

（2）下面有四张统计图，哪一张是乐乐 0～25 岁的身高情况统计图？说说理由。

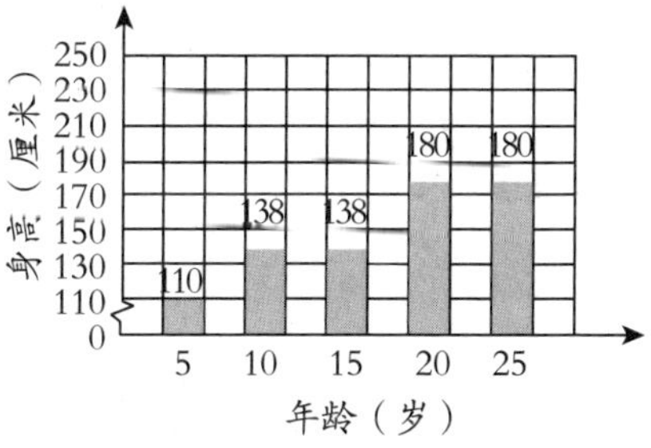

图1

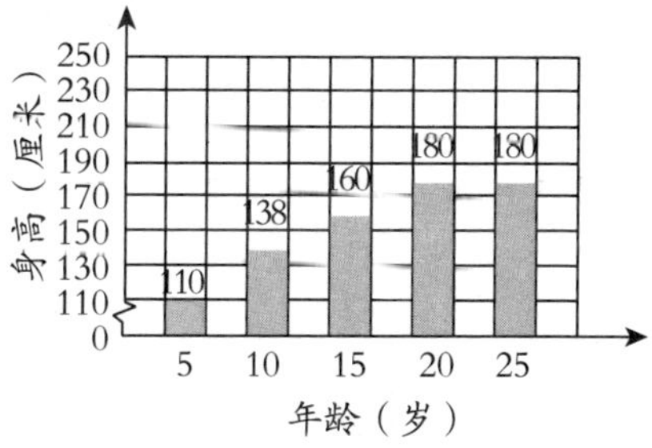

图2

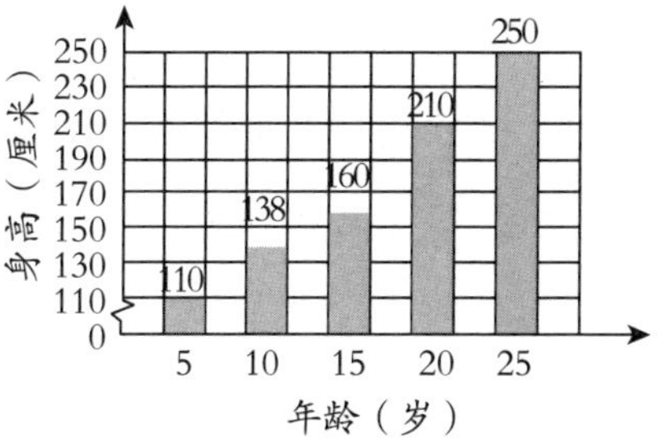

图3

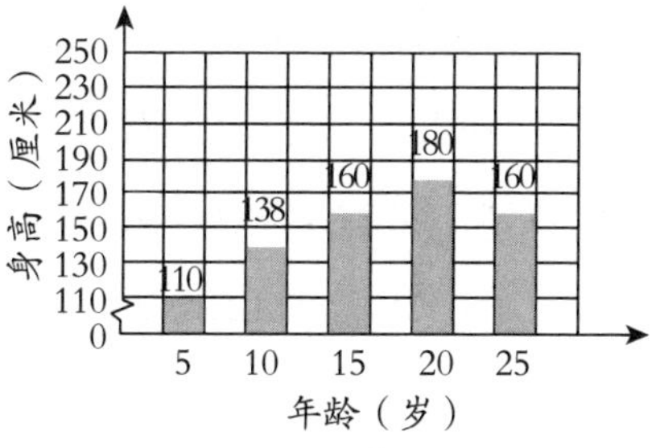

图4

评析：数据分析的预测功能不仅体现在同一件事样本总量不断增加的趋势预测上，也可以针对同一件事不同阶段情况进行判断与预测，即预测可以针对整体也可以针对个体。从全市身高分布情况预测，到乐乐不同阶段身高预测，学生能够从不同方向思考，并进行合理的判断及预测，拓展思维的广度，也进一步发展了数据分析观念。

教学片段7：利用数据信息进行猜测

（1）出示材料：

下面三幅统计图都是按同一个学校参加课后文艺活动的三种情况画出来的，你能从这三幅图中猜想到什么信息吗？（什么在变，什么没变？为什么没变？）

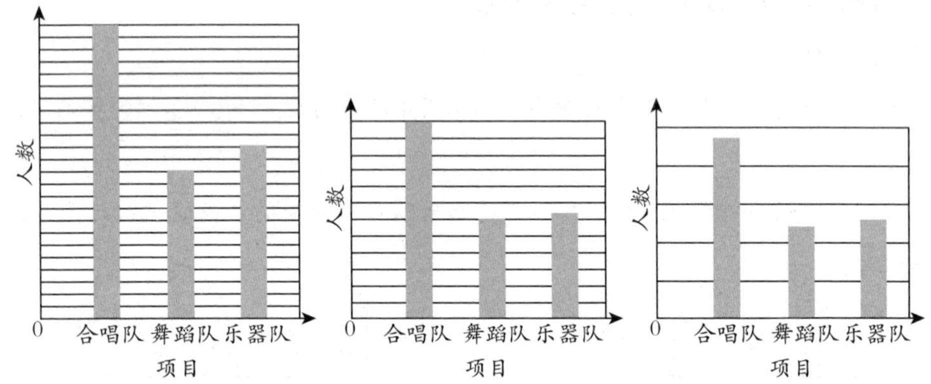

生1：都是合唱队最多，舞蹈队最少。

生2：一格代表几在变，总人数不变。

生3：同一个学校。

（2）四人小组交流讨论，完成练习。

（3）整体汇报反馈。

生1：如果第一幅图一格代表1，那么合唱队有24人，舞蹈队有12人，乐器队有14人；第二幅图合唱队也是24人，$24 \div 12 = 2$（人），所以一格代表2；第三幅图合唱队24人，上面还没到就是4人，剩下$20 \div 4 = 5$（人），所以一格代表5。

生2：第一幅图一格代表20，第二幅图一格代表40，第三幅图一格代表100。

师：除了一格代表1或20，还可以一格代表几？合适吗？

生3：100，1000。

生4：一个学校没有这么多人。

小结：要合理选择一格代表几。在刚才的过程中，只要第一幅图一格代表几确定了，其他几幅图的一格代表几也随之确定了。

评析：数据分析是建立在以数据为基础的活动过程中的，通过对数据的理解与分析，最终做出指向性的推测和判断的一种学习和思维过程。这里的数据不仅指数和代数，也可以是语言、文字、符号、图形等。从数据和图像承载事物的信息，到仅有图形承载事物的信息，让学生完成了从具象的数字到抽象的图形的提升，避免了思维定式，同时，大大提高题目的思辨含量，发展了学生的思辨思维；开放性的结果，培养了学生思维的开放性；生活实际的约束画龙点睛地拓展了学生思维的广度和深度。

上面三个练习横向比较来看，让学生在不同的生活情境下经历数据分析的过程，体会数据蕴含的信息，学会用数据说话，培养学生良好的数据分析观念；纵向比较来看，练习设计层层递进，环环相扣，让学生从具体数据到图形数据抽象的过程中，充分体验数据分析的过程，从而不断提升数据分析的观念，发展学生思维的开放性和灵活性，促使学生思维往纵深处发展，体会到数据分析的价值。

四、生活实际中感受统计的价值

统计到底有什么用？（图6-2-1）

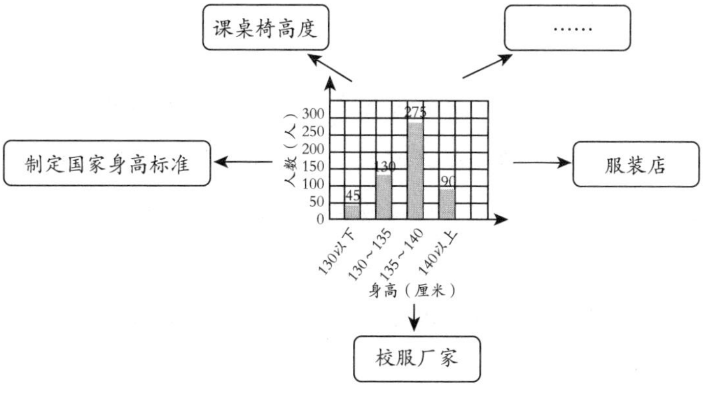

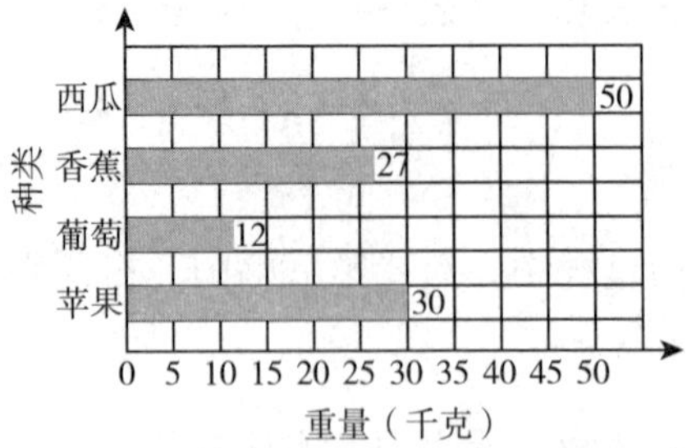

某水果店上周销售水果情况统计图

（a）

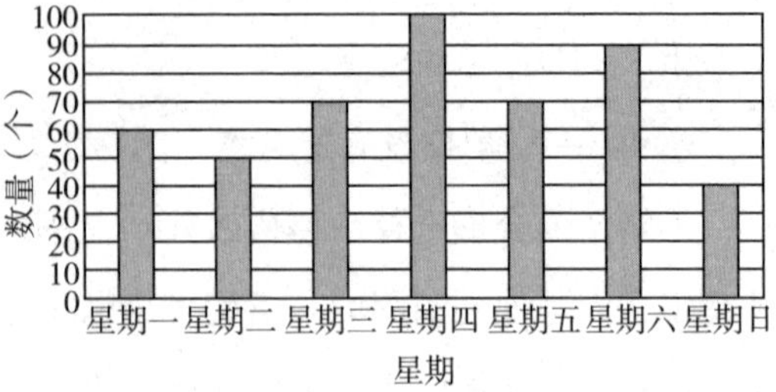

早餐店售出馒头一周情况统计图

（b）

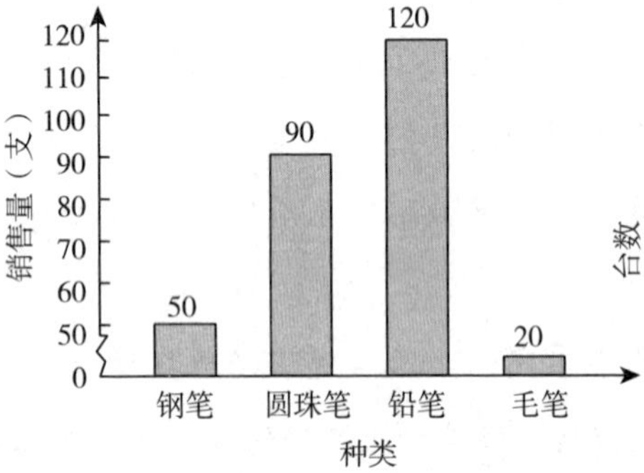

某文具店一周销售笔的情况统计图

（c）

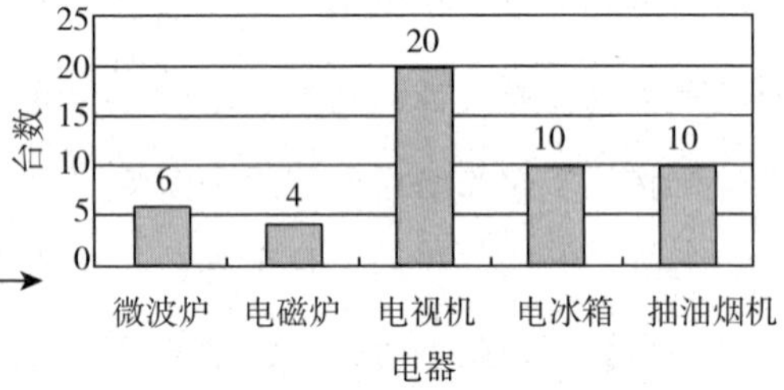

某商场电器销售统计图

（d）

图 6－2－1

师：就身高而言，可以应用在服装店（哪个尺码多进一点）、做校服（全国身高标准的制定）、课桌椅高度的确定等方面；在实际生活中，如水果店、早餐店、文具店、商场等地方往往也是根据统计的情况做出相应的调整，获取盈利、减少损失。

小结：同学们统计不是为了统计而统计，而是因为实际需要才去统计和应用的。

评析：数据分析的目的一方面是解决或解释生活实际中遇到的问题，另一方面是发现问题、提出问题并解决问题。结合生活实际中的各种实例，让学生体会基于数据分析总结发展趋势为决策提供依据，所以说，预测不是终点而是决策的输入；创设真实、需要用数据解决或解释的问题情境，让学生在问题中分析数据，发展数据分析观念，体会统计的价值和应用。

五、教后反思

1. 递进式素材——经历数据分析过程

递进式素材即指每个素材之间相互联系又层层递进。数据分析是上位知识，通过这样一组素材，将数据分析落到了实处。本节课，从一个组学生身高分布情况出发，到全班、全校、全镇学生身高分布情况，通过每次的观察比较，寻找它们之间的相似性，并对全市、全省、全国四年级学生身高分布进行合理预测，不断让学生经历数据分析过程，体会从小数据到大样本的统计魅力，让学生在现实生活中用数据的眼光看待事物发展的规律，培养学生良好的数学思维品质，促使其思维的广度与深度得到一定的发展。

2. 多变式素材——提升数据分析观念

多变式素材是指在不同情境和同一情境下对不同条形统计图进行分析的素材。数据分析受情境影响，经历多情境下不同数据分析的体验，真正让学生体会到数据会说话。本节课从猜测乐乐身高，到推断乐乐的有关情况，再到预测乐乐未来身高，猜想乐乐统计结果，前三题为一个整体，让学生从大样本回到小样本，体会统计的可能性。接着在不同情境下，从数据中推断出统计图与乐乐情况的一一对应，最后再次感受统计预测功能：不仅可以预测整体趋势也可以预测个体的趋势。在猜想乐乐统计结果时，又将题目改编成同一个情境且缺失数据的情况，更需要学生进行相关数据的分析、推断、猜想，这道题是上面所有情况的综合，它更加立体丰满。开放式的结果和生活实际的约束，大大提升了学生思维思辨的含量。经过多层次的练习训练，学生能够具体情况具体分析，能够选择合适的数据分析方法，并最终进行推测与判断，提升数据分析的意识，培养数学思维的灵活性。

3. 生活式素材——体会统计应用价值

生活式素材指生活实际中运用了统计的素材。所有知识都是为了应用，素材来源于生活又回到生活，让学生真正贴近实际体会统计价值。本节课从两个维度出发：一是统计的身高可以应用在哪里，二是生活中哪些地方用到了统计，很好地解释了统计从哪里来到哪里去，追溯了其本源。从课本回到生活才真正让学生明白统计是因为实际需要，统计是有价值的。

数据分析的最终目的是通过数据分析所获得的信息对问题进行判断与决策。也正因如此，生活中许多实际问题往往需要从数据中发现，再到数据中去寻找解决的办法。基于生活实际的需要，才能让学生真正感知数据分析的价值与意义，进而体会到统计的魅力与本质。

总之，统计的核心是数据分析，通过一组组素材的创设，让学生经历数据分析过程，体会数据中蕴含的信息，提升数据分析的意识。通过本节课的复习，学生深刻感悟到统计的意义价值，也深深感受到统计在生活实际中的应用。

借题发挥，精心设计，改换形式，加深理解

——“复式折线统计图”复习课教学设计与评析

人教版五年级下册“复式折线统计图”按通常的教学进程，在新授课之后，紧接着要针对练习二十五的第 3，4，5 三道题上一节练习课。教材的每道练习目的虽然很清楚，但要形成一节高效的练习课，教师必须对练习素材进行改进与补充，才能使练习内容和练习过程具有一定的启发性、层次性和整体性。最近我们通过对这节课的研究，体会到要设计好练习课的练习，其中最重要的是从分析教材入手，明确教材所提供的素材的练习目标，由此“借题发挥”引申练习。下面我们整理了本课的教学过程和设计思路，也许会给大家带来更深入的思考。

一、基本练习

1. 独立画图，交流评价

教师创设情境呈现以下表格和没有画完整的统计图（这就是教材中练习第 4 题的一部分），并提出以下练习与合作要求：

某家电商场A、B两种品牌彩电2012年前四个月销售统计如下表（单位：台）

品牌	月份			
	1	2	3	4
A	75	80	62	45
B	30	40	38	42

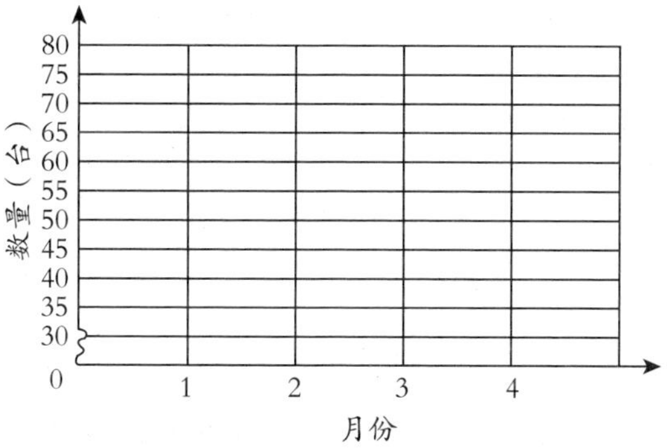

某家电商场A、B两种品牌彩电2012年前四个月销售统计图

（1）根据表中的数据把复式折线统计图画完整。

（2）小组互相检查画得是否正确。

（3）小组针对下面两个问题进行交流：

① 在画复式折线统计图时要注意什么？

② 复式折线统计图的作用是什么？

学生独立画图、小组交流之后，教师针对以上要求逐一组织集体反馈、评价。

学生出现的主要问题是忘了标上图例，教师给予及时提醒。

接着，教师投影画折线统计图的过程及这四个月两种彩电销售数量的复式条形统计图（图6－2－2），让学生比较复式折线统计图和复式条形统计图各自的优点与不足。

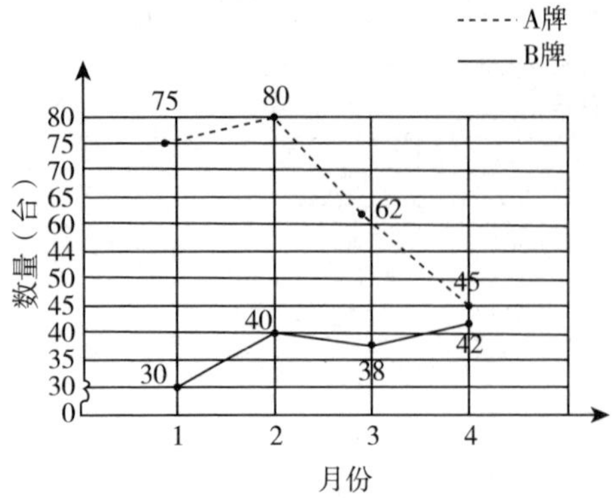

某家电商场A、B两种品牌彩电2012年前四个月销售复式折线统计图

（a）

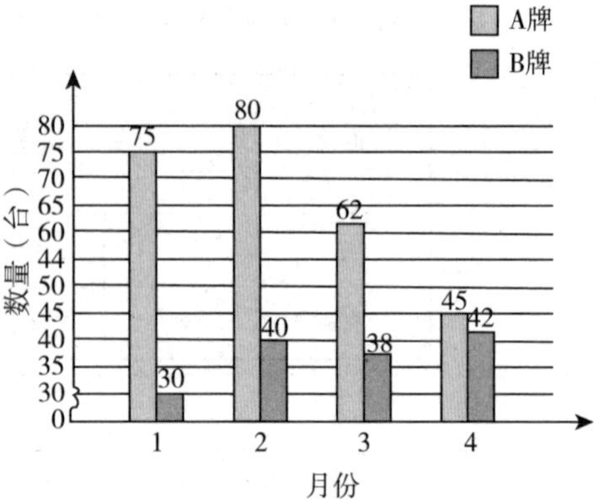

某家电商场A、B两种品牌彩电2012年前四个月销售复式条形统计图

（b）

图 6－2－2

在交流中，学生说：复式条形统计图能形象地看出每个月销售的数量；复式折线统计图不仅能分析、比较数量的大小，而且更能看出数量的变化趋势。

板书：复式折线统计图便于分析、比较数量的大小和变化趋势。

评析：以上练习片段的素材选自教材中的第 4 题，如果按第 4 题把 12 个月 A、B 两种商品都要求学生画出，显然在操作上是重复的。因此，教师截取了前四个月的数量让学生画一画，并对照条形统计图，使学生很好地回顾了画折线统计图的方法和注意点，并进一步认识了复式折线统计图的作用。

2. 观察分析，自主解读

教师在以上统计表的基础上继续呈现商场全年各月销售情况的表格，接着出示全年的折线统计图。

某家电商场 A、B 两种品牌彩电 2012 年销售统计如下表（单位：台）

品牌	月份											
	1	2	3	4	5	6	7	8	9	10	11	12
A	75	80	62	45	53	42	38	46	35	32	37	30
B	30	40	38	42	45	43	46	39	42	50	43	52

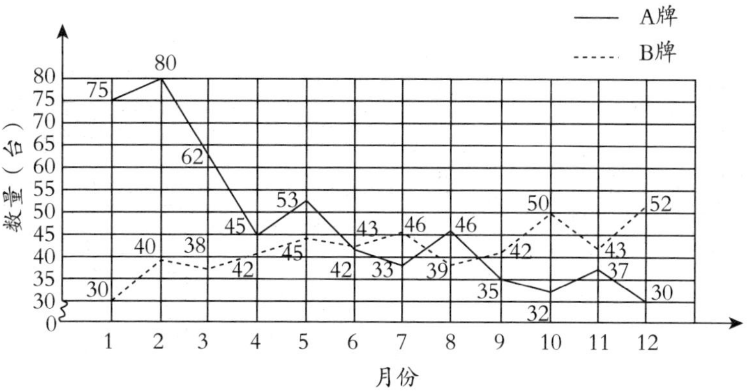

某家电商场A、B两种品牌彩电2012年前四个月销售统计图

教师再提出以下观察分析、交流讨论的要求：

（1）哪种品牌彩电全年总销量最高？

（2）如果你是商场经理，从上面统计图中能得到哪些信息？它对你有什么帮助？

学生很快从图中看出A牌彩电全年的总销量最高。

师追问：从以上复式统计表中，你能很快看出A品牌的彩电全年的总销量比B品牌多吗？

生：统计表数据很多，不能一眼看出A牌彩电全年的销量最多。

学生感受到复式折线统计图的直观性更强，还解读出了B牌的彩电销量是在上升趋势，并说出了不同的想法。

评析：以上教学过程对第4题做了完整的呈现，并引导学生针对图表进行解读。这样的处理不仅没有影响原题练习目标的达成，而且大大提高了练习效率。

二、专项练习

1. 分析信息，合情猜想

教师给学生提供没有标题的三张图（图6－2－3），要求学生根据学习要求读懂图的意思。

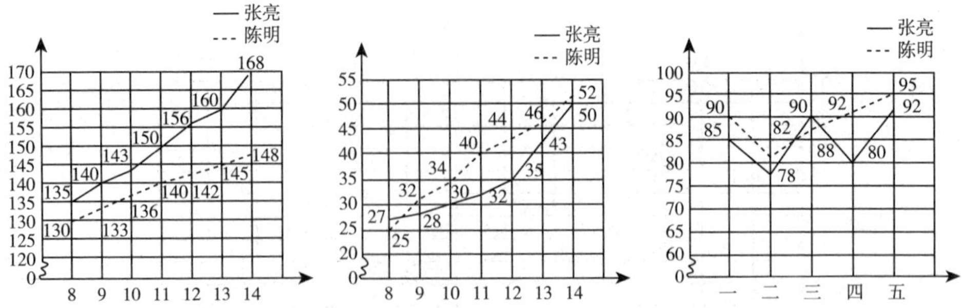

图 6-2-3

练习与合作要求：

(1) 想一想这三张图分别统计了张亮和陈明的什么情况，给每张统计图补上合适的标题和横坐标与纵坐标的名称。

(2) 读了这三张统计图后，你有什么想法？想在小组里说一说吗？

学生经过独立思考和小组交流后，教师组织学生集体交流。从反馈情况分析，学生合情地说出了第一张图表示的是张亮和陈明两个同学的身高情况，第二张图是表示这两个同学的体重情况，第三张图大部分同学都说出了是表示这两个同学的考试分数情况。

教师针对学生对每张图的标题、横坐标与纵坐标的表示组织评价，接着利用投影呈现三张完整的统计图让学生对照检查，然后在每一张图上分别添加上标准身高、标准体重和班级的平均分（图 6-2-4）。

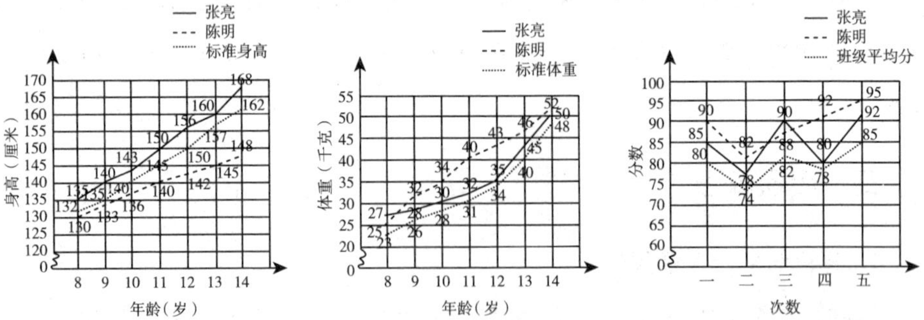

张亮和陈明8~14岁身高统计图
(a)

张亮和陈明8~14岁体重统计图
(b)

张亮和陈明五次考试成绩统计图
(c)

图 6-2-4

2. 深度解读，加深理解

针对以上完整的统计图，教师又向学生提出以下的思考：现在继续观察这三张图，你又有什么想法？能说一说吗？

学生小组互动交流后，教师组织集体交流。

生1：从第一张图可以看出张亮身高超出标准身高，而陈明同学的身高比标准身高要矮。

生2：从第二张图可以看出张亮的体重与标准体重比较接近，而陈明同学体重超标了。

生3：两张图合起来看陈明同学矮矮的、胖胖的。（投影上还呈现了表示陈明和张亮两个同学的人物图像，学生在观察中非常愉悦地交流着）

生4：从第三张统计图中可以看出张亮和陈明每次的考试成绩都超过了班级的平均分。

……

师：你有什么建议吗？

生：建议陈明同学多参加体育锻炼。

评析：以上三张统计图是从教材中的第3题想到的，教材第3题仅仅呈现了陈明同学的体重与标准体重的比较。我们把这一题拓展成针对张亮和陈明两个同学的三张不同背景的统计图，要求学生从图中相关数据的信息读懂每张图所反映的情况。这一过程也是培养学生折线统计图解读能力的过程。当学生通过质疑得到完整统计图后，教师继续在图上呈现标准身高、标准体重和班级平均分的折线，从而进一步拓展了学生的思考空间，激发了学生的学习兴趣。

三、综合练习

1. 分析特点，区分功能

教师呈现下面两张统计表，并提出思考要求。

根据下面两组信息，请你想一想：哪一组的信息适合绘制成复式条形统计图？哪一组的信息适合绘制复式折线统计图？在小组里说一说。

（1）某市四个商场四月份销售甲、乙两种商品数量见表一。（单位：件）

商品	商场			
	东方百货	好又多超市	联华超市	耀达商场
甲	205	105	350	420
乙	180	150	240	380

（2）耀达商场一至四月份销售甲、乙两种商品数量见表二。（单位：件）

商品	商场			
	一	二	三	四
甲	380	680	500	420
乙	400	550	430	380

学生小组交流后，教师再组织全班交流。这时，大部分学生都比较明确地知道表一反映了各商场甲、乙商品的销售量，商场与商场之间没有直接关联，只是比较出数量的多少，所以适合画成复式条形统计图。而表二既可以画成复式条形统计图，也可以画成复式折线统计图。

教师利用投影同时呈现一张复式条形统计图和一张复式折线统计图(图6－2－5)。

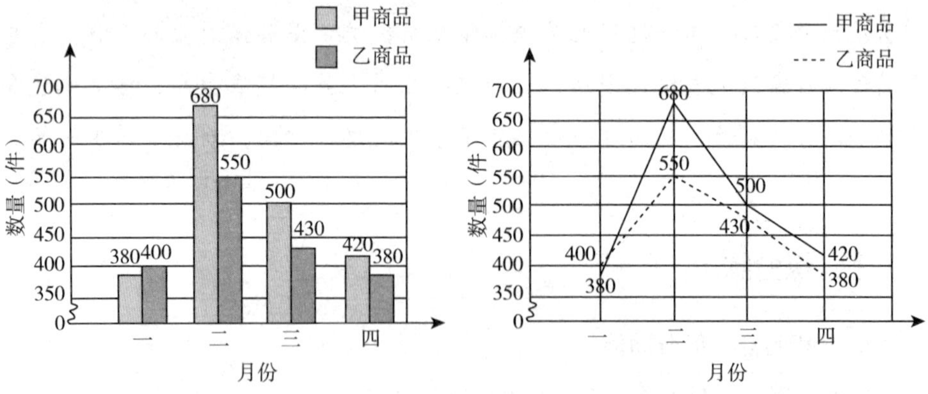

耀达商场一至四月份销售甲、乙商品情况复式条形统计图

（a）

耀达商场一至四月份销售甲、乙商品情况复式折线统计图

（b）

图6－2－5

通过对图6－2－5的观察、比较，学生进一步明确既要比较每月两种商品的销售量，又要比较月份与月份之间的销售量的变化趋势，画成复式折线统计图更合适。

评析：以上综合练习素材是根据教材第5题的练习想到的。教材第5题的表一是五年级同学五一不同度假方式男、女人数的统计，表二是各年级参加旅游人数的统计，其目的是想通过这两张表格的信息，引导学生进一步掌握在什么情况下选择条形统计图，在什么情况下选择折线统计图。但这两种统计不管是各种度假方式的男、女人数，还是各年级的男、女人数，都适合画成复式条形统计图。因此，我们另外创设了以上的练习素材。通过四个商场与两种商品的销售量，以及与一个商场四个月的两种商品的销售量的对比分析，使学生在交流讨论中进一步明确了当统计项目数量之间没有一定关联时，适合画成条形统计图；当数量与数量有一定关联时，既可以画成条形统计图又可以画成折线统计图。而折线统计图既能比较数量的大小，又能看出数量的变化趋势。

2. 再次画图，加深认识

根据下面调查到的联华超市与耀达商场一至四月份销售甲种商品的数量，分别在下面两张空白图内画出复式折线统计图和复式条形统计图。（单位：件）

商场	月份			
	一	二	三	四
联华超市	420	540	520	350
耀达商场	380	680	500	420

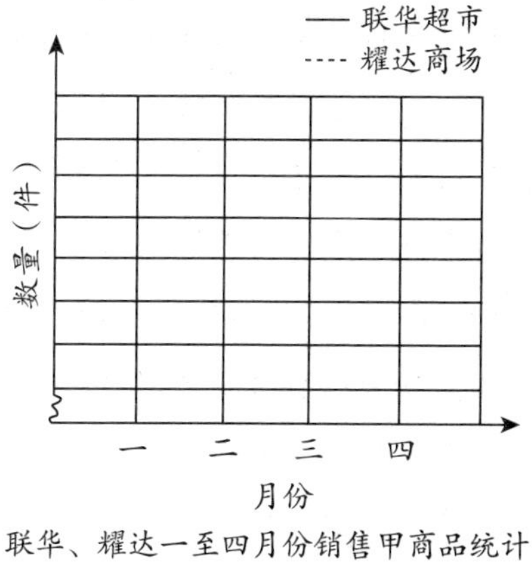

联华、耀达一至四月份销售甲商品统计图

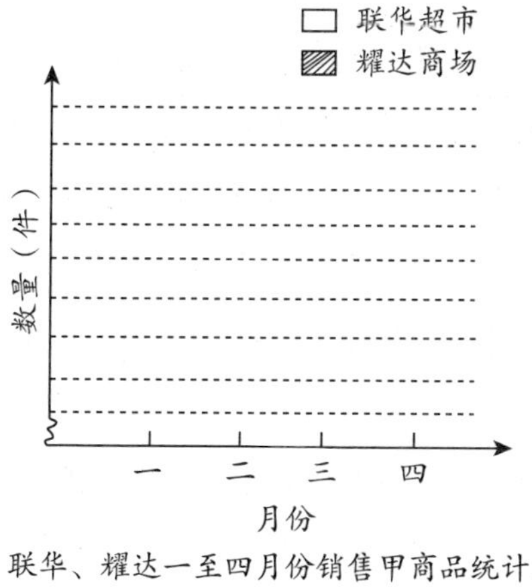

联华、耀达一至四月份销售甲商品统计图

学生操作后教师重点组织评讲纵坐标的起始数量和每格表示的数量怎样确定最合理。

评析： 教师又提供了一组既可以画成复式折线统计图，又可以画成复式条形统计图的信息，目的是让学生再次进行综合思考，从怎样确定每格的数量，到完成统计图的绘制过程，达到对复式折线统计图与复式条形统计图的进一步认识。

总评： 长期以来，教师面对练习课感到最困难的是练习题的设计。回顾本课的设计过程，我们并没有盲目地去寻找练习题，而是在读懂教材的基础上对原有的三道练习题分别进行了改变方式、拓展背景、改换题材的不同处理。虽然只是改编、拓展，却大大丰富了本课练习的内涵，使学生进一步加深了对复式折线统计图的理解，进一步区分了折线统计图与条形统计图功能和适用的背景。总之，上好练习课的关键是练习设计，而练习设计的一种重要的技法就是善于利用原有的练习“借题发挥”。这样的发挥是针对一节练习课的重点、难点的创设，也是为了进一步提升学生的思维和能力进行的创设。

立足数学本质，在思辨中培养分析能力

——“可能性”复习课教学实录与反思

随着大数据时代的到来，统计观念的重要性变得日益突出，培养学生的数据分析能力成为数学课堂的教学目标之一。可能性知识属于“统计与概率”领域的概率内容。人教版数学五年级上册“可能性”这个单元所涉及的知识点比较少，学生在学习本单元内容后，能够用“可能”“不可能”“一定”等词语来描述随机事件发生的可能性，能正确判断随机事件发生的可能性的大小，能由一些简单事件发生的可能性大小逆推事件发生的量，并能形成初步的随机意识。上好这一单元的复习课，确实是一个挑战。如何把握这节课的复习程度？如何体现概率知识的数学本质？如何在学生已有的学习基础上，使学生的思辨能力得到提高？又如何使学生的数据分析能力得到提升，培养学生进行简单的逻辑

推理和逆向思维的能力，真正做到温故知新？带着这些问题，我对此课做了尝试，现把教学实录与反思整理如下，供大家参考。

一、教学简要过程

（一）揭示课题，回忆知识要点

师：今天我要和大家一起复习“可能性”知识，这一单元我们学习了哪些知识？

（生回答，略）

（二）梳理联系，构建知识网络

1. 复习理解确定性现象和不确定性现象

连一连：从盒子里中摸出一个球。

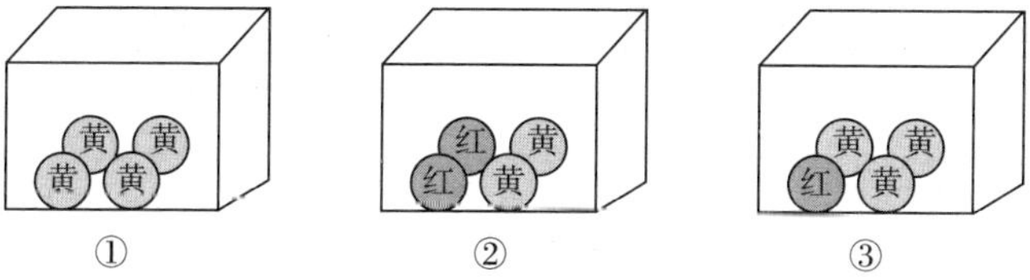

可能是红球可能是黄球　　一定是黄球　　不可能是红球

生 1：从①号盒子摸出一个球，一定是黄球，不可能是红球。

生 2：从②号盒子摸出一个球，可能是红球，可能是黄球。

生 3：从③号盒子摸出一个球，可能是红球，可能是黄球。

师：从盒子里摸球的结果有这样几种情况，可以用哪些词语来描述？

生：可能、一定、不可能。

师小结：在一定条件下，一些事件的结果是可以预知的，具有确定性，就可以用“一定”或“不可能”来描述。一些事件的结果是不可预知的，具有不确定性，可以用“可能”来描述。

评析：学生通过从盒子中摸球的练习，进行复习，回忆起可以用“可能”“不可能”“一定”等词语来描述随机事件发生的可能性。

2. 事件发生的可能性有大有小

师：既然图②和图③中都有可能摸到红球和黄球，那图②中摸到红球和黄球的可能性如何?

生：相等。

师：图③中，摸到红球和黄球的可能性还是一样的吗？摸到什么球的可能性大?

生：摸到黄球的可能性大。

师：下面两幅图（图6－2－6），哪一副可以表示图③中摸到红球和黄球的可能性?

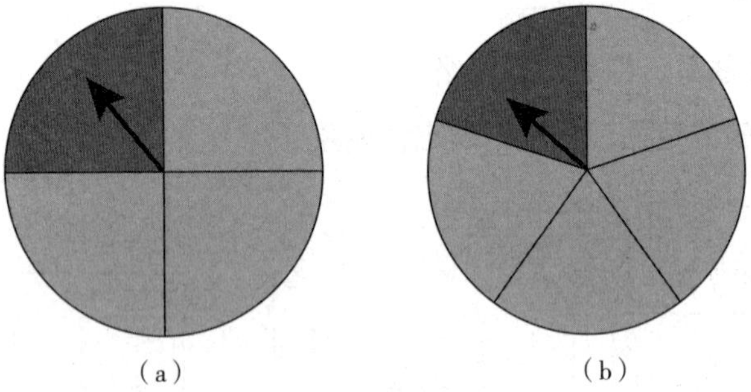

图6－2－6

生：第一幅图。红色的面积比较小，指针转到红色区域的可能性小；黄色的面积比较大，指针转到黄色区域的可能性大。

师：像第二幅转盘这样表示摸到红球和黄球的可能性，那盒子里的球的数量该如何改变?

生：往盒子里加一个黄球。

师：如果不断地往盒子里加黄球，摸到红球和黄球的可能性会怎么变?

生：摸到红球的可能性越来越小，摸到黄球的可能性越来越大。

师：如果盒子里全是黄球，摸一次会怎么样？在转盘上又该怎么表示?

生：一定是黄球。转盘上全是黄色。

师：看来，可能性是有大小的。那相同条件下，可能性的大小与什么有关?

生：与数量有关。在条件相同的情况下，数量多，可能性大；反之，数量少，可能性就越小。

评析：在盒子中摸球是让学生回顾相同条件下可能性的大小与数量的多少有关。在以上环节中，教师还巧妙地设计了“转盘”，看似和“摸球”差不多的设计，其实表达了教师对两种概率模型的认识。摸球代表的是古典概率，转盘则代表的是几何概率。这样的设计，有助于学生全面地认识可能性这一数学问题，并在摸球的活动中感受可能性的变化，进而更好地理解可能性知识的本质。

3. 根据事件发生的可能性进行推测和判断

下表是从盒子中摸100次球的纪录，每次摸出一个球后再放回去，根据统计表判断正误。

球	记录	次数（次）
红球	正正正正正正正正正正正正正正正	75
黄球	正正正正正	25

盒子里一定有75个红球和25个黄球。(　　)

如果再摸一次，一定摸到红球。(　　)

如果再摸一次，摸到黄球的可能性大。(　　)

盒子里红球可能比黄球多。(　　)

学生独立思考，完成后同桌交流。

师：哪些是错的？哪些是对的？

学生反馈，并说明理由。

师：通过这个练习，你能说一说我们学习可能性有什么用吗？

生：我们可以根据事件发生的可能性推测出物体数量的多少，并做出合理的推测和判断。

评析：以上环节，教师做到了把课堂还给学生，让学生之间进行交流和思辨，体会可以根据事件发生的可能性来进行合理的推测和判断。

（三）合作交流，产生思维火花

针对下面盒子里球的情况，想一想，下面的说法对吗？请说明理由。

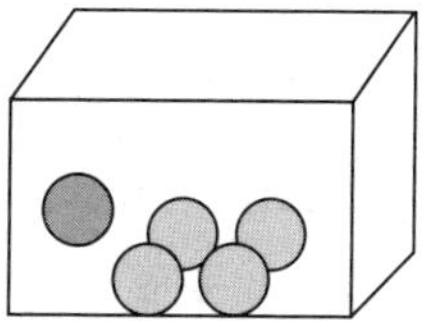

（1）小明从盒子里每次摸一个球后放回再摸，摸了4次，摸出的都是黄球，那第5次摸一定能摸到红球。

（2）小明从盒子里每次摸一个球后放回再摸，摸了5次，摸到黄球的次数一定比红球多。

学生独立思考，同桌交流。

反馈分析：你是怎么想的？

生1：第一题说法不对。因为每次摸到黄球的可能性比较大，所以第5次同样是摸到黄球的可能性比较大，但不能保证一定能摸到红球。

师：那摸第10次呢？

生：可能是红球，也可能是黄球。

师：摸第100次呢？

生：可能是红球，也可能是黄球。

师：如果盒子里的黄球数变成100个，从中摸一次，会怎么样呢？

生：摸到红球和黄球都有可能。

生2：第二题说法不对。因为每次摸到黄球的可能性都比较大，但不一定保证摸到黄球的次数一定比红球多。

师：其实当我们摸的次数达到很多很多时，我们会发现摸到黄球的次数一定比摸到红球的次数多。而在这个题目中，5次次数太少，摸的时候存在随机性，不能说一定。

师：通过这两道题，你有什么想说的吗？

生：盒子里有红球和黄球，每摸一次都有可能摸到红球和黄球，可能性大小与盒子里的红球和黄球的数量有关。

小结：每一次从盒子里摸出一个球，都具有不确定性。当盒子里红球数量少时，摸到红球的可能性小，但不代表摸不到，也是有可能摸到的；反之，盒子里的黄球数量多，摸到黄球的可能性比较大，但不代表一定摸到。

评析：以上环节通过“单个盒子里小球的情况”的两个辨题第一次激发学生思考，让学生在不断交流的过程中体会可能性事件的不确定性和随机性。可能性比较大的事件，不代表一定发生；可能性比较小的事件，不代表不可能发生。透过现象看概率的本质，进一步将学生对可能性的理解从感性提升到理性。

请你猜一猜每个盒子中球的情况，并分别在横线上写一写。

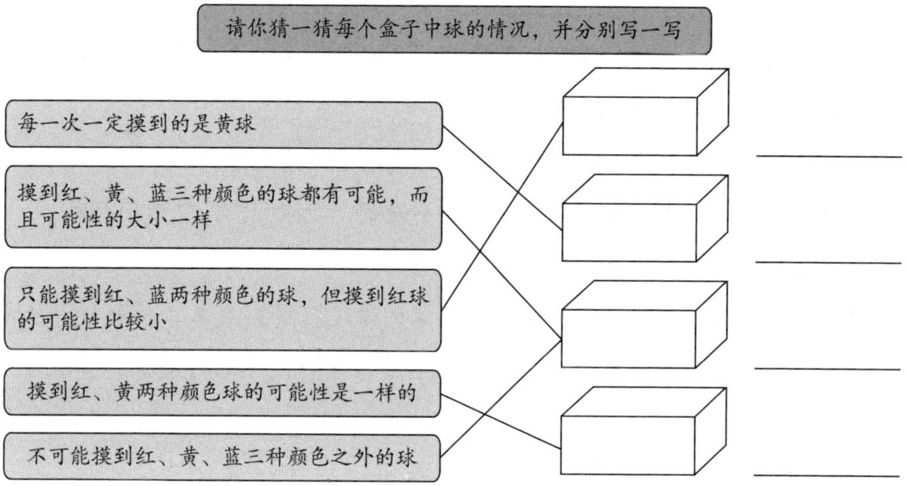

独立思考，写完后同桌互相交流。

反馈：学生作品分享、质疑，并说一说自己是怎么想的。

师：老师这里就仅仅是你们猜的其中一种，要打开看看吗？

师：通过刚才的这道题，你有什么收获？

评析：以上环节中，猜一猜每个盒子里的情况是建立在学生掌握的可能性知识的基础上，是对可能性问题的一个反向思考：学生根据给出的条件，猜测盒子里不同的情况。通过作品之间的比较，并提出质疑——“摸到红、黄两种颜色球的可能性一样”这一条件能不能有其他颜色的球，展开讨论，让学生的思维向更深处迈进。

师：一个盒子大家都会判断了，那两个盒子呢？想一想，下面的说法对吗？为什么？

如果在甲盒中有3个红球，在乙盒中有6个红球，现在从甲盒摸出一个球，从乙盒也摸出一个球，那从乙盒摸到红球的可能性一定比从甲盒大。

生1：我们认为说法是对的。甲盒里有3个红球，乙盒里有6个红球，乙盒的红球数量比甲盒多，所以从乙盒摸到红球的可能性一定比从甲盒摸到红球的可能性大。

生2：我们认为说法不对。如果甲盒中只有3个红球，而在乙盒中还有其他颜色的球，那从甲盒一定能摸到红球，在乙盒摸一次不一定摸到红球。

生3：我们也认为不对。比如，在甲盒中除了红球，其他颜色的球还有3个，而在乙盒中除了红球，其他颜色的球还有10个，那从甲盒摸出红球的可能性要比从乙盒摸出的可能性要大。

师：通过大家的辩论，现在你觉得这种说法是对还是错?

生：说法不对，因为盒子里球的总数不确定，所以我们不能做出判断。

师：通过这道题，你又有什么想说的吗?

评析：以上环节通过“两个盒子里小球的情况”的辩题第二次激发学生思考，让学生在不断的争辩过程中再一次体会随机事件发生的可能性，知道对问题的思考需要理性。

（四）联系生活，解决实际问题

1. 数学中的可能性

师：其实在我们所学过的数学知识里，也随处可见可能性的影子。想一想，在哪里见到过它们?

出示题目：

3□8 × 42 = （　　）

A. 15083　　　B. 110886　　　C. 14616

师：在这里，我们是怎么用到可能性的?

三位数乘两位数的乘法，积可能是四位数，也可能是五位数。但不可能是六位数。

生：看个位排除A，看数位排除B，只能选C。用到了排除法。

出示题目：

有一个正方体，6个面上分别写着数字1，2，3，4，5，6，有3个人从不同的角度观察，结果如下：

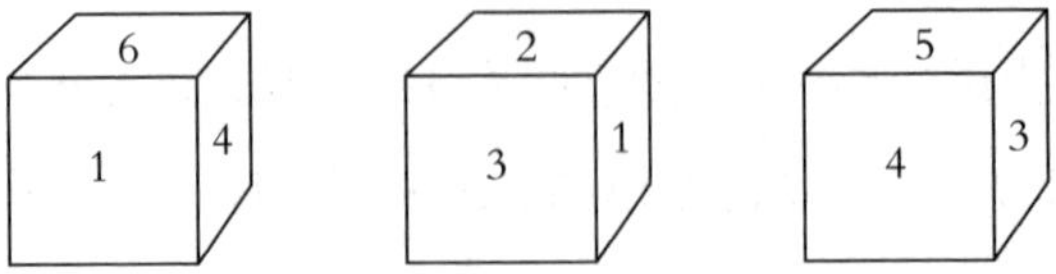

这个正方体上数字1相对的是数字______，数字4相对的是数字______，

数字6相对的是数字______。

师：如果是一道这样的题，你觉得可能性又用在哪里？

生：1的对面不可能是4，6，2，3，1的对面只能是5。用同样的方法还可以找到2和3相对的数。

2. 生活中的可能性

师：在日常生活中，我们也经常用到可能性，如小明喝半杯牛奶，小刚喝$\frac{3}{4}$杯牛奶，能说小刚喝的牛奶一定比小明多吗？

生：不一定，杯子有大有小。当杯子大小一样时，小刚喝的比较多；当杯子大小不一样时，不一定是小刚喝的多。

评析：教师通过数学中和生活中的实例，运用可能性知识研究生活中随机现象发生的概率，引导学生平时多用数学的眼光看问题，理性地分析，学会从确定性思维转向随机性思维来思考问题。

（五）全课小结，分享学习收获

师：这节课我们对可能性知识进行了整理。你有什么新的收获吗？

（学生回答，略）

二、教后反思

1. 层层递进，感悟数学本质，启发数学思考

在“可能性”复习课的教学中，我们应该引导学生透过现象看到概率知识的本质。随机事件的发生可以用“不可能”“可能”“一定”等词语来描述，而这三者的概念是相对的。学生通过摸球的活动复习可能性的知识，了解有几何概率和古典概率两种概率，体会到随着黄球数量的逐渐增加，摸到黄球的可能性逐渐变大，一旦没有红球，就不可能摸到红球，摸到的一定是黄球。这一过程进一步沟通了“一定”“不可能”和“可能”三者之间的关系，为学生今后进一步学习概率知识做好了铺垫，积累了经验。

2. 关注交流，挖掘知识内核，渗透思辨思想

教学中，教师挖掘知识内核，让学生在思辨中掌握数学知识，领悟其中包含的数学思想。备课时，教师培养学生的交流能力，发展学生思辨的能力，因此巧妙地设计了三个辩题的辩论和猜盒子的活动。学生在一次又一次的操作和交流过程中，激发了思考的欲望；通过从不同角度进行数据分析和说理，在每一次对比和认知冲突中产生对“不确定性”和“确定性”的理性思考，从而体验到随机现象的“不确定性”和“确定性”，并做出正确的推测和判断。

3. 学以致用，联系生活实际，培养分析能力

“统计与概率”问题在生活中随处可见，将数学中的可能性知识和生活中的可能性事件相联系，使学生感受统计与概率在生活中的应用，可以激发学生对随机现象的深入思考，培养学生的数据分析观念，强化学生用概率思想和统计思想解决生活中的问题，并鼓励学生用数学的眼光理性地看待问题。

在前测研错中更好地理解复习方法

——以“扇形统计图”单元复习课为例

“双减”之后，“减量提质”已成共识。其中，如何提高课堂教学质量？笔者认为着力点之一是要在教学中帮助学生理解并掌握学习方法。笔者以“扇形统计图单元复习”为例，浅谈如何基于前测习题，引导学生在研错中更好地理解复习方法。

一、紧扣核心概念设计前测

数据分析观念是数学十大核心素养之一，在本课复习中要让学生了解以下两点：①在现实生活中有许多问题应当先做调查研究，收集数据，通过分析做出判断，体会数据中蕴含的信息；②对于同样的数据可以有多种分析的方法，需要根据问题的背景选择合适的方法。然后教师结合本单元的教学内容，改编易错题设计成前测习题。

前测题

1. 我们已学过三种统计图，请将它们各自的名称和特点填在下表中。

项目			
特点			

2. 根据右表，你会选用（　）表示比较。

A. 条形统计图　B. 折线统计图

C. 扇形统计图　D. 无法确定

2021年3月某校六年级各班安全教育平台完成情况统计表

班级	六（1）	六（2）	六（3）	六（4）
完成率	27%	32%	18%	23%

3. 某商场对去年中秋节这天销售A，B，C三种品牌月饼的情况进行了统计，并将所得数据处理后，制成折线统计图和扇形统计图如下。根据图中信息解答下列问题：

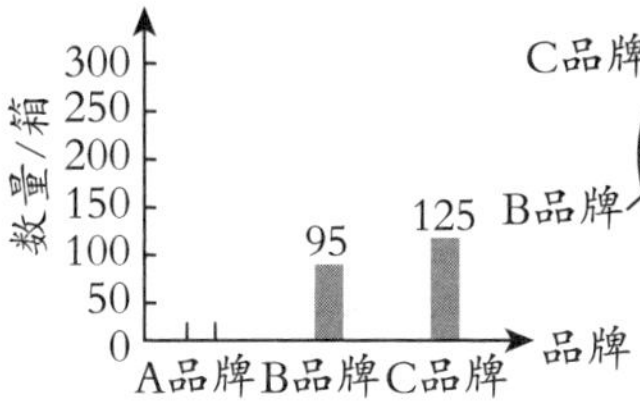

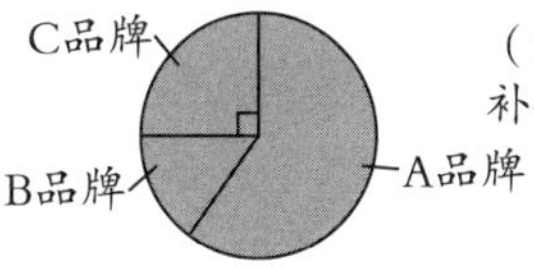

（1）A品牌月饼中秋节这天卖了多少箱？补全图中的条形统计图。

（2）根据上述统计信息，如果你是B品牌经理，今年中秋节期间你会采取什么措施？

二、基于统计数据研究学情

通过对完小、中心校六年级3个班104名学生的前测分析，笔者发现，第1题的错误率是13.5%；第2题的错误率高达85.6%，而且做错的学生都选C；第3题第（1）小题错误率为31.7%，多数为计算错误，第（2）小题错误率为19.2%，错在没能站在B品牌经理的立场上给出建议。对照核心概念进行前测研错，可以得出：学生的基础很扎实；对数据分析观念中的第一点掌握得很好，能读取图表数据中蕴含的信息并解决问题，如果不考虑题目看错，能通过分析数据做出决策；第二点由于题目有极强的迷惑性，绝大部分学生都会受数据的影响，没有根据问题的背景选择合适的统计图。所以，复习时应围绕“根据问题的背景（事件）选择合适的方法”展开，并对读取图表信息解决问题的能力进行适当拓展。

三、研错之中理解复习方法

如何根据前测学情展开复习？笔者思考后将前测习题和复习内容交融在一

起，即以前测数据为主线，依次推进复习，并在数据分析与研错之中蕴含副线的复习方法。

片段1：初呈数据，在选择合适的统计图中建立知识结构

师：同学们做了3道前测题，老师按这样的分值（PPT）进行批改，并按优秀（90～100），良好（75～89），及格（60～74），不及格（60以下）分段对同学们的分数进行整理，得到这样一个统计表（表6－2－1）。

表6－2－1

优秀（90～100）	良好（75～89）	及格（60～74）	不及格（60以下）

刚才这个过程，我们进行了收集、整理数据，并用统计表描述数据。

这些数据用什么统计图表示比较合适呢？

学生回答：条形统计图和扇形统计图。

当学生说用扇形统计图比较合适时，教师出示三幅扇形统计图（图6－2－7），让学生选择合适的一幅并说明理由。

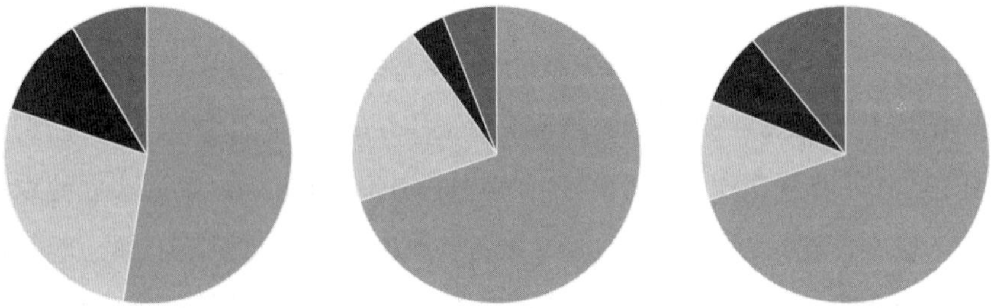

（a）　　（b）　　（c）

图6－2－7

教师追问为什么不用折线统计图，并根据学生的回答形成统计图的知识结构。

片段2：再呈数据，在错因分析后针对性复习

1. 切换前测数据，提出复习建议

师：刚才，我们对大家的得分进行了分段统计，想一想，对前测的4道题目，我们还可以从什么角度进行统计？

生：还可以统计每道题目做对的是几人，做错的是几人。

教师呈现每一道题目正确的人数和错误的人数，再次形成复式条形统计图（图 6－2－8）。

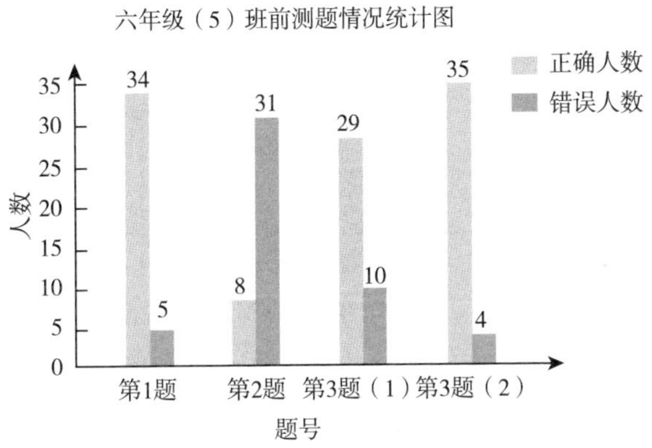

图 6－2－8

师：根据这个统计数据，大家建议这节课怎么复习？你们的依据是什么？

（学生回答，略）

2. 分析前测错题，练中提升能力

（1）呈现前测题 2。

① 师：这道题目，错的同学都选 C，他们是怎么想的？为什么用扇形统计图不合适呢？

学生独立思考，再小组交流。

全班交流。

生 1：看到百分数，就想到扇形统计图。

生 2：我把这些百分数加起来，发现正好是 100%，就错误地认为它们是部分与整体的关系。

师：为什么用扇形统计图不合适呢？

生 3：因为这里的百分数，它们的单位“1”是各班学期总量，并不是全年级的。举个例子，27% 在这里表示六（1）班安全教育平台已完成的占学期总量的 27%，所以用扇形统计图不合适。

师追问：那应该选用什么统计图合适？（在学生的回答中呈现条形统计图）

师：你们觉得，选用何种统计图合适主要看什么？事件还是数据？

在交流中学生明白选用何种统计图合适，主要结合统计的事件来分析，不能把百分数与扇形统计图等同起来。

② 针对性练习。

1. 乐乐家2020年10月份各项支出所占百分比情况统计表：

各项支出	水电支出	伙食	文化教育	购买衣物	其他
百分比%	12	35	25	20	8

上面这组数据选用（　　）统计图表示更合适。

A. 条形　　B. 折线　　C. 扇形

2. 下表是六年级（6）班学生一至六年级时近视率记录表，要反映近视率的变化情况，可选用（　　）统计图。

年级	一	二	三	四	五	六
近视率%	6	8	12.6	20	24	29.4

A. 条形　　B. 折线　　C. 扇形

教师针对前测题2的错误设计一个对比题组，讲评后，同时呈现3道题目，出示问题——这3道题都是根据给定的百分率选合适的统计图，为什么答案不一样呢？让学生在讨论中深化理解：选用统计图时要将统计的事件和三类统计图的特点结合起来分析。

（2）呈现前测题3。

① 出示学生的错误答案（图6-2-9）。

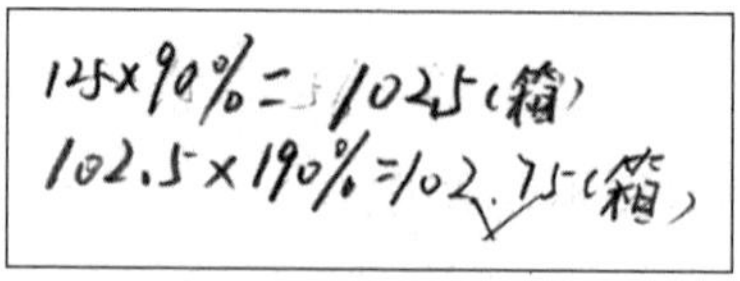

图6-2-9

师：你知道他错在哪里吗？

生1：C品牌所在扇形的圆心角是90°，这名同学就误认为C品牌月饼的销量占总销量的 90%，直角占整个圆周的四分之一，C 品牌对应的百分率是 25%。

生 2：第一步应该用除法计算，因为总销量的 25% 是 C 品牌月饼的销量。125 ÷ 25% = 500（箱），500 − 125 − 95 = 280（箱），求出 A 品牌月饼的销量。

师追问“怎么解决类似问题?”引导学生得出：根据问题读取统计图表中的数据信息，转化成分数、百分数应用题来解决。

② 针对性练习。

某玩具店销售四类玩具，分别是玩具汽车、玩具飞机、玩具枪和毛绒玩具。玩具汽车只销售 A、B 两种品牌。图 1 是该玩具店 A、B 两种品牌玩具汽车上半年销售量统计图，图 2 是该玩具店 6 月份玩具销售量统计图。

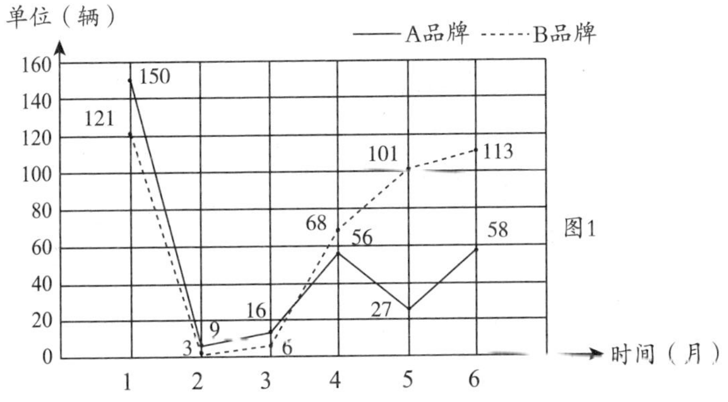

图1

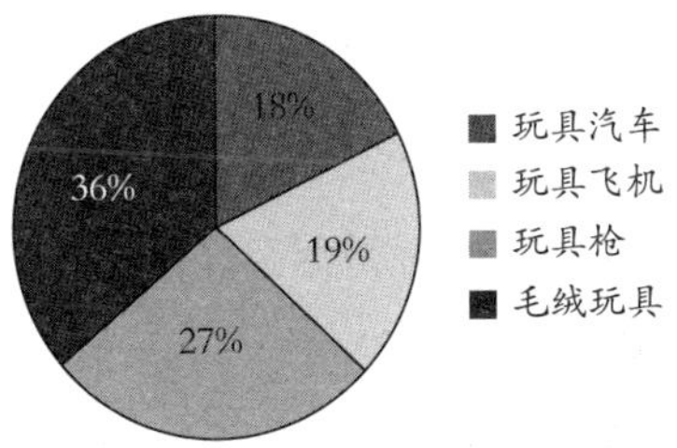

图2

（1）根据图文数据，你知道了哪些信息?

（2）该玩具店 6 月份卖出毛绒玩具多少个?

（3）根据上述统计信息，如果你是 A 品牌经理，接下来，你会采取什么措施?

练习时，先单独呈现图1，引导学生分析数据。接着呈现完整的题目，学生独立完成第（2）（3）两题。讲评时，对于第（2）题要引导学生用多种方法解答，用不同的方法进行对比，让学生感悟到，在实际解题时，要学会观察数据，善于运用数据之间的关系灵活处理。

片段3：反思评价，在全课回顾中揭示复习方法

师：回顾一下，这节课我们是怎么复习的？

根据学生的回答，依次呈现如图6－2－10所示的流程图。

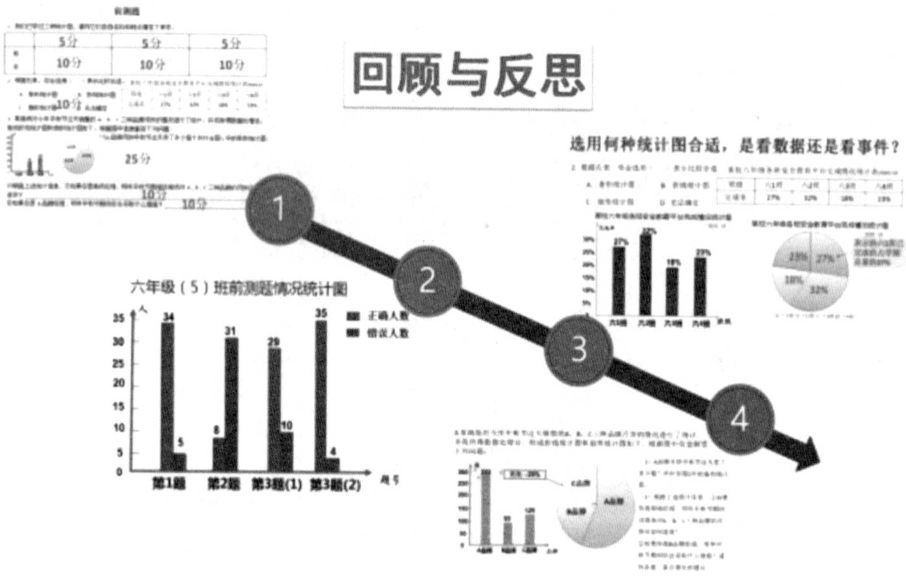

图6－2－10

师：这样的复习方法也可以用在大家平时的复习中。检测前，先统计一下哪类知识和习题错的多，再分类进行错因分析，查漏补缺，最后找些同类型的题目练一练。这样会收到很好的学习效果。

学习是学生自己的事情，作为教师，应该在平常的课堂教学中，持之以恒地培养学生的学习能力，“授人以鱼，不如授之以渔”。学生掌握了学习方法，就能具备高质量的自学能力，才能在“双减”背景下更出色地完成学业。

第七章

结构化视域下“综合与实践”复习

第一节 “综合与实践”复习教学策略

“综合与实践”课指的是以发现、提出、分析和解决问题为基本线索，以学生自主参与和合作探索为主的学习活动。它的主要特点是具有问题性、探索性、联系性和综合性。在问题形式上，“综合与实践”小学阶段大多表现为非良构型问题。下面就以非良构型问题的复习来展开。

问题解决：受目标指引的认知性操作序列，并应用相应的操作使问题从初始状态经过一步步的中间状态，最后达到目标状态。

问题解决教学是教师合理地运用问题解决的模式或策略来组织课堂教学，旨在提高学生解决问题能力的一种教育活动。

非良构型问题指的是问题的目标状态、中间状态或者目标状态中至少有一个成分是未知的问题。

非良构型问题解决的复习教学是指根据非良构型的教学内容，选用合适的复习形式来达到对非良构型问题解决内容的有效梳理，以提升学生解决问题的能力。

一、非良构型问题的特征

（1）界定不明确，问题的结构存在未知成分。

（2）目标界定不明确。

（3）存在多种解决方法或者根本不存在解决方法，又或者没有公认的解决方法。

（4）有多种评价标准。

（5）可操控的参数或变量很少。

(6) 没有原型的案例可供参考。

(7) 不能确定所需的概念、规则和原理以及如何组织相关信息。

(8) 概念、规则和原理三者之间的关系在问题中的应用不一致。

(9) 对描述或预知大多数案例没有一般性的规则或原理。

(10) 在确定恰当的行为方面，没有明确的方法。

(11) 在解决问题的过程中需要解决者表达个人对问题的观点或信念。

(12) 需要解决者对问题做出判断，并阐述理由。

二、非良构型问题的训练策略

非良构型问题的解决，建立在良构型问题解决的基础之上，需要学生在问题表征的基础上，激活问题图式，即在问题的指引下筛选合适的信息，从而将非良构型问题转换为良构型问题。这里所说的问题表征是指解题者头脑中对数学问题的呈现方式，即以文字、数式、图表、模型和实验等来具体表征问题。问题图式可以看成数学问题解决过程的图式，它包含两部分信息：一是关于它所对应的某类问题的特征描述，二是这类问题解决的知识、方法和程序。

(一) 理错误之结构

笔者尝试从问题表征和问题图式这两个维度对前测错题进行归因分析，理出学生解决非良构型问题的错误结构，有以下几种。

1. 不能表征问题

这类学生又分两类：一类是解题信念不足，看到非良构型问题，就被它的外形吓倒了。因为一般而言，非良构型问题由于生活情境不同于常规应用题，大都是图文结合、文字众多，学生内心排斥。另一类学生在读题理解题意的过程中遇到“拦路虎”，即遇到一些不同于常规应用题的信息，因生活经验的缺失，不能理解这些信息的意思，解题过程因此戛然而止。

2. 问题表征错误，不能激活问题图式

如图 7 - 1 - 1 所示的（2）题，该生的问题表征为“②号砖的厚度是①号砖的 2 倍”，因此错误地用份数来解决这个问题。

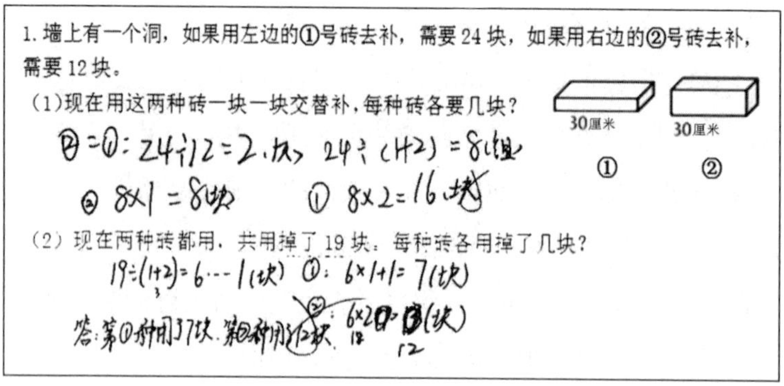
1. 墙上有一个洞，如果用左边的①号砖去补，需要 24 块，如果用右边的②号砖去补，需要 12 块。

（1）现在用这两种砖一块一块交替补，每种砖各要几块？

②=①：24÷12=2（块） 24÷（1+2）=8(组)

② 8×1=8块 ① 8×2=16块

（2）现在两种砖都用，共用掉了 19 块。每种砖各用掉了几块？

19÷(1+2)=6…1(块) ①：6×1+1=7(块)

答：第①种用了7块，第②种用了12块。

图 7－1－1

3. 问题表征错误，激活问题图式

如图 7－1－2 所示的（1）题，问题表征时，返回路程，该生错误地选择了家到崇和门的路程，但激活了行程问题图式。

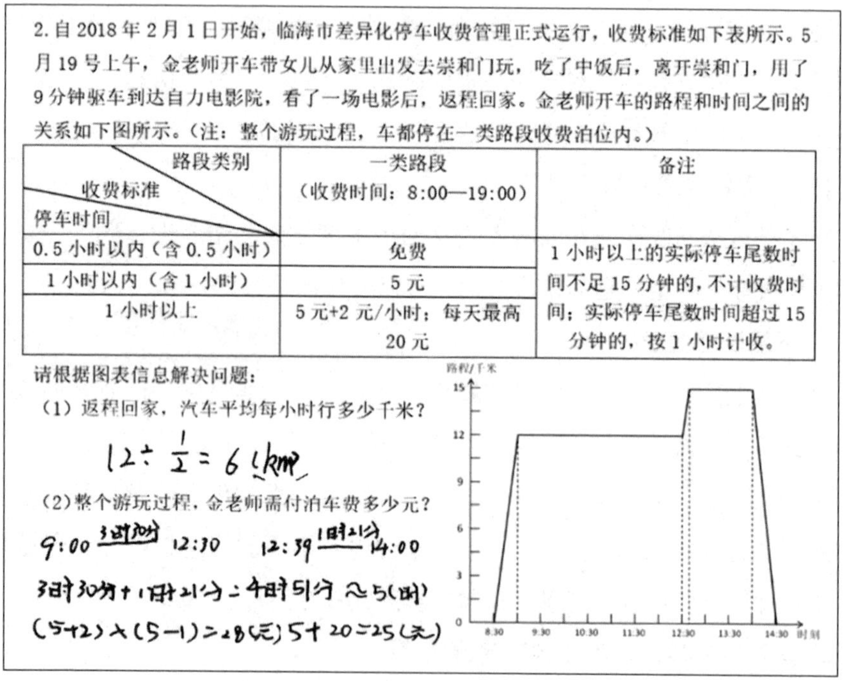
2. 自 2018 年 2 月 1 日开始，临海市差异化停车收费管理正式运行，收费标准如下表所示。5 月 19 号上午，金老师开车带女儿从家里出发去崇和门玩，吃了中饭后，离开崇和门，用了 9 分钟驱车到达自力电影院，看了一场电影后，返程回家。金老师开车的路程和时间之间的关系如下图所示。（注：整个游玩过程，车都停在一类路段收费泊位内。）

路段类别 / 收费标准 / 停车时间	一类路段（收费时间：8:00—19:00）	备注
0.5 小时以内（含 0.5 小时）	免费	1 小时以上的实际停车尾数时间不足 15 分钟的，不计收费时间；实际停车尾数时间超过 15 分钟的，按 1 小时计收。
1 小时以内（含 1 小时）	5 元	
1 小时以上	5 元+2 元/小时；每天最高 20 元	

请根据图表信息解决问题：

（1）返程回家，汽车平均每小时行多少千米？

$12 \div \frac{1}{2} = 6$（km）

（2）整个游玩过程，金老师需付泊车费多少元？

9:00 —3时30分— 12:30　12:39 —1时21分— 14:00

3时30分+1时21分=4时51分≈5(时)

(5+2)×(5−1)=28(元) 5+20=25(元)

图 7－1－2

4. 问题表征正确，无法激活问题图式

如图 7－1－2 所示的（2）题，问题表征正确，但对关键信息的理解有误，无法激活正确的问题图式，导致计费错误。

5. 问题表征正确且激活问题图式，但缺乏反思素养。

如图 7－1－1 所示的（1）题，学生问题表征正确且激活了问题图式，但缺乏反思素养，没有对照问题和条件反思解题过程，发现①号砖的块数是错的。

（二）搭建结构化程式，提升解题素养

明确了错误的结构，我们就可以对症下药，搭建结构化模型，提高学生解决非良构型问题的素养了。

1. 多方举措，亲非良构型问题

鉴于学生对非良构型问题的排斥心理和畏难情绪，复习前，教师不仅要收集编制有趣、有意义的习题，还要引导学生从生活中收集资料，编制非良构型的问题。

（1）联系生活，丰富体验

备课时，教师要收集生活中有关分段计费、优化以及其他现实情境中的真实问题的材料，将其改编为习题，让学生感受到数学就在身边，并丰富学生对非良构型问题的体验。

（2）收集材料，自主编题

复习前，让学生去商场、购物网站、景区等收集有关优化的材料，咨询家长了解有关水电费、工资税收、停车等分段计费的材料，从报纸、网络上寻找有关统计图的材料，尝试每种类型的题目都自主编一道习题。学生在收集材料的过程中，感受真实生活中信息的复杂性；在自主编题的过程中，独立或在家长的帮助下理解关键信息，构建数学模型。

2. 筛选推理，提信息处理素养

非良构型的问题一般由较为复杂的阅读文本、图表等构成，这需要学生具有很强的信息处理素养，能从问题入手，沟通信息与数量的关系；能基于经验，推理出关键信息的意思。

（1）依据数量关系筛选信息

如何从原生态的材料中筛选出对解决问题有用的信息？笔者认为，要从问题入手，分析数量关系，再据此从图文中筛选相关信息。比如，图 7－1－2 的第（1）题，根据问题分析得到数量关系（返回的速度＝返回的路程÷返回的时间），就能从图中读取到这两个信息。

（2）联系生活推理关键信息

解决非良构型的问题难在对关键信息的正确理解，需要学生联系生活，根据经验推理出正确的意思。比如，图 7-1-2 的第（2）题，根据问题从图中提取两次停车的时间，接下来该如何计费呢？对收费标准的正确解读是解决这个问题的关键。首先，基于经验，推理得出该题表中的三段计费不同于个人所得税的分段计费，它包含关系，所以 5 元 +2 元/小时的意思是第一小时 5 元，接下来每小时 2 元；其次，对于多次停车的计费，根据生活经验，结合差异化停车收费，可推理出应分次计费，再求总费用。

3. 互译转换，强问题表征素养

非良构型问题的解决，需要学生有较好的问题表征素养，能通过各种表征间的互译转换联想到对应的数学模型，或直接译成常规的应用题，这对于问题的解决至关重要。

（1）各种表征间的互译

例如，图 7-1-1 的第（1）题，可以将问题表征转译为"补一个洞，用①号砖需要补 24 天，用②号砖需要补 12 天，现在两人你一天我一天交替补，几天能补完？"如此，将一道非良构型的问题直接译成工程问题，学生解决起来就能得心应手。

（2）各种表征间的转换

比如，图 7-1-1 的第（2）题，问题表征可以是"①号砖的块数加上②号砖的块数等于 19 块"，也可以将这个表征转换为"①号砖（？块）+②号砖（？块）=19 块"。貌似变化不大的两个问题表征，却对问题的解决产生了不一样影响。转换后的问题表征，能让学生更直接地联想到有两个未知数的解题图式，那就是鸡兔同笼问题。

4. 错题归因，提过程反思素养

在课堂中由教师或学生呈现错题，教师再引导学生对错题进行归因分析，能提升学生反思解题过程的素养。

（1）由结果比照问题与条件进行反思

比如，图 7-1-1 第（1）题的错误，教师引导学生反思问题中"两种砖一块一块交替补”的意思，学生就可推理出这两种砖的块数要么相等，要么相差1块，所以可知①号砖的块数不是16。第（2）题的错误，可以设计问题串，如“题目中补这个洞需要几块①号砖?”“这里求出的相当于几块①号砖?”“你觉得他的解法有什么问题?”让学生由结果比照问题与条件进行反思，累积经验，提高反思素养。

（2）指向关键信息的反思

比如，图7－1－2的第（2）题，错误归因指向关键信息的理解。在教师的引导下，学生明白积累生活经验和推理能力的重要性。这种对错误的反思能让学生更积极地用数学的眼光看世界，建立生活信息与数学模型之间的联系。

（三）设计结构化题组，丰富问题图式

设计结构化题组，在同型不同类与同模不同类中的题组中比较联系，使得同型问题模型化，同模问题结构化，丰富问题图式。

1. 设计同型不同类的题组

题型相同但不同类别，这样的题组训练不仅可以让学生感受关键数据、信息的价值，还能防止学生因同类题型过度训练而形成思维定式。比如，租车问题的题组：

（1）某小学14名教师带领236名学生去公园游玩。他们要租用观光车，每辆大车可坐乘客35人，租金650元；每辆小车可坐乘客20人，租金500元，请你帮忙设计一种最省钱的租车方案，并算出最少要花多少钱。

（2）某小学17名教师带领268名学生去公园游玩。他们要租用观光车，每辆大车可坐乘客45人，租金800元；每辆小车可坐乘客20人，租金500元，请你帮忙设计一种最省钱的租车方案，并算出最少要花多少钱。

学生看到这种题型，能快速联想到问题图式：最优方案是尽量用大车，且都坐满。这种思路对于题（1）适用，但对于题（2）不适用，究其原因在于余数和大车的乘客数：如果减一辆大车，增一辆小车则优化；如果减一辆大车，增两辆小车则劣化。皮亚杰认为，顺应就是当环境发生变化时，原有图式不能再同化新的信息，而必须经过调整建立新的图式。因此，我们应通过同型不同类的题组训练，在模型化中丰富此种题型的问题图式。

2. 设计同模不同类的题组

所谓同模不同类，是指同一数学模型下的不同类别的题目。比如，分段计费题组，基本题组有出租车计费、停车计费和邮寄信函计费等，题组训练之后，异中求同，找出相同的结构，并概括解题方法；扩展题组有个人所得税计费、水费阶梯计费等，由基本题组的两段计费扩展到多段计费，结合线段图，在同模比较之后，再沟通基本题组与扩展题组之间的联系，形成稳固的结构图式。

三、非良构型问题的解决策略训练形式

1. 问题解决策略

问题解决策略主要是指数学学科问题解决策略。数学问题的解题策略可以分为四种：

（1）一般的思维方法策略，如观察与实验、比较与概括、分析与综合、一般化与特殊化等。

（2）常规的探究策略，如推测、组织等。

（3）数学思想方法，如常见的一一对应思想、优化思想、数形结合思想等。

（4）数学解题技巧：一是学生解决问题过程中所采用的方法与技巧；二是教师根据学生在解决问题过程中的思维障碍和解决策略而采用的问题解决教学的方法、手段或模式等。

2. 训练的层次性

在问题解决初期，可以由教师向学生传授一些通用的非良构型问题解决策略，如尝试法、启发式法及其目的、手段等，这些方法可以迁移到一般的非良构型问题的解决过程中。对于一些特殊的非良构型问题的解决，可以让学生慢慢体会和总结。因此，教师在教授了通用的非良构型问题解决策略的基础上，需要让学生定期总结和回顾自身所使用的策略的种类以及各种策略的适用性情况。比如，可以让学生回答和交流这样一些问题：你知道哪些解决非良构型问题的策略？哪些策略对于你而言是比较有用的？哪些策略你不会采用？你发现在什么情况下采用什么样的策略比较有效？在了解相应的问题之后，我们大概按照什么样的步骤进行，采用什么样的策略，遇到不能解决的难题的时候如何

解决？监控方面的问题可以是：我们正在按照原定的计划进行吗？现在正处在问题解决的哪一个阶段？这一阶段我们所采用的策略是否合适？我们可以顺利地通往下一个阶段吗？调节方面的问题可以是：我们现阶段是否需要一个新的计划？我们是否需要采用其他有效的策略？我们是否需要改变问题解决的方向？我们是否需要寻求他人的帮助？评价方面的问题可以涉及：在问题解决的过程中哪些计划产生了作用，哪些没有？哪些策略对于这次的问题解决效果显著，哪些没有？等等。

3. 开展主题式梳理和项目式梳理学习的方式

新课标以培养学生综合运用所学知识和方法解决实际问题的能力为目标，要求根据不同学段学生的特点，采用主题式学习和项目式学习的方式，以跨学科的综合实践为重点，设计真实且较为复杂的问题情境，引导学生综合运用数学学科和跨学科的知识与方法解决问题。在复习阶段，这样的学习方法的梳理是如虎添翼的。

总之，非良构型问题解决的复习课，要基于素养，引导学生用数学的眼光看世界，让学生会筛选信息、展开推理，会各种表征间的互译转换，提高过程反思能力；要基于图式，设计结构化题组，同型问题模型化，同模问题结构化，丰富问题图式；要基于多样灵活的学习方式，切实提高学生解决现实情境中的真实问题的能力。

第二节　“综合与实践”复习课教学案例介绍

让学生在听故事中思考

——“用混合运算解决问题”复习课教学实录与评析

一、课前思考

人教版教材在二年级下册第5单元编排了“混合运算”，从教材中运算内容的编排来看，这是第一次向学生介绍递等式，但运算步数只是两步的同级和含有两级（包括含有括号）的混合运算。由于学生在这之前只学了100以内数的加减法和表内乘除法，所以在混合运算中涉及的数据也只能在此范围内。从解决问题的角度来看，教材非常注重算用结合，除了从贴近学生的生活问题中引入混合运算，还编排了用混合运算解决问题的例题，注重引导学生针对实际问题进行审题（根据情境图和文字素材获取信息，提出：你知道了什么），利用获取的信息进行解题（提出：怎样解答），以及解答之后进行反思（提出：你的解答正确吗）。这也是人教版教材凸显在解决问题过程中的三个步骤，使学生初步掌握分析问题、解决问题、回顾反思的思考方法与途径。本课就是在学生学完这一单元之后，设计的一节侧重于解决问题的综合复习课。在设计过程中，我们首先遇到的问题是怎样使训练素材形成一个整体，让学生既能有序、连贯地围绕数学问题进行思考又能在训练时有兴趣。带着这个问题，叶老师精心创设了比较适合低年级学生的情境，并以讲故事的形式贯通教学环节，积引导学生主动参与练习。通过几次改进和试教，收到了很好的教学效果，现整理如下，供大家教学时参考。

二、教学实录与评析

（一）创设情境，引入计算练习

师：你们五一假期都去哪儿玩了？今天我们再一起去数学乐园玩玩好吗？让我们坐上大巴车一起出发吧。

屏幕上呈现如图 7 –2 –1 所示的 9 个算式。

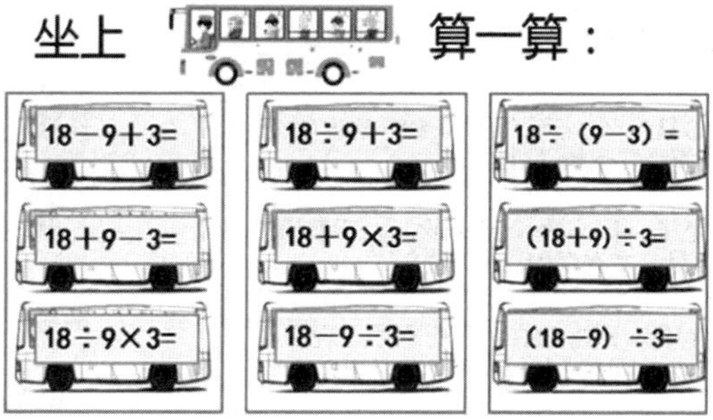

图 7 –2 –1

师：哇！路上有好多车，你能快速地算出每辆大巴车上算式的结果吗？

学牛很快写出这 9 个算式的得数，屏幕上出示每个算式的得数，学生自己对照得数之后，教师提出以下两个问题：

1. 想一想，说一说：这些算式有什么特点？

2. 每一组算式的运算顺序是怎样的？

学生分组交流后回答：第一组算式只有加减或只有乘除，运算顺序一般要从左往右计算；第二组算式既有乘或除，又有加或减，要先算乘或除；第三组算式中含有小括号，要先算括号里面的。

评析：这 9 个算式都用了“18，9，3”这 3 个数，而且在算式中，这 3 个数的前后位置都没有改变，仅改变了运算符号的搭配，巧妙地组成三组算式。这三组算式也恰恰代表了本单元混合运算的三种类型。学生通过计算，自然整理了本单元各类混合运算的运算顺序。同时，教师在呈现算式的过程中已经开始讲述故事，使学生似乎有了乘上大巴车一起去数学乐园玩的感觉，开心的玩中学开始啦！

（二）创设题组，加强对比练习

师：这时有 3 辆大巴车开进了“1 号兔子基地”，我们一起帮助小丽和小华解答数学问题吧。

屏幕上呈现图 7－2－2。

学生通过观察、交流，说出第 1 题要与第 2 个算式连线，第 2 题要与第 3 个算式连线，第 3 题要与第 1 个算式连线，而第 4 题还要与第 1 个算式连线。

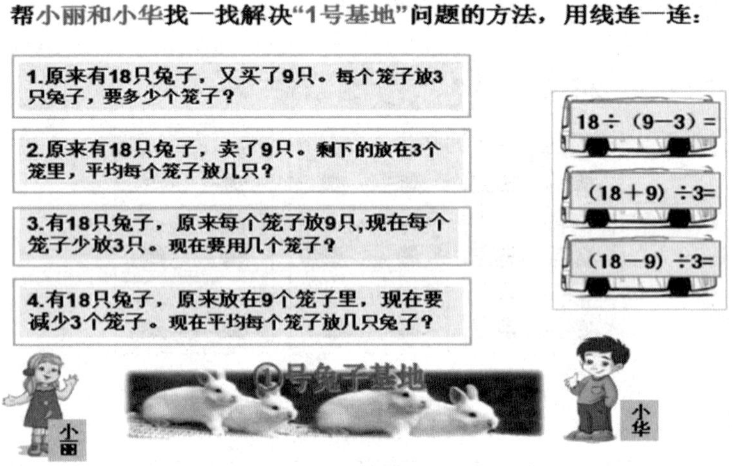

图 7－2－2

师：第 1 题连的算式的最后一步是除以 3，而第 2 题连的算式的最后一步也是除以 3，这两个算式都除以 3，在意义上有什么不同吗？

学生经过进一步思考后说出：第 1 题的除以 3 是“有 27 只兔子，每 3 只放在一个笼子里，要用几个笼子”，也就是“27 里面有几个 3”；而第 2 题是“把剩下的 9 只兔子平均放在 3 个笼子里，每个笼子放几只”，也就是“把 9 只兔子平均分成 3 份，每份是多少只”。

师：为什么第 3 题和第 4 题都选了第 1 个算式，在意义上又有什么不同吗？

经过交流，学生说道：第 3 题的算式括号里的“9－3”表示的是现在每个笼子里放的兔子只数，求的是“18 里面有几个 6”；而第 4 题的算式括号里的“9－3”表示现在剩下的笼子的个数，求的是“把 18 只兔子平均分成 6 份，每份是多少只”。

教师在肯定了学生以上的连线与解读之后，在屏幕上又出示“2 号兔子基地”中的两道题：

1. 原来有5只兔子，现在又增加了4只，如果每只兔子一个星期吃3包饲料，现在这些兔子一个星期共要吃多少包饲料?

2. 现在有9只兔子，原来每只兔子每月的饲料费是12元，现在减少了4元。现在每月共要饲料费多少元?

师：你们能帮助小丽和小华解决“2号兔子基地”中的问题吗？请列出综合算式进行解答。学生分别列出综合算式：（5+4）×3，9×（12-4）。师：这两个算式都用了括号，你们能说一说括号里的算式分别表示什么意思吗？

（生答略）

师：这两个算式第二步为什么都用乘法来计算？

生：第1题是“每只兔子一个星期吃3包×兔子的只数=这些兔子一个星期吃的总包数”，第2题是“兔子的只数×现在每只兔子每月饲料费=这些兔子现在每月一共的饲料费”。

评析：教师从故事引入，使学生在不知不觉的状态下进入两个“兔子基地”。第一组的4道应用题是教师借助上一环节的第三组算式（图7-2-1）编出的，非常自然地使学生从问题开始思考，用连线的方式寻找相应的解答。第二组应用题要求学生列综合算式解答，进一步训练学生分析问题的能力。每组题的设计对比性都比较强，如在第一组的4道题中有“等分除法”与“包含除法”不同算式的对比，还有两个问题选择同一个算式的对比。第二组的两道题，列出的算式中都含有小括号，教师及时抓住“括号里的算式分别表示什么意思”“第二步为什么都用乘法来计算”进一步引发学生思考。学生通过这样的练习，有效地提高了解题能力。

（三）创设对话，丰富综合练习

师：我们再次坐上大巴车，来到了游乐园的门口。瞧！停车场的车可真多呀！

屏幕上先呈现停车场的情境图（图7-2-3），接着，随着情境图中小丽和小华的对话，教师引出问题的解答。

图 7－2－3

情境对话一

师：（指图 7－2－3）你们先看看小丽和小华是怎么说的。

学生观察。

师：从小丽和小华的对话中你们知道了什么？想到了什么数学问题？

生：每排可以停多少辆？

师：请大家根据图中小丽和小华的对话和问题列出综合算式。

学生列式：$8\times3\div4$。

情境对话二

师：（指图 7－2－4）现在小丽和小华又怎么说了呢？（生答略）你能解答小华提出的问题吗？

图 7－2－4

这时，部分学生还没有从画面上找到可用的信息。教师在图上圈出小型车和大型车停车收费的价格，引导学生分析后列式：$4\times3+6$。

情境对话三

屏幕上的情境图又回到前面的画面，先出示游乐园门票的价格，再圈出小杰一家有多少人，然后出示小丽说的话：小杰和爷爷、奶奶、爸爸、妈妈一起去游乐园玩。你们能根据这个情境提出数学问题吗？

生：小杰一家买游乐园门票要多少钱？

师：好的，继续看小华是怎么说的。屏幕出示小华的问题：小杰妈妈付了40元钱，买票够了吗？（图7－2－5）

图7－2－5

这时学生的解答有两种情况。

第一种：$8\times4+5$

$=32+5$

$=37$（元）

$40>37$，小杰妈妈付了40元，钱够了。

第二种：$40-(8\times4+5)$

$=40-(32+5)$

$=40-37$

$=3$（元）

同样说明小杰妈妈付了40元，钱够了。

情境对话四

屏幕上的情境图又回到前面的画面，先出示小丽和小华的对话。小丽说：这次我们女生来了24人。小华说：这次我们男生来了30人。

师：现在看到小丽和小华的对话，你又想提什么样的数学问题呢？

生：一共可以分成几组？

屏幕上再出示问题（图7－2－6）。

图7－2－6

学生列式解答。

评析：这一环节，教师精心设计了一幅颜色鲜明、信息丰富的情境图，并在情境图中多次设了小丽和小华这两个小朋友的对话，教师用对话的方式继续讲述故事。学生随着小丽和小华对话中所创设的数学问题，在画面上提取相关信息，分析问题、解决问题。其中有三次教师要求学生针对小丽和小华的对话提出相关的数学问题，再进行解答，可以看出学生在这一过程中兴趣盎然，紧紧地围绕对话充分展开思考，达到了最佳的训练效果。

（四）提出多解问题，适当拓展练习

师：在游乐园里有一个小剧场，小丽和小华又给我们提出了两个数学问题。

屏幕上呈现以下两个问题，并提出：你们能用两种方法分别解答小丽和小华提出的问题吗？

小丽：小剧场里有32个小朋友，中途出去了4人，后来又出去了2人。你能算出现在小剧场里还剩下几人吗？

小华：小剧场里有32个小朋友，平均分成4个大组，每个大组又分为2个小组。你能算出平均每个小组有几人吗？

学生经过思考后，对第一小题（小丽提出的）得出了以下两种解法：32－4－2＝26（人），32－（4＋2）＝26（人）。

师：算式不一样，为什么结果相同呢？

生：前面是减了两次，一次是4人，一次是2人；后面是把两次加起来一起减去，这样的结果是一样的。

师：他的意思大家听懂了吗？是不是就是“32－4－2＝32－（4＋2）”？

师（继续提出）：如果把小丽说的话改一改，改成“先中途出去了6人，后来又出去了4人”，大家再用这两种方法列式算一算，看是否还会相等。

学生很快列出式子，发现结果是相等的，教师继续板书：“32－6－4＝32－（6＋4）”。

对于小华提出的问题，大部分学生只找到一种解法，即32÷4÷2＝4（人），只有几个学生列出32÷（4×2）＝32÷8＝4（人）。教师引导学生分别说出两种方法每步的意思，然后得出32÷4÷2＝32÷（4×2）。

师：大家再来看看，这两个算式是相等的，它们又有什么特点呢？

学生观察、思考，这时教师说：数学很奇妙，这样相等的算式有很多，我们以后还要进一步学习。课后，你们还可以举出几组这样的算式，试试是否都是相等的，好吗？这节课大家在数学游乐园里玩得开心吗？好了，先玩到这儿吧！

评析：本环节第一个问题的两种解答方法学生容易理解，第二个问题的第一种解答方法学生也不难理解，而第二种解答方法对于二年级学生来说，独立想到确实有一定的难度，但要求学生针对算式来思考是什么意思，学生还是会理解的。当然，我们设计这一环节训练的目的是提高学生分析、解决问题的能力，不是要求每一个学生都掌握两种解题方法，更不是要求全体学生理解减法性质和除法性质，这只是适当地渗透而已。这样做是让学生感受到数学本身的一些奥秘，激发学生学习数学的兴趣。

结构化素材促进问题解决

——用近似值解决问题

一、教学内容

人教版数学五年级上册用“进一”法、“去尾”法、“四舍五入”法解决问题的内容。

二、教学目标

（1）通过呈现不同的生活实际问题，引导学生在实际应用中灵活地选用“进一”法、“去尾”法和“四舍五入”法取商的近似值，培养学生解决实际问题的能力。

（2）引导学生讨论生活实际问题，在选用“进一”法、“去尾”法和“四舍五入”法取商的近似值的过程中，培养学生分析、比较、灵活解决实际问题的能力，并进一步提高学生的合作、交流能力。

（3）引导学生对不同生活情境进行分析与思考，体会近似值的实际意义，感受数学与生活的密切联系，培养学生学习数学的兴趣。

三、教学重点

根据实际需要取商的近似值。

四、教学难点

通过分析、比较，引导学生总结出“进一”法、“去尾”法和“四舍五入”法分别适用的实际情境。

五、教具学具

PPT。

六、教学过程

（一）开门见山，引出课题

同学们，上节课我们复习了什么？（整数、小数四则运算）我们通过计算可以解决许多实际问题。今天，我们就来复习解决实际问题。（板书：解决实际问题的复习）

设计意图：本节课是在复习了整数、小数四则运算的基础上进行的学习的，全课伊始，先用谈话的方式引导学生回忆上节课的复习内容是计算，因为通过计算可以解决许多实际问题，这就自然而然地引出了本节课的学习内容。

（二）复习用“进一”法和“去尾”法取近似值

1. 理解题意，自主解决

（1）小红的妈妈要将3.4千克蜂蜜分装在一些玻璃瓶里，需要准备几个瓶子？ 0.8千克	（2）小红的妈妈要将3.4千克蜂蜜分装在一些玻璃瓶里，可以装满几个瓶子？ 0.8千克

算式：__________　　　算式：__________

答：__________　　　答：__________

（1）仔细读题，你知道了哪些信息？问题是什么？

（2）这两道题有什么相同和不同的地方？（信息相同，问题不同）

（3）你会解决吗？请你试试。

2. 组织讨论，反馈质疑

（1）学生独立完成算式，教师有选择地让学生板书算式。

预设：

3.4 ÷0.8 =4.25（个）

3.4 ÷0.8 =4.25（个）≈5 个

3.4 ÷0.8 –4.25（个）≈4 个

（2）请你把自己的想法说给同桌听听。

（3）讨论第（1）题。

① 根据实际情况，你们认为这三种方法哪种更合理？（生：第二种）怎么想的？（生：3.4 千克蜂蜜最多装 4 瓶，还多出 0.2 千克，应该再拿一个瓶子来装，所以需要准备 5 个瓶子，用“进一”法。）

② 那第一种错在哪里？（生：4.25 个瓶子是不可能的，瓶子都是整个的。）

③ 第三种错在哪里？（生：这种瓶子虽然都是整数，但 4 个瓶子只能装 3.2kg，不够装）

④ 对呀，第三种是“四舍五入”的方法，用“四舍五入”法取近似值确实是不合理的，因为题目要求全部装完，没有剩余。（板书：题目要求没有剩

余）蜂蜜只要有剩余，不管剩余多少都只能再装一个瓶子，所以遇到这样的情况，只要在商的个位上 +1 就可以了，像这样取商的近似值的方法，叫作什么？（板书：“进一”法）

（4）讨论第 2 题。

① 根据实际情况，你们认为这三种方法哪种更合理？（生：第三种）怎样想的？（生：题目要求可以装满几个瓶子，我们只要求瓶子装满就好了，所以可以装满 4 瓶，用“去尾”法）

② 那第一种错在哪里？（生：4.25 个瓶子是不可能的，瓶子都是整数）

③ 第二种呢？（生：如果是 5 个，第 5 个瓶子没装满，不能算，所以只能装满 4 瓶）

④ 在这道题中，用“四舍五入”法取近似值也是不合理的，因为题目求的是“可以装满几个瓶子？”剩余的蜂蜜因为剩余不足（板书：剩余不足），不管剩余多少，都只能把剩余的省略，只要把商的个位留下就可以了，后面的小数舍去，像这样取商的近似值的方法叫作什么？（板书：“去尾”法）

（5）同桌相互说一说：第一题的结果为什么用“进一”法，第二题为什么用“去尾”法？

3. 再次观察，具体辨析

再次观察“进一”法和“去尾”法，有什么相同点和不同点？

相同点：都是取整数。（板书：取整）

不同点：“进一”法，去掉小数部分，向个位进 1 取整；“去尾”法，直接去掉小数部分取整。

设计意图：本环节给学生呈现了“装蜂蜜”情境，通过两个不同问题“需要准备几个瓶子？”“可以装满几个瓶子？”的对比，引导学生结合具体的情境复习两个层次的知识：第一，复习生活中瓶子的数量是要用整数计量的；第二，复习结合具体的情境，灵活选用不同的方法。“需要准备几个瓶子”，就要把所有的蜂蜜都装进瓶子，不能有剩余，哪怕没装满都要算，所以用“进一”法比较合适；“可以装满几个瓶子”，就要把瓶子装满，有剩余装不满一瓶的只能把剩余的省略，所以用“去尾”法比较合适。在这个过程中，教师为学生创设了一个乐于探究、乐于解决的学习情境，激发了学生学习的兴趣和热情。我们设计了小组讨论的环节，让每一个学生都有表达自己观点的机会，接着引导学生全班交流，充分展开讨论，各抒己见，在讨论中明理，调动学生主动参与的积极性，提高学生自主学习的能力。同时，我们在一定程度上创造了民主、宽松的学习氛围，使学生真正成为学习的主人。

（三）应用促学，发展提高

过渡：看来求近似数的方法除了“四舍五入”法，还有“进一”法和“去尾”法。现在我来考考你们，下面这组题哪个用“进一”法，哪个用“去尾”法，哪个用“四舍五入”法，请你在括号里填一填。

① 某超市鲜奶2.5元一袋，9元钱最多可以买（　　）袋鲜奶。（“去尾”法）

② 有一堆煤，一辆汽车需要8.3次运完，实际要运（　　）次。（“进一”法）

③ 20个苹果，每袋最多放9个，需要（　　）个袋子。（“进一”法）

④ 有20个苹果，每袋最多放9个，可以装满（　　）个袋子。（“去尾”法）

⑤ 14名同学去划船，每3人一条船，需要（　　）条船。（“进一”法）

⑥ 一列火车从南京到上海305千米用了2.6小时，平均每小时大约行驶（　　）千米。（得数保留两位小数）（“四舍五入”法）

⑦ 一根10米长的绳子，剪1.5米长的跳绳最多可以剪（　　）根。（“去尾”法）

第一组：说一说

为什么同样的两个题目，一个用“进一”法而另一个用“去尾”法？

小结：我们在解决问题时，要根据具体的实际情况来确定用什么方法求近似值。

设计意图：本环节给学生提供一些比较贴近生活的填空题，让学生独立解决，引导学生根据实际生活来求近似值。这些实际问题重在引导学生思考求近似值的方法，是选择“进一”法、“去尾”法还是“四舍五入”法。题目中数值比较简单，其目的是避免烦琐的计算，从而更有效地指向学习的价值核心。

第二组：做一做

教师买来30米布给舞蹈队做衣服，每套衣服需要用布2.2米；同时购买了一些袜子，10元3双；彩排结束，205名同学坐车返校，每辆车最多坐25人。

（1）根据上述信息，你能提出哪些数学问题？

预设：

问题1：最多可以做几套衣服？

问题2：每双袜子大约需要多少钱？（得数保留一位小数）

问题3：需要租几辆车？

（2）你会解决吗？试一试。

（3）为什么第一题用“四舍五入”法，第二题用“去尾”法，而第三题用“进一”法？

小结：同样地，这组题也是根据实际问题来合理地选择取近似值的方法。

设计意图：这组题的目的是突出其对比性，主要让学生通过对比明白要根据实际情况选择合适的求商的近似值的方法。例如，“最多可以做几套衣服”的结果是整套，剩余部分不满整套需要省略，用“去尾”法；“得数保留一位小数”只需按照要求求商的近似值，用“四舍五入”法；“需要租几辆车？”则所有人都要坐上车，用“进一”法。

（4）归纳“去尾”法、“进一”法和“四舍五入”法分别适用的实际情境。

今天我们解决了很多用不同的方法取商的近似数的问题，那你能结合生活中的实际来说说哪些情况可以用“四舍五入”法，哪些情况可以用“进一”法，哪些情况可以用“去尾”法吗？（图7－2－7）

“四舍五入”法	“进一”法	“去尾”法
平均每小时行大约几千米？	需要准备几个瓶子？	可以装满几个玻璃瓶？
每双袜子大约多少钱？	需要几个袋子？	跳绳最多可以剪几根？
	实际要运几次？	最多可以买几袋鲜奶？
	需要几条船？	最多可以做几套衣服？
	需要租几辆车？	
……	……	……

图7－2－7

归纳：是呀，装瓶子、装袋子之类，我们叫作什么？（“装东西”）实际要运几次，可以叫作“运货物”，还有“坐车”“坐船”。像“装东西”“运货物”

“坐车”“坐船”的实际问题，都要求没有剩余，需要用“进一”法求近似值；而像“装满东西”“剪裁东西”“买东西”“做衣服”的实际问题，因为剩余的不足做整个，需要用“去尾”法求近似值；像求“平均每小时大约行多少千米”“每双袜子大约多少钱”用“四舍五入”法取近似值。

设计意图：在实际生活中，要根据具体情况选择用“去尾”法、“进一”法或者“四舍五入”法求商的近似值，但是学生往往不知道何时使用何种方法。因此，“根据实际生活需要合理地选择不同的方法”就成了本节课的难点。我们在前面给学生呈现了很多根据实际问题求近似值的材料后，在这里进行归类小结，引导学生经历对比、归纳的过程，使学生更加明晰“去尾”法、“进一”法和“四舍五入”法分别适用的实际情境，从而突破难点。

第三组：编一编

出示：$25 \div 3 = 8.333\cdots$　　　$25 \div 3 \approx 8$　　　$25 \div 3 \approx 9$

（1）你能分别给 $25 \div 3$ 提供一个现实情境，使商的近似值约等于 8 或约等于 9 吗？

（2）先自己编一编，再和同桌说一说。

（3）交流汇报。

设计意图：本环节通过开放题的设计训练，培养学生灵活运用知识的能力和创新能力，引导学生经历“做数学”的过程，使学生学会用旧知识解决新问题的策略，体会学习数学的快乐。

第四组：用一用

（1）张宇家厨房地面长 2.1 米，宽 1.3 米，已知他家书房的面积为 10 平方米，现在要在地面铺边长是 0.2 米的正方形瓷砖，最少需要准备多少块这样的瓷砖？

（2）有一张长 2.1 米，宽 1.3 米的长方形铁皮，现在要在上面剪边长是 2 分米的正方形，最多可以剪多少块这样的正方形小铁皮？

（1）仔细读题，你知道了哪些信息？问题是什么？

（2）你会解决吗？请你想一想，算一算，也可以以画图的形式来解决。

（3）你是怎么想的？先求什么？再求什么？数量关系是什么？

（4）做了这两道题，你有什么想说的？

预设：铺瓷砖，需要全部地面都铺完，没有剩余，就要用“进一”法求近似值；而剪铁皮，只需按照要求剪出整个图形，就要用“去尾”法求近似值。

设计意图：这又是一组数据相同、问题情境不同的对比练习，让学生置于新的学习冲突中。表面看起来准备瓷砖的问题用“进一”法，剪正方形用“去尾”法，但是“一目了然的示意图”才能使学生顿时感悟数学问题的奥妙，解决策略的巧妙，同时拓展学生思维的深度和广度。

（四）课堂小结

同学们，这节课就要结束了，想想这节课你有哪些收获，你对商的近似数有哪些新的认识，你还有哪些疑问。（有“四舍五入”法、“进一”法、“去尾”法）

设计意图：通过总结畅谈新的收获和认识，引导学生对本节课复习的知识和方法进行总结，对所复习的“进一”法、“去尾”法和“四舍五入”法有更加深刻的认识。

第八章

结构化视域下小学数学复习课教学展望

第一节 学生梳理知识的形式研究

有效复习的最终目的是培养学生自主梳理的能力，提升学习效果，如果教师不能有目的地对学生的知识梳理进行有效、科学的指导，学生就会缺乏复习的兴趣，更谈不上素养的发展了。这也是很多教师觉得整理复习费时、低效的原因。所以，我们要培养学生整理复习的素养和能力，创新整理复习的方式，既让学生有“故地重游”的兴趣，又能达到拓展思路、发展素养的效果。

一、“故事串”串出知识链

小学低年级学生自主梳理能力比较差，尤其复习时，学生更会感到枯燥。这时需要能吸引学生自主学习的材料。比如，本书前面讲到的在复习“20 以内的退位减法”时用“串泡泡”的形式从口算一组 20 以内退位减法——吹泡泡，到将这些离散的题组联系起来——串泡泡，再到找这些算式中隐含的规律——找泡泡，最后把这些算式应用于实际——变泡泡。这样以“泡泡”这一故事串的形式贯穿整节课，学生在不知不觉中复习了 20 以内退位减法的方法，方法之间的联系及用 20 以内退位减法解决问题一气呵成。

二、经典回顾式整理

“忆点”“串线”“联面”“组体”是复习时常用的方法。其中，“忆点”就是回忆某个知识点，包括对知识的理解，产生的问题和困惑，学习方法的再现，学习过程的回忆。“串线”就是把这些零散的点，包括知识、问题、学习方法和活动经验，进行沟通，建立联系。在“串线”的基础上进行“联面”和“组体”。学生不仅会自下而上地思考问题，还会自上而下地梳理问题，不仅有知识体系的构建，更有整理能力的提升，真正做到了“忆点”“串线”“联面”“组体”。

三、思维导图整理法

梳理知识脉络，构建知识体系，是整理复习的主要任务。小学生处在知识网络建构的启蒙期，需要教师的指导和引领。

在小学阶段，可以让学生学会自主思考，绘制纯手工的知识网络图，即思维导图，常见的有表格式、列举式、括号式。这些方式直观、简洁、条理分明，可以使知识结构一目了然。

思维导图式整理能够把学生推到前台，使学生成为整理复习的积极参与者，让复习真正成为学生自己的事情。整个建构过程使学生头脑中的知识结构清晰化、条理化、系统化、网络化，让数学学习更加鲜活、生动。

四、复习提纲整理法

复习提纲整理法即在复习课之前给学生几个问题作为复习提纲。复习提纲要简洁，有概括性，能让学生勾起对知识的回忆，又能让学生发现自己以前学习中所存在的问题。

例如，在复习因数、倍数之前，我们可以提供给学生这样的复习提纲：

① 仔细阅读（人教版）五年级下册第 12 ~ 26 页，第 79 ~ 94 页，并记录：

◆ 什么叫因数与倍数？

◆ 2，3，5 这几个数的倍数的特征是怎样的？

◆ 什么叫质数和合数？

◆ 什么叫公因数和最大公因数，公倍数和最小公倍数？

◆ 什么叫互质数？

② 请你针对 45 和 9 这两个数，并根据以上每一个问题，各说一句话。

五、预查式的练习复习法

预查式的练习复习法指在复习之前设计几道综合性稍强，涵盖性较广的练习让学生先练。通过练习，我们可以发现学生的错误所在，从而为我们复习找到真实的起点。

例如，复习组合图形面积之前可以让学生先计算下面各图形（图 8 - 1 - 1）的周长与面积。(单位：厘米)

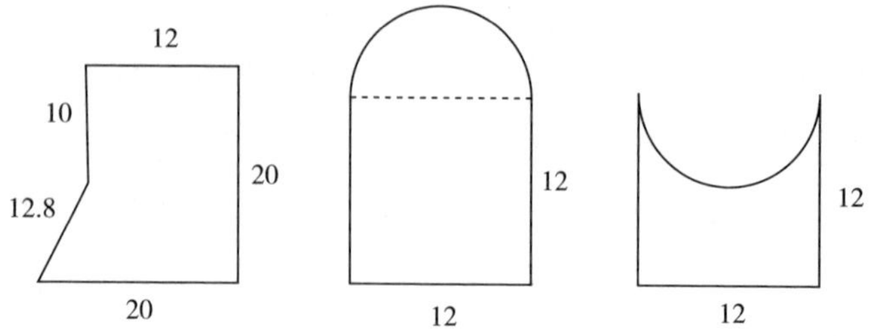

图 8 - 1 - 1

提供复习性的记录单或表格，顾名思义，即课前利用记录单与表格的形式让学生先进行自主梳理。

例如，比和比的应用的复习，请学生课前边复习边填写表 8 - 1 - 1。

表 8 - 1 - 1

什么叫作比？写一个具体例子说明	求比值与化简比有什么区别？请举例说明	举一个比的应用的实际问题，并解答	学习这部分知识，你碰到哪一道题有困难？

以上两种课前梳理方式，学生都是在教师提供的复习提纲、预测性练习和复习要求的提示下进行自主回忆梳理的，这样既可以培养学生自主梳理的能力，又为教师的复习找到了真实的起点，而且能大大提高课堂复习效率。

六、边练边理复习法

边练边理复习法就是设计几组有代表性的题目，通过练习评讲达到复习的目的。例如，在复习六年级简便计算时可以这样以练代纲，引领复习。

计算下面三组算式。

题组一：

① $1-\frac{2}{7}+\frac{5}{7}=$

② $1-\frac{2}{7}-\frac{5}{7}=$

题组二：

① $12 \div \frac{3}{5} \times 5 =$

② $12 \div \frac{3}{5} \div 5 =$

题组三：

① $7 \times \frac{2}{11} \times 4 \times \frac{2}{11} =$

② $7 \times \frac{2}{11} + 4 \times \frac{2}{11} =$

算了这三组题后，学生自然发现计算时要仔细观察，认真分析，选用合理的方法。这样的练习，练了学生就有感悟，无须教师多言。这就叫边练边理复习法。

七、提问与梳理结合式复习法

在学生自主梳理的同时，为了让复习更具有效性，教师可以进行有目的的提问，通过问题的引领达到复习的目的。

例如，在复习人教版四年级图形的认识与测量时（总复习 P96），教师采用提问与梳理结合式复习法：

（1）课件演示，以教师提问对答的形式复习直线、射线、线段，并提出这三种线的联系与区别，形成表格。

（2）课件呈现小学阶段学过的一些基本图形（图 8－1－2），并向学生提出哪些图形是由直线构成，哪些图形是由射线构成，哪些图形由线段构成，并据此进行分类。

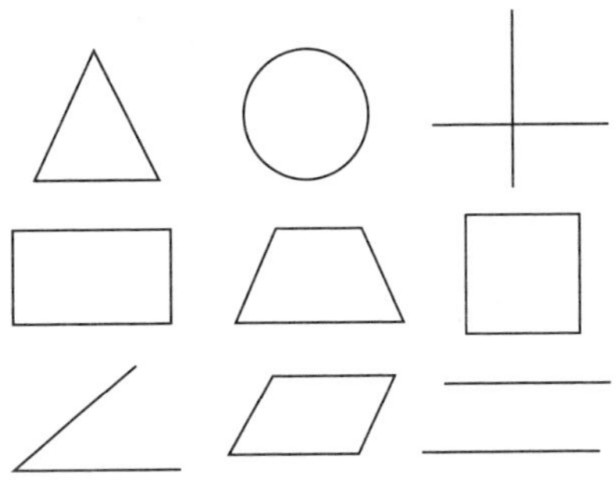

图 8－1－2

（3）由直线构成的图形切入，以问答的方式复习垂直、平行。

（4）由射线构成的图形切入，以问答的方式复习角的有关知识（角的分类、角的性质）。

（5）由线段构成的图形切入，以问答的方式复习三角形（包括三角形的分类、三角形三边的关系）、四边形的有关知识（包括四边形的分类）。

总之，我们创设的复习课要能让学生在自然状态下进行自主梳理，让复习成为学生的一种需要，变“老师要我复习”为“我自己要求复习”。这样的复习课才是高效、真正有价值的复习课。

第二节　研究成果与反思

一、理论水平的提升

我们通过结构化视域下复习课教学研究，系统构建了小学结构化视域下复习课的实施策略体系，具体体现为以下几点。

1. 探索了结构化视域下复习课教学设计的指导思路

根据各领域知识的特点，我们探索了相应的教学设计思路：教育理念的创新，即以结构化的思想来设计教学—教学材料设计的创新，即关注结构、整合、变换—复习方式的可操作，即关注知识的连接点、思维的生长点、解决问题策略选择处—教学流程的创新，即能根据不同的教学内容采取相应的教学过程。

2. 探索出结构化复习课教学实施的具体方式

"以结构化材料引发全员主动探究—在动态变换中沟通深化—在多策略高综合的运用中提升解决问题能力"，这是教学图形与几何复习课的总体教学范式。

结合总体教学范式，根据"图形与几何"复习课的不同知识特点，我们创设了"图形与几何"复习课的有效教学变式，形成了六大变式：

（1）顺应知识逻辑的复习方式——适合直线型、递进型的知识。

（2）以概念图、思维导图为支架的复习方式——适合纵横交叉的知识。

（3）以问题解决路径为支点的复习方式——适合问题解决程序具有层次性的知识。

（4）以动态变化联想拓展的复习方式——适合问题之间具有变换连接点的知识。

（5）以导学引领启发的复习方式——适合各类知识。

（6）以错题研究为主线的复习方式——适合各类知识。

3. 系统地建构了小学数结构化视域下复习课实施策略的理论体系

本书理论与实践相结合，从四种不同的复习课型具体介绍了如何根据不同课型来设计复习课的教学策略。相对应的29个复习课教学案例都是我们这些年一边研究一边实践的成果，而且这些案例跟上面的复习课教学的理论策略相匹配。同时，这些案例经过再次修改，在教学理念和教学方法上都做了比较好的呈现，对大家上复习课有很好的借鉴作用。案例在本书中还按照年段的先后顺序进行编排，这样便于教师查阅参考，对一线教师具有很好的借鉴价值。

二、实践效果

1. 学生的自主复习能力得到了提升

实验班级的学生能根据教学内容，自主地进行知识点的连接整理，查漏补缺，尤其能自主地进行知识与方法的沟通。我们通过调查发现，80%的学生掌握了1～3种复习方法或更多，如看目录梳理法、表格整理法、思维导图法、联系举例法、导学提示复习法、错题研究法等，前三种普遍都会。

2. 学生的空间观念等综合素养得到了提升

在本课题组成员的引领下，学生的思维活跃了，在思维的生长处自主地发散、沟通，尤其在解决问题策略多样时，学生能自主地进行最优策略的寻找与运用。实施小学数学结构化视域下复习课教学策略的实践与研究显著提升了学生的综合运用能力。

3. 促进了教师的专业发展

（1）促进了教师对结构化视域下复习课的教学认识。

（2）促进了教师教学能力的提升。

4. 推动了区域性结构化视域下复习课教学研究

在研究本课题的近两年时间里，朱希萍老师的复习课研究成果在全省各地推广应用，她受邀到全省各地做复习课专题讲座与课堂展示共计120次。所到之处，常常是一场讲座结束后，听课者马上另邀其所在学校再培训。

三、反思与展望

（1）研究的成果我们将在以后的教学中逐步落实推广，如何与具体教学内容一一匹配，将是我们继续研究的。

（2）我们将以结构化视域下复习课教学策略与以前研究的有关复习课的课题为基础，迁移与创造性地开展其他课型复习课的研究。

（3）我们设想出版一本小学数学结构化视域下的复习课案例集，此案例集将以人教版数学每单元的整理与复习为内容，按年段的先后顺序，将小学数学12册的整理与复习进行有效设计，以便于一线教师直接借鉴。

参考文献

[1] 朱希萍．小学数学复习课教学设计思考与实践［M］．长春：东北师范大学出版社，2017.

[2] 波利亚．怎样解题［M］．涂泓，冯承天，译．上海：上海科技教育出版社，2007.

[3] 李善良．现代认知观下的数学概念学习与教学［M］．南京：江苏教育出版社，2005.

[4] 张茂年．元素·关联·循环：小学数学“结构化教学”的实践探索［J］．数学教学通讯，2019（16）：41－42.

[5] 徐华美．结构化教学应遵循“破立之道”［J］．数学教学通讯，2019（7）：43－44.

[6] 刘莉年．见木又见林——小学数学结构化教学的思考与实践［J］．数学之友，2018（12）：26－29.

[7] 陈庆宪．让学生在联想举例中梳理和发展：例谈数学复习课教学设计与思考［J］．黑龙江教育（小学文选），2007（5）：32－34.

[8] 金强洲．“结构化教学”视角下“小数的意义和性质”单元复习设计[J]．教学月刊［小学版（数学）］，2020（6）：33－34，38.

[9] 金强洲，陈庆宪．创设自主整理路径　精心组织梳理交流：“平面图形的认识总复习”教学实录与评析［J］．小学教学，2017（8）：39－41.

[10] 陈瑶，陈庆宪．在和谐的“算用结合”中拓展思维：“万以内的加法和减法

（综合练习课）”教学实录与评析［J］. 小学教学，2020（22）：37－40.
［11］王盼月，陈庆宪. 精心设计素材，让复习在思辨中进行：“小数乘法”单元复习课教学实录与评析［J］. 小学教学，2021（18）：28－31.
［12］卢珍珍. 花样儿童花样整理：例谈知识整理的多种方式［J］. 小学教学设计（数学），2018（12）：14－17.
［13］邓璐瑶. 小学高年级数学结构不良问题解决策略研究［D］. 重庆：西南大学，2020.
［14］史伟琴. 结构不良问题解决教学的研究［D］. 南京：南京师范大学，2014.

名师名校名校长

凝聚名师共识
固定名师关怀
打造名师品牌
培育名师群体

顾明远题